JN062748

2025年度版

岐阜県の
論作文・面接

過 去 問

協同教育研究会 編

協同出版

はじめに～「過去問」シリーズ利用に際して～

　教育を取り巻く環境は変化しつつあり，日本の公教育そのものも，教員免許更新制の廃止やGIGAスクール構想の実現などの改革が進められています。また，現行の学習指導要領では「主体的・対話的で深い学び」を実現するため，指導方法や指導体制の工夫改善により，「個に応じた指導」の充実を図るとともに，コンピュータや情報通信ネットワーク等の情報手段を活用するために必要な環境を整えることが示されています。

　一方で，いじめや体罰，不登校，暴力行為など，教育現場の問題もあいかわらず取り沙汰されており，教員に求められるスキルは，今後さらに高いものになっていくことが予想されます。

　本書の基本構成としては，論作文・面接試験の概要，過去数年間の論作文の過去問題及びテーマと分析と論点，面接試験の内容を掲載しています。各自治体や教科によって掲載年数をはじめ，論作文の書き方や面接試験対策を掲載するなど，内容が異なります。

　また原則的には一般受験を対象としております。特別選考等については対応していない場合があります。なお，実際に出題された順番や構成を，編集の都合上，変更している場合があります。あらかじめご了承ください。

　みなさまが，この書籍を徹底的に活用し，教員採用試験の合格を勝ち取って，教壇に立っていただければ，それはわたくしたちにとって最上の喜びです。

協同教育研究会

C O N T E N T S

第1部

論作文・面接試験
の概要

論作文試験の概要

■ 論作文試験の意義

　近年の論作文では，受験者の知識や技術はもちろんのこと，より人物重視の傾向が強くなってきている。それを見る上で，各教育委員会で論作文と面接型の試験を重視しているのである。論作文では，受験者の教職への熱意や教育問題に対する理解や思考力，そして教育実践力や国語力など，教員として必要な様々な資質を見ることができる。あなたの書いた論作文には，あなたという人物が反映されるのである。その意味で論作文は，記述式の面接試験とは言え，合否を左右する重みを持つことが理解できるだろう。

　論作文には，教職教養や専門教養の試験と違い，完全な正答というものは存在しない。読み手は，表現された内容を通して，受験者の教職の知識・指導力・適性などを判定すると同時に，人間性や人柄を推しはかる。論作文の文章表現から，教師という専門職にふさわしい熱意と資質を有しているかを判断しているのである。

　論作文を書き手，つまり受験者の側から見れば，論作文は自己アピールの場となる。そのように位置付ければ，書くべき方向が見えてくるはずである。自己アピール文に，教育評論や批判，ましてやエッセイを書かないであろう。論作文は，読み手に自分の教育観や教育への熱意を伝え，自分を知ってもらうチャンスに他ならないのである

　以上のように論作文試験は，読み手(採用側)と書き手(受験者)の双方を直接的につなぐ役割を持っているのである。まずはこのことを肝に銘じておこう。

■ 論作文試験とは

　文章を書くということが少なくなった現在でも，小中学校では作文，

大学では論文が活用されている。また社会人になっても，企業では企画書が業務の基礎になっている。では，論作文の論作文とは具体的にはどのようなものなのだろうか。簡単に表現してしまえば，作文と論文と企画書の要素を足したものと言える。

　小学校時代から慣れ親しんだ作文は，自分の経験や思い出などを，自由な表現で綴ったものである。例としては，遠足の作文や読書感想文などがあげられる。遠足はクラス全員が同じ行動をするが，作文となると同じではない。異なる視点から題材を構成し，各々が自分らしさを表現したいはずである。作文には，自分が感じたことや体験したことを自由に率直に表現でき，書き手の人柄や個性がにじみ出るという特質がある。

　一方，作文に対して論文は，与えられた条件や現状を把握し，論理的な思考や実証的なデータなどを駆使して結論を導くものである。この際に求められるのは，正確な知識と分析力，そして総合的な判断力と言える。そのため，教育に関する論文を書くには，現在の教育課題や教育動向を注視し，絶えず教育関連の流れを意識しておくことが条件になる。勉強不足の領域での論文は，十分な根拠を示すことができずに，説得力を持たないものになってしまうからである。

　企画書は，現状の分析や把握を踏まえ，実現可能な分野での実務や計画を提案する文書である。新しい物事を提案し認めてもらうには，他人を納得させるだけの裏付けや意義を説明し，企画に対する段取りや影響も予測する必要がある。何事においても，当事者の熱意や積極性が欠けていては，構想すら不可能である。このように企画書からは，書き手の物事への取り組む姿勢や，将来性が見えてくると言える。

　論作文には，作文の経験を加味した独自の部分と，論文の知識と思考による説得力を持つ部分と，企画書の将来性と熱意を表現する部分を加味させる。実際の論作文試験では，自分が過去にどのような経験をしたのか，現在の教育課題をどのように把握しているのか，どんな理念を持ち実践を試みようと思っているのか，などが問われる。このことを念頭に置いた上で，論作文対策に取り組みたい。

面接試験の概要

■ 面接試験の意義

　論作文における筆記試験では，教員として必要とされる一般教養，教職教養，専門教養などの知識やその理解の程度を評価している。また，論作文では，教師としての資質や表現力，実践力，意欲や教育観などをその内容から判断し評価している。それに対し，面接試験は，教師としての適性や使命感，実践的指導能力や職務遂行能力などを総合し，個人の人格とともに人物評価を行おうとするものである。

　教員という職業は，児童・生徒の前に立ち，模範となったり，指導したりする立場にある。そのため，教師自身の人間性は，児童・生徒の人間形成に大きな影響を与えるものである。そのため，特に教員採用においては，面接における人物評価は重視されるべき内容であり，最近ではより面接が重視されるようになってきている。

■ 面接試験とは

　面接試験は，すべての自治体の教員採用選考試験において実施されている。最近では，教育の在り方や教師の役割が厳しく見直され，教員採用の選考においても教育者としての資質や人柄，実践的指導力や社会的能力などを見るため，面接を重視するようになってきている。特に近年では，1次選考で面接試験を実施したり，1次，2次選考の両方で実施するところも多くなっている。

　面接の内容も，個人面接，集団面接，集団討議(グループ・ディスカッション)，模擬授業，場面指導といったように多様な方法で複数の面接試験を行い，受験者の能力，適性，人柄などを多面的に判断するようになってきている。

　最近では，全国的に集団討議(グループ・ディスカッション)や模擬授

業を実施するところが多くなり，人柄や態度だけでなく，教員としての社会的な能力の側面や実践的な指導能力についての評価を選考基準として重視するようになっている。内容も各自治体でそれぞれに工夫されていて，板書をさせたり，号令をかけさせたりと様々である。

このように面接が重視されてきているにもかかわらず，筆記試験への対策には，十分な時間をかけていても，面接試験の準備となると数回の模擬面接を受ける程度の場合がまだ多いようである。

面接で必要とされる知識は，十分な理解とともに，あらゆる現実場面において，その知識を活用できるようになっていることが要求される。知っているだけでなく，その知っていることを学校教育の現実場面において，どのようにして実践していけるのか，また，実際に言葉や行動で表現することができるのか，といったことが問われている。つまり，知識だけではなく，智恵と実践力が求められていると言える。

なぜそのような傾向へと移ってきているのだろうか。それは，いまだ改善されない知識偏重の受験競争をはじめとして，不登校，校内暴力だけでなく，大麻，MDMA，覚醒剤等のドラッグや援助交際などの青少年非行の増加・悪質化に伴って，教育の重要性，教員の指導力・資質の向上が重大な関心となっているからである。

今，教育現場には，頭でっかちのひ弱な教員は必要ない。このような複雑・多様化した困難な教育状況の中でも，情熱と信念を持ち，人間的な触れ合いと実践的な指導力によって，改善へと積極的に努力する教員が特に必要とされているのである。

■ 面接試験のねらい

面接試験のねらいは，筆記試験ではわかりにくい人格的な側面を評価することにある。面接試験を実施する上で，特に重視される視点としては次のような項目が挙げられる。

① 人物の総合的評価　面接官が実際に受験者と対面することで，容姿，態度，言葉遣いなどをまとめて観察し，人物を総合的に評価することができる。これは面接官の直感や印象によるところが大きい

　が，教師は児童・生徒や保護者と全人的に接することから，相手に好印象を与えることは好ましい人間関係を築くために必要な能力と言える。

② 性格・適性の判断　面接官は，受験者の表情や応答態度などの観察から性格や教師としての適性を判断しようとする。実際には，短時間での面接のため，社会的に，また，人生の上でも豊かな経験を持った学校長や教育委員会の担当者などが面接官となっている。

③ 志望動機・教職への意欲などの確認　志望動機や教職への意欲などについては，論作文でも判断することもできるが，面接では質問による応答経過の観察によって，より明確に動機や熱意を知ろうとしている。

④ コミュニケーション能力の観察　応答の中で，相手の意思の理解と自分の意思の伝達といったコミュニケーション能力の程度を観察する。中でも，質問への理解力，判断力，言語表現能力などは，教師として教育活動に不可欠な特性と言える。

⑤ 協調性・指導性などの社会的能力(ソーシャル・スキル)の観察　ソーシャル・スキルは，教師集団や地域社会との関わりや個別・集団の生徒指導において，教員として必要とされる特性の一つである。これらは，面接試験の中でも特に集団討議(グループ・ディスカッション)などによって観察・評価されている。

⑥ 知識・教養の程度や教職レディネスを知る　筆記試験において基本的な知識・教養については評価されているが，面接試験においては，さらに質問を加えることによって受験者の知識・教養の程度を正確に知ろうとしている。また，具体的な教育課題への対策などから，教職への準備の程度としての教職レディネス(準備性)を知る。

第2部

岐阜県の
論作文・面接
実施問題

2024年度　論作文実施問題

【小学校教諭・中学校教諭・2次・論文試験】　60分　640字以上800字以内

●テーマ

> 　不登校児童生徒は高水準で推移しており，生徒指導上の喫緊の課題となっています。そこで「生徒指導提要(令和4年12月　文部科学省)に示された，「10.3.1 不登校対策につながる発達支持的生徒指導」及び「10.3.2 不登校対策としての課題未然防止教育」を踏まえ，日常的にあなたが取り組むことを3つ述べなさい。
> ※学年は，各自の志願種別において想定し，論じること。

●方針と分析

(方針)

　不登校問題を始め生徒指導の在り方が大きく変わり，予防的・未然防止的な対応に力を入れていくことが求められることを踏まえて述べる。特に設問の求めに応じて，不登校対策につながる発達支持的生徒指導及び不登校対策としての課題未然防止教育の2点から，具体的な取り組みを述べる。

(分析)

　生徒指導は，今まで課題が生起し，認知し，即応的対応及び困難な課題に対し継続的対応のイメージが強い。つまり，不登校や不登校傾向児童生徒という特別な指導・援助を要する特定の児童生徒を主たる対象にしていた。

　しかし，改訂生徒指導提要では，「発達支持的生徒指導」として，全ての児童生徒を対象とし，不登校やいじめ等の特定の課題を意識す

ることなく全ての教育活動において進めることとしている。特に，「不登校対策につながる発達支持的生徒指導」としては，学校とりわけ学級が安心・安全な居場所となるような魅力ある学級づくりの取り組みを行うとともに，個々の学びを保障する分かる授業づくりが求められる。

また，「不登校対策としての課題未然防止教育」では，全ての児童生徒を対象に，悩みを持つことは決して悪いことではなく誰でも悩みがあることへの理解を促し，悩んだときは人に話す，聴いてもらうことの重要性を伝える取り組みが大切である。つまり，SOSを出すことの大切さである。具体的には，気軽に相談できる相談体制づくりと児童生徒が発するSOSを受け止めるため，教職員が児童生徒の状況を多面的に把握するための研修の実施と教職員の意識改革が求められる。

今回は，上記2点からの具体的な取組について述べる。当然，不登校や不登校傾向の児童生徒(特定の児童生徒)を対象とした「困難課題対応的生徒指導」も教職員だけでなく外部の関係機関等と連携・協働による対応が重要であることは言うまでもない。

●作成のポイント

論文の構成は，序論・本論・結論とする。記述前に構想する時間を十分に取り，その内容を簡潔にまとめることが重要である。800字以内であることから，分量を序論(約15%)・本論(約75%)・結論(約10%)の目安をもって臨むことも大切である。

序論では，改訂生徒指導提要の不登校対応の2点のポイント「不登校対策につながる発達支持的生徒指導」及び「不登校対策としての課題未然防止教育」を簡潔に述べる。

本論では，上記2点に係る筆者が取り組むことを具体的に述べる。抽象的な内容でなく，日常的に実践可能な取り組みを，読み手にとって教員や児童生徒の動きが見えるものとすること。

結論では，不登校児童生徒が生起しない予防的・未然防止的な対応への決意が示される記述が大切である。

【養護教諭・2次・論文試験】　60分　640字以上800字以内

●テーマ

> 　養護教諭は，児童生徒の身体的不調の背景に，いじめや不登校，虐待などの問題がかかわっていること等のサインをいち早く気付くことができる立場にあることから，健康相談において重要な役割を担っています。そこで，「現代的健康課題を抱える子供たちへの支援～養護教諭の役割を中心として～(平成29年3月　文部科学省)」に示された内容を踏まえ，現代的健康課題を抱える児童生徒を学校で確実に把握するために，養護教諭として取り組むことを，具体的に述べなさい。

●方針と分析

(方針)

　児童生徒が抱える健康課題について，養護教諭が専門性を生かしつつ中心的な役割を果たすことの重要性を述べるとともに，心身の健康の保持増進に関して，課題を抱えた児童生徒を学校で確実に把握するため，養護教諭が取り組むべき役割を具体的に述べる。

(分析)

　「現代的健康課題を抱える子供たちへの支援～養護教諭の役割を中心として～」では，「多様化・複雑化する児童生徒が抱える現代的な健康課題については，専門的な視点での対応が必要であり，養護教諭が専門性を生かしつつ中心的な役割を果たすことが期待されている。」と明示している。また，これらの現代的な健康課題に関わる養護教諭の役割としては，「児童生徒の健康課題を的確に早期発見し，課題に応じた支援を行うことのみならず，全ての児童生徒が生涯にわたって健康な生活を送るために必要な力を育成するための取組を，他の教職員と連携しつつ日常的に行うことが重要である。」と示している。

　今回の設問である「現代的健康課題を抱える児童生徒を学校で確実

に把握するために」に対しては，次の2つの視点が提示されていることを踏まえなけらばならない。1つ目は体制の整備，つまり，養護教諭は，関係機関との連携の窓口として，コーディネーター的な役割を果たしていくこと，2つ目は，養護教諭は，日頃の状況などを把握し児童生徒等の変化に気付いた，管理職や学級担任等と情報を共有するとともに，他の教職員や児童生徒，保護者，学校医等からの情報も収集し，児童生徒の健康課題が明確なものについては速やかに対応するということである。基本的には，養護教諭は，児童生徒の身体的不調の背景に，いじめや不登校，虐待などの問題にかかわっていること等のサインにいち早く気付くことができる立場であることから，児童生徒の健康相談において重要な役割を担っていることを忘れてはいけない。

これらのことを踏まえて，養護教諭として取り組むことを具体的に述べることが求められている。

●作成のポイント

論文の構成は，序論・本論・結論とする。記述前に構想する時間を十分に取り，その内容を簡潔にまとめることが重要である。800字以内であることから，分量を序論(約15％)・本論(約75％)・結論(約10％)の目安をもって臨むことも大切である。

序論では，「現代的健康課題を抱える子供たちへの支援～養護教諭の役割を中心として～」に示された考えを基に，設問(確実な対象者の把握のための養護教諭の役割)に対する考えを端的に述べる。養護教諭の専門性がポイントであることは欠かせない。

本論では，冒頭で養護教諭の重要な役割りである健康相談について述べ，2つの視点からの具体的な取組を述べるとよい。それぞれの視点に見出しを記述し，その見出しに係る具体的な実践を分かりやすく述べるようにしたい。

結論では，現代的な健康課題を抱える児童生徒の確実な把握には養護教諭を中心に専門性を生かし，組織的に取り組むことの重要性と具体的実践への決意を述べるとよい。

【栄養教諭・2次・論文試験】　60分　640字以上800字以内

●テーマ

　国民の食生活においては，エネルギーや食塩等の過剰摂取や野菜の摂取不足等の栄養の偏り，朝食の欠食に代表されるような食習慣の乱れ等の課題があります。

　そこで，児童生徒が望ましい食習慣を身に付けるために，「食に関する指導の手引き　第二次改訂版(平成31年3月　文部科学省)」に示された内容を踏まえ，栄養教諭として取り組むことを3つ，具体的に述べなさい。

●方針と分析

(方針)

　エネルギーや食塩等の過剰摂取や野菜の摂取不足等の栄養の偏り，朝食の欠食に代表されるような食習慣の乱れ等の課題がある中で，児童生徒が望ましい食習慣を身に付けるための栄養教諭としての取組を具体的に述べる。

(分析)

　近年，偏った栄養摂取，朝食欠食など食生活の乱れや肥満・痩身傾向など，子供の健康を取り巻く問題は深刻化している。このような現状を踏まえ，平成17年に食育基本法が，平成18年に食育推進基本計画が制定され，子供が食に関する正しい知識と「望ましい食習慣を身に付ける」ことができるよう，学校においても積極的に食育に取り組んでいくことが重要となっている。

　「食に関する指導の手引き　第二次改訂版(平成31年3月　文部科学省)」では，成長期にある子供にとって，健全な食生活は健康な心身を育むために欠かせないものであると同時に，「将来の食習慣の形成」に大きな影響を及ぼすもので極めて重要であると示している。つまり，成長期にある子供への食育は，生涯にわたって健やかに生きるための

基礎を培うことを目的としている。

　学校における食育は、栄養教諭が中核となり，食育推進体制を確立し，学校・家庭・地域が連携して推進することが求められる。また，栄養教諭制度の創設時(平成17年)には，学校における食に関する指導を充実させ，児童生徒が「望ましい食習慣を身に付ける」ことができるようとの狙いが示され，学校教育法第37条では，児童生徒の栄養に関する指導及び管理をつかさどるとされている。「食に関する指導の手引き」では，食に関する指導の充実の中で，栄養教諭は，学校の食育に関する指導に係る全体計画の策定，教職員間や家庭との連携・調整等において中核的な役割を担い，学校における指導体制の要として，食育を推進していく上で不可欠な教師としている。

　これらのことから，児童生徒が「望ましい食習慣を身に付ける」ために，栄養教諭としての取組を指導面と管理面から具体的に述べることが求められる。

●作成のポイント

　論文の構成は，序論・本論・結論とする。記述前に構想する時間を十分に取り，その内容を簡潔にまとめることが重要である。800字以内であることから，分量を序論(約15％)・本論(約75％)・結論(約10％)の目安をもって臨むことも大切である。

　序論では，「食に関する指導の手引き　第二次改訂版」に示された学校における食育は，栄養教諭が中核となり食育推進体制を確立し，学校・家庭・地域が連携して推進することを述べる。特に成長期にある児童生徒の「望ましい食習慣を身に付ける」ことの重要性を述べることが大切である。

　本論では，「児童生徒が望ましい食習慣を身に付ける」ため，学校における食に関する指導の中核的役割を担う栄養教諭の具体的な取組を述べる。大きく3つの柱を立て(見出し)，簡潔な見出しを設定し，それぞれの柱立て(見出し)ごとに具体的な取組を記述するとよい。

　結論では，設問に対応した本論で述べた栄養教諭の具体的な取組の

重要性を訴え，今後のさらなる実践への決意でまとめるようにしたい。

【高等学校教諭・特別支援学校教諭・2次・論文試験】　60分　720字以上
800字以内

●テーマ

> 　近年の技術の発達や新たなニーズなど学校教育を取り巻く環境の
> 変化のなかで，新たに求められる教師自身の学びの姿勢を述べると
> ともに，児童，生徒の可能性を引き出すために，あなたが学校で実
> 践したいことについて具体的に述べなさい。

●方針と分析

(方針)

　今後とも，新たに求められる教師自身の学びの姿勢を述べるととも
に，児童，生徒一人一人の可能性を引き出すために実践することを具
体的に述べる。

(分析)

　教員は，絶えず研究と修養に励み職責の遂行に努めなければならな
いと教育基本法と教育公務員特例法に定められている。さらに，「『令
和の日本型学校教育』を担う新たな教師の学びの姿の実現に向けて」
に，「教師が技術の発達や新たなニーズなど学校教育を取り巻く環境
の変化を前向きに受け止め，教職生涯を通じて探究心をもちつつ自律
的かつ継続的に新しい知識・技能を学び続け，子供一人一人の学びを
最大限に引き出す教師としての役割を果たしている。その際，子供の
主体的な学びを支援する伴走者としての能力も備えている」と示して
いる。

　つまり，教師は学び続ける存在であり，時代の変化が大きくなる中
で常に学び続けなければならないのである。その学びを進めるうえで

16

　必要なことは，変化を前向きに受け止め，探究心をもちつつ自律的に学ぶという教師の主体的な姿勢が重要である。

　また，学校は多様な知識・経験を持った人材の教師集団であり，より多様な専門性を有する教師集団を構築するためには，教師自身が新たな領域の専門性を身に付けるなど強みを伸ばすことが必要である。このための学びは，一人一人の教師の個性に即したいわば「個別最適化」された学びが求められる。

　さらに，次の課題である「児童，生徒の可能性を引き出すため」の具体的な実践については，全ての児童生徒たちの可能性を引き出す「個別最適な学び(個に応じた指導)」の一層の充実と，探究的な学習や体験活動等を通じ，子供同士で，あるいは多様な他者と協働しながら学習する「協働的な学び」との一体的な指導が求められる。

　このため，「個別最適な学び」と「協働的な学び」の一体化を考え，習熟度別学習などきめ細かな少人数指導の取組が重要である。また，教科や教材にあった「一人一台端末」を活用し，児童生徒の特性・学習の定着度に応じたきめ細かい指導の実践が求められている。

●作成のポイント

　論文の構成は，序論・本論・結論とする。記述前に構想する時間を十分に取り，その内容を簡潔にまとめることが重要である。800字以内であることから，分量を序論(約15％)・本論(約75％)・結論(約10％)の目安をもって臨むことも大切である。

　序論では，教師は学び続ける存在であり，時代の変化が大きくなる中で常に学び続けなければならないこと，その学びを進めるうえで必要なことは，変化を前向きに受け止め，探究心をもちつつ自律的に学ぶという教師の主体的な姿勢が重要であることを述べる。さらに，児童生徒の可能性を引き出す「個別最適な学び」と子供同士の「協働的な学び」の実践の重要性を端的に述べる。

　本論では，児童，生徒一人一人の可能性を引き出すために実践することを具体的に述べる。一つ目は，「個別最適な学び」と「協働的な

学び」の一体化を考え，習熟度別学習などきめ細かな少人数指導の取組の授業実践を具体的に述べる。二つ目は，「個別最適な学び」と「協働的な学び」の一体化を考えた「一人一台端末」を活用した教科の授業実践を述べるとよい。

　結論では，課題に対する筆者の主張(学び続ける教師の姿勢)と一人一人の児童生徒の可能性を引き出す指導実践への意欲，決意を述べて論文をまとめる。

【高等学校・特別支援学校スペシャリスト特別選考・2次】　800字程度

●テーマ

　スペシャリストであるあなたに対して，学校で求められることを明らかにした上で，あなたの専門的知識やスキル，経験を生かして，具体的にどのようなことに重点をおいて指導を行うかを，800字程度で述べなさい。

●方針と分析

　(略)

●作成のポイント

　(略)

2023年度　論作文実施問題

【前年度からの常勤講師(小学校教諭・中学校教諭)・前年度からの養護助教諭・1次・論文試験】　520字以上

●テーマ

> 　岐阜県では，「岐阜県が求める教師像」の一つとして，「幅広い教養と高い専門性をもち，常に学び続ける教師」を示しています。
> 　あなたは，このことを，日々の教育活動において，どのように体現しようとしていますか。
> 　具体的な例を一つあげて，書きなさい。

●方針と分析

(方針)

　教師としての専門性を高めるために学び続けることの重要性について簡潔に論じたうえで，どのような学びを通して自らの専門性を高めていくか具体例を挙げて論述する。

(分析)

　2020年5月，教育公務員特例法が改正され「新たな教師の学びの姿」が制度化されることとなった。その審議の過程で，「教師は高度な専門職であり，学びは自主的・自律的に行われるべきこと」「社会の変化を前向きに受け止めて学び続けることが必須となっていること」などが確認され，こうした考えに立脚して構想されたのが新たな教師の学びの姿である。

　また，教育基本法第9条では，「学校の教員は，自己の崇高な使命を深く自覚し，絶えず研究と修養に励み，その職責の遂行に努めなければならない」と規定されている。さらに，教育公務員特例法の21条

でも「教育公務員は，その職責を遂行するために，絶えず研究と修養に努めなければならない」とされている。

　グローバル化の進展や科学技術の進歩など社会の著しい変化は，教育で目指すべき人間像を変容させてきている。その結果教師は，これからの社会を生き抜くための力を育成するため，新たな学びに対応した指導力を身につけることが必要となっている。また，学校における諸課題の高度化・複雑化により，教員が日々の指導に困難を抱えており，指導力の育成・強化が必要となっている。

　そうした状況の中で，平成24年8月「教職生活の全体を通じた教員の資質能力の総合的な向上方策について」という中央教育審議会の答申が出され，その中で「学び続ける教員」という言葉が使われている。具体的には，「教育委員会と大学との連携・協働により教職生活の全体を通じた一体的な改革，新たな学びを支える教員の養成と，学び続ける教員を支援する仕組みの構築(『学び続ける教員像』の確立)が必要」とされている。

　また，平成27年12月「これからの学校教育を担う教員の資質能力の向上について」という中央教育審議会の答申でも「学び続ける教員」という項目を設けて，「学ぶ意欲の高さなど，我が国の教員としての強みを生かしつつ，子供に慕われ，保護者に敬われ，地域に信頼される存在として更なる飛躍が図られる仕組みの構築が必要である」として，「学び続ける教員」を支援することの重要性を指摘している。つまり，教員が教員であるためには，常に学び続けなければならない，それがこの出題の背景であるといえる。

●作成のポイント

　指定された原稿用紙1枚という制限があるので，序論と本論の二部構成とする。

　序論では，教師として「学び続ける」ことの意味や意義について，社会的な背景や学校教育の現状などを踏まえて述べる。その際，これまでの経験などを織り込むことで，説得力のある論述としたい。また，

教育公務員特例法などの記述について触れることも効果的である。

　本論では，序論で述べた「学び続ける」という考え方に即して何をしていくか，2〜3つの視点から具体的例を挙げて論述する。その方策は様々考えられるが，たとえば学校内外で開催される様々な研修会への主体的な参加が考えられる。また，日常的な業務を遂行する中で，管理職や先輩教師から指導・助言を受けることも重要な方法である。さらに，目の前の子供との時間を共有したり，共に活動したりすることで児童生徒理解を深めることも教師としての重要な学びと考えることができる。

【小学校教諭・中学校教諭・2次・論文試験】　60分　640字以上

●テーマ

　あなたの学級で，いじめに関するアンケートを実施したところ，あなたの学級のAさんがいじめを受けていることが発覚しました。
　「いじめの防止等のための基本的な方針(最終改定　平成29年3月文部科学大臣決定)」には，学校における「いじめに対する措置」のポイントが示されています。これを踏まえ，担任として，この後とるべき対応について，具体的に述べなさい。
　※学年は，各自の志願種別において想定し，論じること。

●方針と分析

(方針)
　いじめ問題は早期発見，早期対応が重要であることを論じたうえで，いじめが発覚した場合どのように対応していくか具体的に論じる。
(分析)
　いじめの問題は社会的な注目を集めており，平成25年9月に「いじめ防止対策推進法」が施行された。しかし，いじめがなくなることは

なく，令和2年度に認知されたいじめの件数は517,163件と前年度から減少したものの，依然として大きな数字を示している。また，心身に大きな被害を受けるなどの「重大事態」も514件にのぼっている。

　いじめが起こる原因については，多くの人が様々な立場から意見を述べている。しかし，中には評論家的に「学校が悪い」「教師が悪い」とだけ主張する表面的な論調も見受けられ，残念である。論述にあたっては，そうした考えは排除し，教育者としてこの問題の原因をどう捉えるのか，あなた自身の考え方を整理しておくことが必要となる。

　いじめは「子供の基本的な人権を否定する行為」であり，単なる「いけない行為である」という論述では不十分である。また，その原因についても「いじめられる方にも問題がある」という意見を述べる人もいる。しかし，この考え方に立つことは避けなければならない。いじめの根本的な原因は，子供たちを取り巻く社会の変化にあると捉えるとともに，あくまでもいじめられた側に立って，教育者として「いじめられた者を守り抜く」という強い姿勢を示すことが必要である。

　平成29年3月に示された「いじめの防止等のための基本的な方針」には，いじめの未然防止から早期発見・事案対処までの対応策が示されている。設問に関係してくる事案対処については，「いじめの疑いに関する情報や児童生徒の問題行動などに係る情報の収集と記録」「いじめに係る情報の迅速な共有」「関係児童生徒に対するアンケート調査，聴き取り調査」「いじめの被害児童生徒に対する支援」「加害児童生徒に対する指導」「保護者との連携」といったことが示されているので，参考にしたい。

●作成のポイント

　序論，本論，結論の三部構成とする。

　序論では，いじめは子供の基本的人権を侵害する行為であり，絶対にあってはならないということを簡潔に論述する。その際，平成25年9月に施行された「いじめ防止対策推進法」に触れ，早期発見・早期

対応が重要であることを強調したい。

　本論では，いじめが発覚した場合どのように対応していくかを，順を追って論述する。その際，いじめの被害児童生徒だけでなく，加害児童生徒に対する指導についても論述しなければならない。また，スクールカウンセラーなどの専門家や保護者，地域とどのように協力・連携していくかについても触れることが必要である。

　結論では，本論で取り上げられなかった未然防止の重要性などに触れながら，いじめのない学級づくり，集団づくりを進めるという強い決意を述べて，論文をまとめる。

【養護教諭・2次・論文試験】　60分　640字以上

●テーマ

> 　保健室には，心身の不調を訴えて頻回に保健室に来室する者，いじめや虐待が疑われる者，不登校傾向者，非行や性的な問題行動を繰り返す者など，様々な問題を抱えている児童生徒が来室します。そこで，「生徒指導提要(平成22年3月　文部科学省)」に示された内容を踏まえ，これらの問題を抱えた児童生徒と日常的に保健室でかかわる機会が多い養護教諭として，児童生徒理解と支援の観点から大切にすべきことを，具体的に述べなさい。

●方針と分析

(方針)

　日常的に問題を抱えた児童生徒と接することの多い養護教諭が果たすべき役割の重要性について論じたうえで，養護教諭としてどのように児童生徒理解を深めたり支援したりしていくか具体的に述べる。

(方針)

　他の職種にはない養護教諭の職務の特質を活かした児童虐待やいじ

め，不登校，非行，性的問題行動などの心の健康問題に関わるサインの早期発見など，養護教諭が果たすべき役割の重要性を整理したうえで，どのように児童生徒理解や支援に取り組んでいくか具体的に論じる。

(分析)

深刻化する陰湿ないじめや子供同士のトラブル，友達とのコミュニケーションがとれず不登校や引きこもりに至ってしまう状況，適切な人間関係が築けずに暴力行為等に走る傾向，自分の思いを素直に表現できず自傷行為などに至る行動，自分自身に自信がなくて極端に自尊感情が低く自死に至ってしまう現状などは，子供の心が健康な発達をしていないことに起因している。その根本的な原因は，学校や家庭等での人間関係にある。

養護教諭はその職務の性質上，学業の成績とは直接関わることはなく，子供が心を開放して自らの悩みなどを相談しやすい環境をつくることが可能である。また，身体を直接観察できる機会も多く，身体の痣や傷の様子，栄養状況などから，虐待の兆候を発見しやすい立場にある。そうした兆候を発見した場合は，迅速に管理職に報告し，組織的な対応につなげていくことが必要である。

養護教諭は，そうした職務の特性を生かして心の健康に問題を抱えた子供にとっての学級とは異なる居場所を提供し，一人一人の子供に関わる様々な情報の収集と提供，担任教諭とは異なる視点からの指導・助言などに努めなければならない。また，当人はもとより保護者も含めた教育相談的手法を活用した相談機能を充実させることも必要である。

なお，設問にある生徒指導提要では，いじめ，暴力行為，少年非行，児童虐待，自殺，中途退学，不登校，インターネット・携帯電話に関わる問題，性に関する課題，多様な背景を持つ児童生徒への生徒指導といった内容が示されているので，留意しておきたい。

●作成のポイント

　序論，本論，結論の三部構成とする。

　序論では，子供の心身の健康管理を担う養護教諭は，その職務の特性を生かして一人一人の子供の心身の健康に関わる様々な情報の収集と提供に努めなければならないことを指摘する。そのうえで，そうした子供のサインを見逃さず，いじめや虐待などの兆候の早期発見のための視点や方法を整理して述べる。

　本論では，そうした基本的な考え方に立ち，養護教諭としてとるべき具体的な方策について二つ程度に整理して論述する。この二つは，異なる視点から述べ，様々な対応策をもっていることを示すことが重要である。また，小学生，中学生，高校生では発達段階が異なり，その具体的な方策も異なってくる。したがって，どの校種を想定するのかを特定し，発達段階に即した論述にすることも重要である。

　結論では，いじめや虐待などの早期発見と早期解決を図っていくことに努力するという決意を述べ，論文をまとめる。

【栄養教諭・2次・論文試験】　60分　640字以上

●テーマ

　食育を推進するに当たり，第一義的な役割が家庭にあることには変わりありませんが，学校においても，校内食育推進体制を整備するとともに，学校が家庭や地域社会と連携，協働し，食育を一層推進していくことが求められています。

　あなたが勤務する学校で，学校と家庭との連携を進めるに当たり，「食に関する指導の手引き　第二次改訂版(平成31年3月　文部科学省)」に示された学校・家庭が連携した食育の推進を踏まえ，あなたは栄養教諭としてどのように対応するか，具体的に述べなさい。

●方針と分析

（方針）

　学校教育において，食育を推進するために家庭と連携することの重要性について論じたうえで，栄養教諭としてどのように学校・家庭で連携した食育を推進していくか具体的に述べる。

（分析）

　食生活を取り巻く社会環境の変化の中で，児童生徒の食事の取り方やその内容などに問題があることが指摘されており，学校教育において食育を充実させることが求められている。小学校学習指導要領解説総則編では，このことに関して「学校における食育の推進においては，偏った栄養摂取などによる肥満傾向の増加など食に起因する健康課題に適切に対応するため，児童が食に関する正しい知識と望ましい食習慣を身に付けることにより，生涯にわたって健やかな心身と豊かな人間性を育んでいくための基礎が培われるよう，栄養のバランスや規則正しい食生活，食品の安全性などの指導が一層重視されなければならない」としている。

　また，平成21年に学校給食法が改正され，法の目的として従来の「学校給食の普及充実」に加え，「学校における食育の推進」が新たに規定された。同法では，学校給食の目標が食育の観点も踏まえ7つに整理されている。その中で特に本出題に関わるものは，「適切な栄養の摂取による健康の保持増進を図ること」「日常生活における食事について正しい理解を深め，健全な食生活を営むことができる判断力を培い，及び望ましい食習慣を養うこと」の2点である。

　こうした目標を実現するために，家庭と連携した指導を推進することが重要となる。設問にある「食に関する指導の手引き」では，「児童生徒が食に関する理解を深め，日常の生活で実践していくことができるようになるためには，学校と家庭との連携を密にし，学校で学んだことを家庭の食事で実践するなど家庭において食に関する取組を充実する必要があります」と述べたうえで，家庭や地域との連携の進め方として「児童生徒及び家庭の実態把握，課題や目標の共通理解」

26

「学校の指導内容や指導方法，役割等についての共通理解」「成果・取組後の課題の共有」の重要性を指摘していることに留意したい。

●作成のポイント

序論，本論，結論の三部構成とする。

序論では，食育の推進にあたっては，学校と家庭が連携していくことが欠かせず，栄養教諭が果たすべき役割の重要性をまず述べる。そのうえで，栄養教諭としてこの責務をどのように果たしていくのか，その視点を示して本論に結び付ける。

本論では，学校と家庭が連携していくための具体的な取組みを論述する。その際，異なる視点から二つ程度の方策を設定して論述するとよい。先に述べた「食に関する指導の手引き」にある「課題や目標の共通理解」「指導内容や指導方法，役割等についての共通理解」「成果・取組後の課題の共有」といった視点を中心にするとよいだろう。

結論では，本論で取り上げた取組みを貫く基本的な考え方を含め，組織的な食の指導に向けて不断の努力を続けていくという決意を述べて論作文をまとめる。

【高等学校教諭・特別支援学校教諭・2次・論文試験】　60分　720字以上800字以内

●テーマ

AI(人工知能)を用いた技術の導入が進み，高度化する社会において人間に求められる資質や能力について述べよ。その上で，あなたが学校の指導において意識的に取り組もうと考えることについて述べよ。

●方針と分析

(方針)

　AIを用いた技術が高度化する社会において，学校教育で育成すべき資質・能力について論じたうえで，どのような指導を行っていくか具体的に論じる。

(分析)

　令和3年1月の中央教育審議会の「『令和の日本型学校教育』の構築を目指して～全ての子供たちの可能性を引き出す，個別最適な学びと，協働的な学びの実現～(答申)」では，これからの社会を「人工知能(AI)，ビッグデータ，Internet of Things(IoT)，ロボティクス等の先端技術が高度化してあらゆる産業や社会生活に取り入れられたSociety5.0 時代」と捉えたうえで，「社会の在り方そのものがこれまでとは『非連続』と言えるほど劇的に変わる状況」にあると分析している。

　そうした社会で必要となる資質・能力について，「豊かな人生を切り拓き，持続可能な社会の創り手となることができる」ための資質・能力が求められるとしている。そのうえで，「変化を前向きに受け止め，社会や人生，生活を，人間ならではの感性を働かせてより豊かなものにする必要性」を強調し，具体的には「文章の意味を正確に理解する読解力，教科等固有の見方・考え方を働かせて自分の頭で考えて表現する力，対話や協働を通じて知識やアイディアを共有し新しい解や納得解を生み出す力など」を挙げている。また，「豊かな情操や規範意識，自他の生命の尊重，自己肯定感・自己有用感，他者への思いやり，対面でのコミュニケーションを通じて人間関係を築く力，困難を乗り越え，ものごとを成し遂げる力，公共の精神の育成等を図るとともに，子供の頃から各教育段階に応じて体力の向上，健康の確保を図ることなどは，どのような時代であっても変わらず重要である」と述べている。

　さらに予測困難な時代にあって，「目の前の事象から解決すべき課題を見いだし，主体的に考え，多様な立場の者が協働的に議論し，納得解を生み出すことなど，正に新学習指導要領で育成を目指す資質・

能力が一層強く求められている」と述べられていることに着目したい。

●作成のポイント

　序論，本論，結論の三部構成とする。

　序論では，AIを用いた技術が高度化する社会を迎え，そこで求められる資質・能力は従来と変わってきていることを指摘する。そのうえで，そうした社会で生きていく中で求められる資質・能力を簡潔に示す。その際，令和3年1月の中央教育審議会の答申が示している資質・能力を参考にするとよい。

　本論では，序論で挙げた資質・能力を育成するために，どのような指導に取り組んでいくか二つ程度に整理して論述する。どのような資質・応力を取りあげてもよいが，問題解決的な学習，協働的な学習などを重視することが必要となるだろう。

　結論では，本論で取り上げられなかった方策などに触れながら，さらに情報技術が高度化していくこれからの社会を生きていく資質・能力をもった子供を育成するという強い決意を述べて，論文をまとめる。

２０２２年度　論作文実施問題

【前年度からの常勤講師(小学校教諭・中学校教諭)・前年度からの養護助教諭・1次・論文試験】　60分　640字以上

●テーマ

　小学校学習指導要領(平成29年告示)解説，中学校学習指導要領(平成29年告示)解説においては，「生徒指導の積極的な意義を踏まえ，学校の教育活動全休を通じ，学習指導と関連付けながら，その一層の充実を図っていくことが必要である。」と述べられている。

　このことについて，下の[条件]に従って述べなさい。

[条件]

(1)　生徒指導の積極的な意義とは何か，説明しなさい。

(2)　(1)を踏まえ，志望する校種等において，日々の教育活動でどのように生徒指導に取り組んでいくか，具体的に述べなさい。

※論述の際，「児童(生徒)」の表記については，志望する校種等に応じて，「児童」または「生徒」のいずれかの語句を用いてよい。

●方針と分析

(方針)

　「生徒指導の積極的な意義」が意味するところを説明し，その重要性を論じる。そのうえで，自身が志望する校種等でどのような指導に取り組んでいくか具体的に述べる。

(分析)

　「小学校学習指導要領(平成29年告示)解説　総則編　第3章　第4節(2)」において，「各学校においては，生徒指導が，一人一人の児童の健全な成長を促し，児童自ら現在及び将来における自己実現を図っていくための自己指導能力の育成を目指すという生徒指導の積極的な意

義を踏まえ，学校の教育活動全体を通じ，学習指導と関連付けながら，その一層の充実を図っていくことが必要である」としている。

　ここでは，「自己指導能力の育成」という言葉に着目する必要がある。これは，生徒指導が「一人一人の児童生徒の人格を尊重し，個性の伸長を図りながら，社会的資質や行動力を高めるように指導，援助するもの」であり，単に「児童生徒の問題行動への対応という消極的な面だけにとどまるものではない」ことを示している。したがって，学校の教育活動全体を通して，一人一人の児童生徒の健全な成長を促し，児童生徒が自ら現在及び将来における自己実現を図っていくための「自己指導能力」の育成を目指す生徒指導にしていかなければならない。これが生徒指導の積極的意義である。

　このような生徒指導をしていくための基盤となるのは，児童生徒一人一人についての理解の深化を図ることである。学級担任の日ごろの人間的な触れ合いに基づくきめ細かい観察や面接などに加えて，同学年の教師，専科担当教師，養護教諭などを含めて，広い視野から児童生徒の理解を行うことが大切である。一人一人の不安や悩みに目を向け，児童生徒の内面に対する共感的理解をもって児童理解を深めることが大切である。また，教師と児童生徒との信頼関係を築くことも生徒指導を進める基盤である。教師と児童生徒の信頼関係は，日ごろの人間的な触れ合いと児童生徒と共に歩む教師の姿勢，授業等における児童の充実感・成就感を生み出す指導，児童生徒の特性や状況に応じた的確な指導と不正や反社会的行動に対する毅然とした教師の態度などを通じて形成されていくと考えることが重要である。

●作成のポイント

　教員採用試験の一般的な形式である序論・本論・結論の三段構成で論じるとよい。

　序論部分では，まず，生徒指導の積極的意義について，文部科学省などの考え方を基にして説明し，これからの生徒指導は問題行動への対応という消極的な面だけにとどまらず，自己指導能力の育成という

積極的意義に基づいた指導をしていくことの重要性を論じる。

　本論部分では，序論で述べた生徒指導の積極的意義に基づいた指導について，具体的にどのような指導に取り組んでいくか，2つ程度の事例に絞って論述する。児童生徒の理解に基づく指導，一人一人の児童生徒の良さを伸ばす指導，チーム学校としての指導といった視点など，異なる視点での事例を選択するとよい。

　結論部分では，テーマである生徒指導の積極的意義に基づいた指導について俯瞰的に捉え，本論で取り上げた方策の基本となる考え方や教師としての姿勢などを含めて，児童生徒の自己指導能力の育成のために努力していく決意を述べて結ぶ。

【小学校教諭・中学校教諭・2次・論文試験】　60分　640字以上

●テーマ

　あなたは，休み時間に，あなたの担任する学級のAさんが，同じ学級のBさんとCさんから冷やかされたりからかわれたりしている場面を見かけました。

　Aさんに事情を聞いたところ，「自分がされて嫌だと思うことは嫌だと言えているし，いじめとは感じていない。」と答えましたが，普段よりも暗くしずんだように見えました。

　担任として，この後とるべき対応について，

①　Aさんへの対応
②　Bさん及びCさんへの対応
③　その他必要な対応

に分けて具体的に述べなさい。
※Aさん，Bさん，Cさんの学年は，各自の志願種別において想定し，論じること。

32

●方針と分析

(方針)

　いじめ問題に対する基本的な考え方に基づき，事例を分析してその見解を整理して述べる。そのうえで，設問の求めに応じてAさん，Bさん及びCさん，その他の児童生徒の三つに分けて，具体的にどのような対応をしていくか述べる。

(分析)

　いじめは児童生徒の心身の健全な発達に重大な影響を及ぼし，不登校や自殺，殺人などを引き起こす背景ともなる深刻な問題である。そのうえ，最近のいじめはスマートフォンやパソコン等の介在により，一層見えにくいものになっている。いじめは，どの子供にも，どの学校においても起こり得ることや，誰もが被害者や加害者になり得ることを認識して対応していかなければならない。

　いじめは力の優位－劣位の関係に基づく力の乱用であり，攻撃が一過性でなく反復継続して行われるところにその本質がある。そのため，被害者は加害者を訴え出る意欲を奪われ，無力感に陥ってしまいかねない。設問のAさんの発言やその後の状況から，そのような様子を伺うことができる。

　いじめ問題に取り組む基本姿勢は，人権尊重の精神を貫いた教育活動を展開することである。「いじめは人間として絶対に許されない」という意識を一人一人の児童生徒に徹底させるとともに，教職員自らがそのことを自覚して対応していく必要がある。いじめが生じた場合には，いじめられている児童生徒に非はないという認識をもち，組織的対応により問題の解決を図らなければならない。心の傷の回復に向けた本人への働きかけを行うと同時に，学校全体として社会性をはぐくむ取り組みにつなげていくことも大切である。このような視点から，Aさん，Bさん及びCさん，その他の対応を考えていくべきである。

●作成のポイント

　本問は，論文というより一種の事例問題なので，序論と本論で構成

する。

　序論部分では，まずはいじめが心身の健全な発達に重大な影響を及ぼす深刻な問題であるといった基本的見解を述べる。そのうえで，設問のＡさんは一種の無力感に陥ってしまっているのではないかといった分析結果を述べる。

　本論では，設問の求めに応じてＡさん，Ｂさん及びＣさん，その他の対応の三つに分けて具体的にどのような対応をしていくのかを述べていく。Ａさんには「絶対に守る」という学校の意思を伝えること，Ｂさん及びＣさんには「いじめは人間として絶対に許されない」といった姿勢で臨むことが大切である。さらに，Ａさんの保護者との連携を図り，対応策について十分に説明し，了承を得ることも必要である。

【養護教諭・2次・論文試験】　60分　640字以上

●テーマ

　あなたの学校の児童生徒であるＡさんは，4月の登校初日から登校をしぶるようになり，母親が学校まで連れて来ていましたが，なかなか校舎の中に入ることができません。

　4月下旬に，母親から，「子供が『保健室までなら行けるかもしれない』と言っている。」という申し出が養護教諭であるあなたにありました。

　この申し出を踏まえ，あなたは，養護教諭として，どのような対応をしますか。夏休みに入るまでに実現したい状況を述べた上で，具体的に述べなさい。

※Ａさんの校種及び学年は，各自の想定において論じること。

※新型コロナウイルス感染症予防を踏まえてとるべき対応については論じる必要はない。

●方針と分析

(方針)

　不登校問題に対する基本的な考え方を述べるとともに，設問の状況を分析して夏休みに入るまでに実現したい状況を整理して述べる。そのうえで，養護教諭としてAさんにどのような対応をしていくか具体的に述べる。

(分析)

　不登校は「何らかの心理的，情緒的，身体的，あるいは社会的要因・背景により，児童生徒が登校しないあるいはしたくともできない状況にあること(ただし，病気や経済的な理由によるものを除く)」と定義されている。不登校の原因としては，「学校での友人関係がうまく築けないこと」「学習内容が理解できないこと」「基本的生活習慣が確立できていないこと」といった学校に関わる場合だけでなく，子供の性格や家庭の在り方などに原因が認められる場合もあり，これらが複合的に作用していることが考えられる。したがって，不登校問題は特別な状況下で起こるのではなく「誰にでも起こり得る」と認識することが重要である。

　不登校問題への対応は，児童生徒の社会的自立を支援すること，すなわち一人一人の個性を生かしつつ社会参加し，充実した人生を過ごしていけるような道筋を築く活動であるという認識をもつべきである。言い換えれば「社会的自立に向けて自らの進路を主体的に形成していくための生き方支援」である。平成28年12月には教育機会確保法が成立した。これは，不登校はどの児童生徒にも起こり得るものであるとの視点に立ち，全ての児童生徒に教育を受ける権利を保障することを意図している。そのために，いわゆるフリースクール等の学校以外の場の重要性を認めたことに大きな意義がある。このように，不登校問題への対策を考えるうえでは，教育機会確保法の趣旨をしっかりと理解しておきたい。

　したがって，設問のAさんの「保健室までなら行けるかもしれない」という言葉を最大限に尊重し，保健室を自立への出発点として夏休み

に入るまでにどの状況まで導いていきたいかを明確に述べていく必要
がある。

●作成のポイント

　本問は，一種の事例問題なので，序論と本論で構成する。

　序論では，まずは「不登校は誰にでも起こり得る問題であり，その
対策においては社会的自立に向けて生き方を支援していくという認識
をもつことが必要である」といった基本的見解を述べる。そのうえで，
設問のAさんの申し出を尊重しつつ，夏休みまでに実現したい状況を
整理して述べる。

　本論では，その状況の実現を目指してAさんにどのような対応をし
ていくか具体的に述べる。その際には，保健室の受け入れ態勢だけで
なく，担任を含む他の教師との協働，スクールカウンセラーや専門医
などとの連携・協力などを視野に入れる必要がある。保護者との連携
も重要となる。

【栄養教諭・2次・論文試験】　60分　640字以上

●テーマ

> 　小学校1年生のAさんは，野菜が嫌いで，学校でも家でもほとんど
> 食べません。ある日，Aさんの母親から，「子供の野菜嫌いを何とか
> したい。」という電話が栄養教諭であるあなたにかかってきました。
> 　あなたは，栄養教諭として，母親に対し，どのような助言をしま
> すか。具体的に述べなさい。

●方針と分析

（方針）

　偏食問題に対する基本的な考え方を述べるとともに，設問を分析し
てAさんの問題状況について整理して述べる。そのうえで，栄養教諭

としてAさんの母親にどのような助言をしていくか具体的に述べる。
(分析)

「小学校学習指導要領解説　総則編　第3章　第1節　2　(3)」にて，「健康に関する指導については，児童が身近な生活における健康に関する知識を身に付けることや，必要な情報を自ら収集し，適切な意思決定や行動選択を行い，積極的に健康な生活を実践することのできる資質・能力を育成することが大切である」と示されている。つまり，健やかな身体を養うためには，児童生徒の「自分の健康は自分で守る」という自己管理能力を育むことが重要なのである。

また，同総則編では，食育に関して「栄養摂取の偏りや朝食欠食といった食習慣の乱れ等に起因する肥満や生活習慣病，食物アレルギー等の健康課題が見られるほか，食品の安全性の確保等の食に関わる課題が顕在化している」と指摘したうえで，「食に関する正しい知識と望ましい食習慣を身に付けることにより，生涯にわたって健やかな心身と豊かな人間性を育んでいくための基礎が培われるよう，栄養のバランスや規則正しい食生活，食品の安全性などの指導が一層重視されなければならない」としている。その意味で「自分の健康は自分で守る」という自己管理能力の育成のために，食育の観点から栄養教諭として働きかける意義は大きいと言える。

偏食の原因は様々であり，慎重に対応することが求められる。栄養教諭としての栄養や食事に関する指導に加え，担任や保護者と連携して基本的生活習慣の指導に取組むことも必要である。

●作成のポイント

本問は，一種の事例問題なので，序論と本論で構成する。

序論では，まずは偏食の原因は様々であり，その状況に応じて個別に対応していくことが必要であるといった基本的見解を述べる。そのうえで，設問のAさんの母親から相談があった際に，まずは野菜嫌いとなった原因などをできるだけ具体的に聞き取ることが重要である点などを指摘する。

　本論では，Aさんの母親にどのような助言をするか，具体的に述べる。その際，偏食に対しては個別に指導する必要があり，時間を要するため，学校と家庭の間で信頼関係を構築して取り組んでいけるような言葉をかけていくことも重要である。

【小学校教諭・中学校教諭・養護教諭・栄養教諭・2次・論述試験】　30分

●テーマ【設問1】

> 「『令和の日本型学校教育』の構築を目指して～全ての子供たちの可能性を引き出す，個別最適な学びと，協働的な学びの実現　(答申)」(令和3年1月26日　中央教育審議会)で述べられている「2020年代を通じて実現すべき『令和の日本型学校教育』の姿」について，「個別最適な学び」と「協働的な学び」の観点から，240字以上300字以内で説明しなさい。

●方針と分析

(方針)

　2020年代を通じて実現すべき「令和の日本型学校教育」の姿について，中央教育審議会答申の考え方を基に具体的に説明する。

(分析)

　令和3年1月の中央教育審議会の答申では，学習指導のみならず，生徒指導等の面も含めて「子供たちの状況を総合的に把握して教師が指導を行うことで，子供たちの知・徳・体を一体で育む『日本型学校教育』は，全ての子供たちに一定水準の教育を保障する平等性の面，全人教育という面などについて諸外国から高く評価されている」と肯定的に捉えたうえで，「GIGAスクール構想を強力に推進しながら，新学習指導要領を着実に実施することが求められており，必要な改革を躊躇なく進めるべきである」としている。

　そのための方法として提起されているのが,「個別最適な学び」と「協働的な学び」である。「個別最適な学び」には, 一人一人の特性や学習進度・学習到達度等に応じ, 指導方法・教材や学習時間等の柔軟な提供・設定を行うことなどの「指導の個別化」と, 教師が子供一人一人に応じた学習活動や学習課題に取り組む機会を提供することで, 子供自身で学習が最適となるよう調整する「学習の個性化」という二つの側面がある。また,「個別最適な学び」が「孤立した学び」に陥らないよう, 子供同士, あるいは地域の方々をはじめ多様な他者と協働しながら必要な資質・能力を育成する「協働的な学び」を充実させることも重要である, としている。

●作成のポイント

　これまで行われてきた日本型学校教育の良さを継承しつつ「GIGAスクール構想」などを踏まえ,「個別最適な学び」と「協働的な学び」を両立させていくことが「令和の日本型学校教育」の姿であることを指定の字数になるよう整理して述べる。

●テーマ2【設問2】

> 「令和の日本型学校教育」を実現するために, あなたは具体的にどのような取組を行うか, 80字以上100字以内で説明しなさい。

●方針と分析

(方針)

　「令和の日本型学校教育」を実現するために, どのような教育活動に取り組んでいくか具体的に述べる。

(分析)

　「令和の日本型学校教育」実現のための具体的な教育活動について, 令和3年1月の中央教育審議会の答申では次のように述べている。まず

「個別最適な学び」については，「これまで以上に子供の成長やつまずき，悩みなどの理解に努め，個々の興味・関心・意欲等を踏まえてきめ細かく指導・支援することや，子供が自らの学習の状況を把握し，主体的に学習を調整することができるよう促していくことが求められる」としている。また，「協働的な学び」に関しては，「集団の中で個が埋没してしまうことがないよう，『主体的・対話的で深い学び』の実現に向けた授業改善につなげ，子供一人一人のよい点や可能性を生かすことで，異なる考え方が組み合わさり，よりよい学びを生み出していくようにすることが大切である」としている。一方，「協働的な学び」については「教師と子供の関わり合いや子供同士の関わり合い，自分の感覚や行為を通して理解する宰習・実験，地域社会での体験活動，専門家との交流など，様々な場面でリアルな体験を通じて学ぶこと」の重要性も指摘している。

　これらを基に具体的な取り組みについて述べていくべきだが，その際にはICTの効果的な活用という視点を欠かすことはできない。

●作成のポイント

　「令和の日本型学校教育」を実現するために，ICTを効果的に活用した取組について，指定の字数になるように整理して具体的に述べる。余裕があれば，「個別最適な学び」と「協働的な学び」という観点に分けて，それぞれについて述べてもよい。

【高等学校教諭・2次・論文試験】　60分　720字以上800字以内

●テーマ

　急激に変化する時代の中で，高校生にどのような資質・能力を身に付けさせるべきであると考えるか。また，その資質・能力を高校生に身に付けさせるために，日々の教育活動において，あなたはどのようなことに意識的に取り組もうと考えるか。

●方針と分析

(方針)

急激に変化する時代を生きる高校生に身に付けさせるべき資質・能力を明確に示したうえで，そのためにどのような教育活動に取り組んでいくか，二つ程度に整理して論述する。

(分析)

「高等学校学習指導要領(平成30年告示)」では，新たに前文を設け，これからの学校には「一人一人の生徒が，自分のよさや可能性を認識するとともに，あらゆる他者を価値のある存在として尊重し，多様な人々と協働しながら様々な社会的変化を乗り越え，豊かな人生を切り拓き，持続可能な社会の創り手となることができるようにすることが求められる。」とあり，そのためにそれぞれの学校において，必要な学習内容をどのように学び，どのような資質・能力を身に付けられるようにするのかを教育課程において明確にすることの重要性を強調している。

これは，学習指導要領の基本的理念となっている「生きる力」に通じるものである。学習指導要領の総則では，「生きる力」の育成を目指すにあっては，どのような資質・能力の育成をするのかを明確にすることが重要であることを述べたうえで，育成すべき具体的な資質・能力を次の三つの柱で整理している。

① 何を理解しているか，何ができるか(生きて働く「知識・技能」の習得)

② 理解していること・できることをどう使うか(未知の状況にも対応できる「思考力・判断力・表現力等」の育成)

③ どのように社会・世界と関わり，よりよい人生を送るか(学びを人生や社会に生かそうとする「学びに向かう力・人間性」の涵養)

学習指導要領が示す「未来の創り手となるために必要な力」とは，これらの三つをバランスよく育むことである。また，学習の基盤となる資質・能力として，言語能力，情報モラルを含む情報活用能力，問

題発見・解決能力を教科等横断的な視点から育成していくことが重要であるとしている。

●作成のポイント

　一般的な形式である，序論・本論・結論の三段構成で論じるとよい。

　序論部分では，まずは設問に答え，急激に変化する時代を生きる高校生に身に付けさせる必要があると考えられる資質・能力を明確に示し，併せてその理由を論理的に述べる。そのうえで，そうした資質・能力を育むための教育活動の視点を示す。その際に，子供たちに学校での学びと社会との関わりを意識させることや，学んだことを社会で生かしていくことができる力として育成することの重要性について触れるとよい。単なる解説に終わらないようにするため，自分の言葉で述べることが大切である。

　本論部分では，序論で示した資質・能力を育成するための具体的な方策について，自身が専門とする教科に即して二つ程度に整理して論述する。ポイントは，学校での学びと社会をどのように結びつけるかである。

　結論部分では，すべての教育活動を通して急激に変化する時代を生きるための資質・能力を育成することの重要性と決意を述べ，文章を結ぶ。

【特別支援学校教諭・2次・論文試験】　60分　720字以上800字以内

●テーマ

　障がいのある子どもたちにとって，自立と社会参加に必要な力とはどのような力であると考えるか。また，その力を養うために，日々の教育活動において，あなたはどのようなことに意識的に取り組もうと考えるか。

●方針と分析

(方針)

　障がいのある子供が自立して社会参加するために必要な資質・能力を明確に示したうえで，そのような資質・能力を育成するためにどのような教育活動に取り組んでいくか，二つ程度に整理して論述する。

(分析)

　特別支援教育では，一人一人の子供たちが自立した生活を送り，社会の一員として社会参加することができる力を身に付けさせることを最終的な目的としている。これは，日本国憲法の基本的人権を保障するための営みである。教育の今日的課題であり学習指導要領の根本理念である「生きる力」の育成は，特別支援教育においては，いかなる障がいがあろうと人間として尊重され，社会の一員として主体的に社会参加できる力を身に付けさせることを意味していると捉える必要がある。

　そのために，特別支援教育においては，就学前から学齢期，社会参加までの切れ目ない支援の充実が求められている。これは，一人一人の教育的ニーズに対応した指導であり，一人一人の障がいの状態及び発達段階や障がいの特性に応じた専門性の高い教育である。文部科学省も「切れ目ない支援体制整備充実事業」を予算化し，その具体化を進めている。

　保護者の我が子に関わる願いや関心は，これまで以上に高まっている。このことは，特別支援教育の指導内容や指導方法に対する改善要求の増加という形になって表れている。したがって，保護者のニーズを指導に反映していくことが必要である。

　一人一人の教育的ニーズに対応した指導は，「個に応じた指導の充実」「家庭との連携の推進」「生きる力の育成」という問題につながり，小学部，中学部，高等部と切れ目のない支援に結びつく。これらを，特別支援学校の教育活動としてどのように具現化していくかという考え方や，具体的な方策が求められている。

　具体的には「個別の教育支援計画」や「個別の指導計画」の作成と

それに基づく指導，家庭や地域と連携・協力した指導の充実，学校種間で連携した柔軟な対応などが必要となる。いずれにしても，インクルーシブ教育の考え方に立った指導の充実が求められるのである。

●作成のポイント

　一般的な形式である，序論・本論・結論の三段構成で論じるとよい。

　序論部分では，まずは設問に答え，障がいのある子供が自立して社会参加するために必要な資質・能力について明確に示し，次にその重要性と意義について理由を含めて具体的に論述する。さらに，そのようなその力を養うために，学校としてしなければならないことを自分の考えとして力強く述べるようにする。

　本論部分では，序論で示した資質・能力を育成するためにどのような教育活動を行っていくか，異なる観点から，二つ程度の方策に整理して述べる。その際，発達段階や障がいの状況を想定して論述することで具体性が増すと考えられる。具体的な方策としては，個別の指導計画と関連させた担当教科の指導，多様な人々との交流や体験活動，教師集団や保護者との連携などが考えられる。

　結論部分では，特別支援教育に対する意欲と，不断の努力を続けていくという決意を述べて結ぶ。

2021年度　論作文実施問題

【前年度からの常勤講師(小学校教諭・中学校教諭)・前年度からの養護助教諭・1次・論文試験】60分　640字以上

●テーマ

平成29年3月に学習指導要領が告示された。今回の改訂では，学校教育全体並びに各教科，道徳科，外国語活動，総合的な学習の時間及び特別活動の指導を通してどのような資質・能力の育成を目指すのかを明確にしながら，教育活動の充実を図ること，その際，児童生徒の発達の段階や特性等を踏まえつつ，次に掲げる三つの資質・能力の育成が偏りなく実現できるようにすることが求められている。

(1)　生きて働く「知識・技能」の習得

(2)　未知の状況にも対応できる「思考力・判断力・表現力等」の育成

(3)　学びを人生や社会に生かそうとする「学びに向かう力・人間性等」の涵養

このことについて，下の[条件]に従って述べなさい。

[条件]

(1)　これからの社会を生きる子供たちに，上記の三つの資質・能力を育成する必要性について述べなさい。

(2)　(1)を踏まえ，志望する校種等において，どのように取り組んでいくか，具体的に述べなさい。

●方針と分析

(方針)

　新学習指導要領における，これからの社会を生きる子供たちに必要な三つの資質・能力として提示されている内容について，それぞれの必要性と，それを学校教育活動の中で取り組む方法について具体的に論述する。

(分析)

　条件(1)の「これからの社会を生きる子供たちに対する，三つの資質・能力の必要性」については，中央教育審議会答申(平成 28 年 12 月)にある「知識・情報・技術をめぐる変化の早さが加速度的となり，情報化やグローバル化といった社会的変化が，人間の予測を超えて進展するようになってきていること」「第4次産業革命ともいわれる，進化した人工知能が様々な判断を行ったり，身近な物の働きがインターネット経由で最適化されたりする時代の到来が，社会や生活を大きく変えていくとの予測がなされていること」が指摘されている。このため，これからの社会が予測できない事態に直面したとき，臨機応変に対応できる能力が求められるといった分析を行う必要がある。

　条件(2)に示されたこれらの具体的な取り組みは，新たな学習指導要領において「主体的・対話的で深い学び」としてまとめられている，新しい時代を生きる子供たちに必要な力の「三つの柱」の内容に相当する。これらを実現するための教育として，たとえば「一人ひとりの社会的・職業的自立に向けたキャリア教育の推進」「グローバルな視野で多様な文化や価値観を受容し理解するための多文化教育」などの事例が示されている。

●作成のポイント

　本問に対しては，序論，本論，結論の三段構成で論じる。今回の学習指導要領の改訂では，「生きる力」をより具体化し，教育課程全体を通して育成を目指す資質・能力が，①生きて働く「知識・技能」の習得，②未知の状況にも対応できる「思考力・判断力・表現力等」の

育成，③学びを人生や社会に生かそうとする「学びに向かう力・人間性等」の涵養の三つの柱に整理された。これらの柱は，それぞれ「何を理解しているか，何ができるか」「理解していること・できることをどう使うか」「どのように社会・世界と関わり，よりよい人生を送るか」というテーマに置き換えることもできる。

したがって，序論部分では条件(1)に従い，まず三つの柱の意味とねらいについて述べ，続いてこれからの社会を生きる子供たちに，これらの資質・能力が必要となる理由を述べる。この部分の字数は，200字程度を目安とする。論述に際しては，三つの資質・能力を相互に関わらせて育成する必要性についても言及する。

本論部分では，序論部分の記述を踏まえ，志望する校種等における取り組みについて述べる。この部分の字数は，300字程度を目安とする。今回の改訂では，子供たちが目指す資質・能力を育むために，「主体的・対話的で深い学び(アクティブ・ラーニング)」の視点で，授業改善を進めることが求められている。これは，子供たちの学びそのものが「アクティブ」で意味のあるものとなっているという視点から，授業をより良くしていくことを示している。

具体的には，例えば①一つ一つの知識がつながり，「わかった！」「おもしろい！」と思える授業，②見通しをもって，粘り強く取り組む力が身に付く授業，③周りの人たちと共に考え，学び，新しい発見や豊かな発想が生まれる授業，④自分の学びを振り返り，次の学びや生活に生かす力を育む授業などである。

結論部分では，序論，本論の記述を踏まえ，教員としての決意を述べる。この部分の字数は，140字程度を目安とする。これからの子供たちには，変化の激しい社会を生きるために必要な力(生きる力)を育むことが求められている。これには，各教員が連携し，複数の教科等の内容にまたがりながら授業を行ったり，地域と連携してより良い学校教育を目指す「カリキュラム・マネジメント」を充実させたりする必要がある。これはすなわち，教育活動の質を向上させ，学習効果の最大化を図ることを意味する。

【小学校教諭・中学校教諭・養護教諭・栄養教諭・2次・論文試験】60分
640字以上

●テーマ1

> 「平成30年度児童生徒の問題行動・不登校等生徒指導上の諸課題に
> 関する調査(文部科学省)」によると，小・中・高等学校における暴力
> 行為の発生件数は72,940件であり，前年度から約15％増加している。
> また，過去5年間の傾向として，小学校における暴力行為が大幅に増
> 加している。(平成25年度：10,896件→平成30年度：36,536件)
> 　暴力行為の増加の要因と背景を踏まえ，小学校段階における指導
> の在り方について，あなたの考えを述べなさい。

●方針と分析

(方針)

　小学校における暴力行為の増加の要因と背景について考察しつつ，
暴力行為を防止するための指導の在り方について，自身の考えを展開
する。

(分析)

　文部科学省の最新の調査結果によれば，小学校の児童・生徒による
暴力行為の発生件数は平成18年度が3,803件だったのに対し，令和元年
度は4万3,614件と11.5倍に増えており，平成30年度と比べても1.19倍に
増えている。小学生が起こした暴力行為のうち，73.6％は子供同士の
間で起きている。これに対し，対教師暴力は14.9％，器物損壊は
10.7％という内訳となった。

　この小学校における暴力行為増加の直接の原因として，生徒児童自
身が①自分の感情をコントロールできない，②コミュニケーション能
力が不足している，③規範意識が欠如していることが指摘されている。
その背景には，家庭教育の機会の欠如，ビデオ映像やゲーム等での暴
力的な場面に接する機会の増加，インターネット・携帯の急速な普及

に伴う対面コミュニケーション不足といった問題があるとされている。

　これらに対処するための教員としての指導の在り方については，①社会で許されない行為は，学校においても許されないという毅然とした姿勢を示す，②学校全体で学校生活や授業中におけるルールやマナーを明確にする，③その場で何に対しての注意かを明確にし，注意する，④生活ノートによる教職員と児童生徒との意見交換，日頃から休憩時間や放課後の声かけ等を行い，児童生徒との信頼関係を構築するといった事例が示されている。

　こうした各自治体の指導方針や指導の手引きなどを参考にしながら，文章内容を整理して論述するとよい。

●作成のポイント

　前・後半の2部構成で論述する。前半では小学校での最近の暴力行為の増加の要因と背景について概説し，後半では自身が教員として取り組むべきと考えている小学校段階における指導の在り方について述べる。指導の在り方においては，注意や罰則といった毅然とした指導の在り方と同時に，個々の生徒とのマンツーマンでの取り組みやクラス全員での取り組みなど，創意工夫して実践する事例を取り上げるとよい。

　前半での小学校での生徒児童による暴力行為の増加の要因や背景についても，自分自身の体験談を交えつつ，自分独自のオリジナルな視点からの考察を展開してもよいだろう。

●テーマ２

> 　いじめは，どの子供にも，どの学校でも，起こりうるものであり，その的確な対応が求められています。
> 　いじめ防止対策推進法で定義されている「いじめ」とはどのようなものか，簡潔に述べなさい。
> 　また，「いじめの防止等のための基本的な方針(最終改定　平成29年3月14日　文部科学大臣決定)」に示されている学校における「いじめの防止」のポイントを踏まえ，いじめを未然防止するために，継続的に取り組む内容について述べなさい。

●方針と分析

(方針)

　いじめ防止対策推進法による「いじめ」の定義と，学校におけるいじめ未然防止のために，教員として継続的に取り組みたい内容について論述する。

(分析)

　いじめ防止対策推進法第2条における「いじめ」の定義とは，「児童等に対して，当該児童等が在籍する学校に在籍している等当該児童等と一定の人的関係にある他の児童等が行う心理的又は物理的な影響を与える行為(インターネットを通じて行われるものを含む。)であって，当該行為の対象となった児童等が心身の苦痛を感じているものをいう。」と示されている。

　したがって，相手に対する直接の身体的・暴力的危害だけでなく，精神的・心理的な加害行為に対しても適用される定義であることに注意する。

　また，設問にある「いじめの防止等のための基本的な方針」に示されている学校における「いじめの防止」のポイントには，いじめの未然防止のために「児童生徒が，周囲の友人や教職員と信頼できる関係の中，安心・安全に学校生活を送ることができ，規律正しい態度で授

業や行事に主体的に参加・活躍できるような授業づくりや集団づくり，学校づくりを行っていくこと」と述べられており，その実現のためには教職員が「日常的に児童生徒の行動の様子を把握したり，定期的なアンケート調査や児童生徒の欠席日数などで検証したりして，どのような改善を行うのか，どのような新たな取組を行うかを定期的に検討」することが必要であると示されている。

　以上を前提に，教員としての自身が継続的に授業やホームルーム，その他の学校活動で取り組みたい「いじめの未然防止」対策について，具体的に展開するとよい。

●作成のポイント

　設問は「いじめの定義」と「未然防止のための取組」の2点を問うものであるため，それぞれの点について，法律条文や基本方針の文言を引用しながら2部構成でまとめる。

　とりわけ「いじめの未然防止」については，いじめ自体の反倫理性・暴力性を生徒児童に強く自覚させ，行動変容を促すような取り組みと，いじめ自体を起こしにくいクラス環境を整備するための取り組みを論じる。

　設問に示されている「いじめの防止等のための基本的な方針」に示されている学校における「いじめの防止」のポイントにおいても，「いじめ加害の背景には，勉強や人間関係等のストレスが関わっていることを踏まえ，授業についていけない焦りや劣等感などが過度なストレスとならないよう，一人一人を大切にした分かりやすい授業づくりを進めていくこと，学級や学年，部活動等の人間関係を把握して一人一人が活躍できる集団づくりを進めていくこと」があげられている。

　こうした点に留意し，自身が教員として継続的に取り組む内容と，それにより期待される成果について具体的に論述するとよい。

●テーマ3

　近年，アレルギー疾患を抱える子供が増えてきています。食物アレルギーは，生命に危険を及ぼすアナフィラキシーショックを引き起こすことがあり，十分な配慮が必要です。

　勤務する学校に，乳製品をアレルゲンとする食物アレルギーを有する子が入学してくることがわかりました。「学校給食における食物アレルギー対応指針(平成27年3月　文部科学省)」に示された学校給食における食物アレルギー対応の大原則を踏まえ，学校として，具体的にどのような対応をするか，入学してくる子どもの保護者に説明する原稿を書きなさい。

●方針と分析

(方針)

　食物アレルギー疾患を抱える生徒児童に対する，学校給食におけるアレルギー対応の仕方について，保護者に説明することを想定した文章を作成する。

(分析)

　文部科学省「学校給食における食物アレルギー対応指針」に示された「学校給食における食物アレルギー対応の大原則」は，以下の6項目から構成されている。①食物アレルギーを有する児童生徒にも，給食を提供する。そのためにも，安全性を最優先とする。②食物アレルギー対応委員会等により組織的に行う。③「学校のアレルギー疾患に対する取り組みガイドライン」に基づき，医師の診断による「学校生活管理指導表」の提出を必須とする。④安全性確保のため，原因食物の完全除去対応(提供するかしないか)を原則とする。⑤学校及び調理場の施設設備，人員等を鑑み無理な(過度に複雑な)対応は行わない。⑥教育委員会等は食物アレルギー対応について一定の方針を示すとともに，各学校の取組を支援する。

　以上の大原則を踏まえつつ，「乳製品をアレルゲンとする食物アレ

ルギーをもつ児童生徒」の入学を想定した学校側の対応について示す
必要がある。

●作成のポイント

保護者への説明文は，学校給食において除去するアレルギー対象と
なる乳製品に関する説明と，それを確約するための学校側のアレルギ
ー対応のプロセスについて説明する構成にするとよい。

たとえば，岐阜県では就園・学前健診でアレルギー調査を行い，そ
の結果をもとに生活管理指導票を作成し，個別面談を経て学内の「食
物アレルギー対応委員会」で当該の児童生徒に対する給食のあり方を
決定するというプロセスが採用されている。学校給食における乳製品
の代表的なアレルゲンは牛乳であり，他にバター，チーズ，ヨーグル
トなどがある。したがって，安全性確保のため，これらのアレルギー
原因食材を除いた給食を提供することを中心に，保護者への説明文を
作成する。

【小学校教諭・中学校教諭・養護教諭・栄養教諭・2次・論文試験】各設問：30分　160字以上200字以内

●テーマ1【設問1】

地方公務員法第31条には，「職員は，条例の定めるところにより，
服務の宣誓をしなければならない。」と規定されています。
服務の宣誓とは，何を宣誓するものですか。地方公務員の服務の
根本基準を踏まえ説明しなさい。

●方針と分析

(方針)

地方公務員法に示されている「服務の宣誓」の意味と，服務の根本

基準について説明する。

(分析)

　地方公務員法第31条には、「職員は、条例の定めるところにより、服務の宣誓をしなければならない。」と定められている。このほか、同第30条にはこの「服務の根本基準」として「すべて職員は、全体の奉仕者として公共の利益のために勤務し、且つ職務の遂行に当っては、全力を挙げてこれに専念しなければならない。」と規定されている。この公務員の「服務」とは主に日本国憲法への遵守義務であり、①主権が国民に存することを認める日本国憲法を尊重し、且つ擁護すること。②公務員は一部ではなく全体の奉仕者として、誠実且つ公正に職務を執行することを誓わせるのが宣誓の趣旨である。

　一方で「学校教員」の服務義務は、①法令等上司の職務上の命令に従う義務、②(教員としての)職務に専念する義務、③(教員としての社会的な)信用失墜行為の禁止、④秘密を守る義務(守秘義務)、⑤(選挙や特定政党活動など)政治的行為の制限、⑥争議行為の禁止、⑦(会社経営など)営利企業等の従事制限といったものがある。

　以上の地方公務員法の根拠にもとづき、市町村では公務員の服務遵守に関する条例が策定され、就任時に宣誓書に署名を求める自治体も存在している。こうした内容を踏まえた上で、学校教員としての服務への「宣誓」内容と根本基準について、簡潔にかつ論理的に説明するとよい。

●作成のポイント

　文章を2部に分け、前半を地方公務員法に示されている「服務の根本基準」について説明し、後半でそれを踏まえた公務員および教員として遵守すべき服務の内容について簡潔に説明する。字数が160字以上200字以内と限られているため、付随的な説明は割愛し、重要なポイントに内容を絞るべく文章を推敲する必要がある。あらかじめ時間配分を決めておき、時間不足に陥らないよう書き進めたい。

●テーマ1【設問2】

コミュニティ・スクールとは何か，法的位置づけ，役割，期待される効果に触れながら説明しなさい。

●方針と分析

(方針)

コミュニティ・スクールの定義，法的位置づけ，役割や期待される効果について端的に説明する。

(分析)

コミュニティ・スクール(学校運営協議会制度)とは，学校と地域住民等が力を合わせ，学校の運営に取り組むことが可能となる「地域とともにある学校」への転換を図るための有効な仕組みのことであり，この中心を担う「学校運営協議会」は，保護者代表，地域住民，地域学校協働活動推進員により構成される。これは，地方教育行政法第47条の5にもとづく仕組みであり，その主な役割として，①校長が作成する学校運営の基本方針を承認する，②学校運営に関する意見を教育委員会又は校長に述べることができる，③教職員の任用に関して，教育委員会規則に定める事項について，教育委員会に意見を述べる。以上の三点が示されている。

さらに，コミュニティ・スクールに期待される効果として，①「学校運営の改善」と「教育支援活動等の充実」の双方向・協働型の取組の推進，②学校・家庭・地域の組織的・継続的な連携・協働体制の確立，③教育支援活動等を通じた，日々の教育活動や子供への理解の深まりと課題解決の実践，④子供の教育に関する課題，目標等の共有による当事者意識の高まり，⑤学校・家庭・地域において，共通したビジョンをもった取組の展開といった項目が示されている。

以上の基本事項について，端的に順序良くまとめて説明するとよい。

●作成のポイント

　コミュニティ・スクールの定義，法的位置づけ，役割，期待される効果について，それぞれこの順に一文ずつ作成し，文章を構成する。字数が160字以上200字以内と限られているので，付随的な説明は割愛し，文章を推敲しまとめる必要がある。あらかじめ時間配分を決めておき，時間に余裕をもたせて書き進めたい。

●テーマ2【設問1】

　不祥事根絶に向けてコンプライアンスに対する知識，意識を高めることが求められています。
　コンプライアンスとは何か，説明しなさい。また，特に教職員のコンプライアンスとして求められていることについて説明しなさい。

●方針と分析

（方針）
　コンプライアンスの定義，教職員のコンプライアンスとして求められている事項について簡潔に説明する。
（分析）
　学校教職員の不祥事については，近年，生徒児童への体罰やパワー・ハラスメント，セクシャル・ハラスメント，交通ルール違反や飲酒運転，公金の不正処理，生徒の個人情報の持ち出しといった事例が全国的に相次いでおり，ニュース等でも話題にされている。
　一方，一般的に「法令遵守」と訳されるコンプライアンスは，組織または組織の構成員が倫理的・社会的な規範から逸脱することなく，適切に事業を遂行することを意味する。したがって，学校教員であれば，地方公務員法や教育公務員特例法に定められている「服務の遵守」を遂行する義務を負っていること，さらに教職員が保護者や地域社会から学校に寄せられる期待や信頼に応える社会的責任を負っているこ

とを自覚する必要がある。

　また，コンプライアンスには，法令を遵守するだけでなく，社会的ルールとして認識されているルールに従って行動するという意味もある。以上，このようなことをよく踏まえた上で論述したい。

●作成のポイント

　全体を3部(3段落)に分け，最初にコンプライアンスとは何かという定義を明記する。次に，学校教職員に求められる，法律上の「服務規律」への遵守事項を引用する。最後に，最近頻出している，学校教職員による生徒児童へのハラスメント，個人情報の漏洩といった不祥事の典型事例をいくつかあげ，これらの不祥事を起こさないようにするための教職員の社会的・倫理的責任について述べるとよい。字数が160字以上200字以内と限られているので，付随的な説明は割愛し，文章を推敲してまとめる必要がある。あらかじめ時間配分を決めておき，時間に余裕をもたせて書き進めたい。

●テーマ2【設問2】

　「出席停止」については，学校保健安全法第19条と学校教育法第35条に規定されています。この2つの「出席停止」の違いを説明しなさい。

●方針と分析

(方針)

　学校保健安全法と学校教育法にそれぞれ規定されている「出席停止」の意味の違いについて説明する。

(分析)

　学校保健安全法第19条にある「出席停止」措置とは，感染症に罹患している，あるいはその疑いのある生徒児童に対する出席停止措置を

指す。一方，学校教育法第35条にある「出席停止」措置とは，いじめや校内暴力の加害者である生徒児童に対する出席停止措置を指す。法律には，①他の児童に傷害，心身の苦痛又は財産上の損失を与える行為，②職員に傷害又は心身の苦痛を与える行為，③施設又は設備を損壊する行為，④授業その他の教育活動の実施を妨げる行為の4項目が明示されている。

　したがって，これらの違いを踏まえ，端的に説明するとよい。

●作成のポイント

　設問はあくまで法律上の定義の違いに関するものであり，自身の教育指導経験や学校における具体的事例について説明を挿入する必要はない。字数が160字以上200字以内と限られているので，できるだけ文章は簡潔かつ論理的な構成になるよう，推敲しまとめる必要がある。あらかじめ時間配分を決めておき，時間的に余裕をもたせて書き進めたい。

【高等学校教諭・国語，地理歴史(地理)，数学，英語，福祉　2次・論文試験】60分　720字以上800字以内

●テーマ

　授業においてICT機器をより効果的に活用するためには，どのような点に留意する必要があるか。また，具体的には，どのような授業実践が考えられるか。志願する校種・教科(科目)に即して，あなたの考えを具体的に述べなさい。

●方針と分析

(方針)

　授業に際し，教員がICT機器を効果的に活用するための留意点，お

およびICT機器を活用した授業実践について，志願する校種や教科に即した具体的な方法を提示する。

(分析)

　授業の現場におけるICT機器としては，PCやタブレット端末，テレビ会議システム，電子黒板，書画カメラなどを利用したデジタル教材などがあげられる。そこで機器別の効果的な活用の仕方，留意点について事例をあげて述べる必要がある。

　ICT機器を活用した授業の具体例については，「教育の情報化に関する基盤整備」(文部科学省)の「教員のICT活用指導力の向上」に掲載されている「教育ICT活用実践事例」などを参考にする。そこには，ICT活用の効果を高めるために，教員がICT機器の活用場面やタイミング，活用する上での創意工夫をいかに行うかということなどが示されている。

　たとえば，コンピュータや実物投影機等の映像を単に見せるのではなく，指導のねらいや生徒の学習習熟度に応じた題材，素材を教師が十分吟味して選び，その映像をタイミングよく教師が大きく映して提示する。また，提示した映像などを指し示しながら，発問や説明をする。このような創意工夫をすることで，ICT機器活用による効果を高めることができる。

　一方，生徒の立場からすれば，ICT機器によって提示された映像などを通して教師の説明や指示等を聞き，それに対応する学習活動を行うことになる。とくに，各教科の学習指導においては，一人一人の習熟の度合いに応じた指導が必要となる。その際には，指導の記録や習熟の度合いの把握をしやすくしたり，個々の生徒に応じた問題の作成の効率化を図ったりする上で，ICT機器の活用は効果的となる。

●作成のポイント

　全体を前・後半の2部に分け，前半では設問の指示にある「授業においてICT機器を効果的に活用するための留意点」についてまとめ，後半では自分自身が教員として担当教科の授業において，どのように

「ICT機器を活用した授業実践」について取り組むかについて，具体例をあげながら論述するとよい。

　たとえば，国語科であれば，漢字ドリルソフトや電子辞書のアプリケーションを利用した反復学習を行う。数学科であれば，電子黒板上に空間図形に関するデジタル教科書を投影し，解説を行う。さらに，社会科(地理・歴史科)であれば，インターネットに掲載されている資料や地図，年表などを活用し，特定の社会問題や人物，国や地域に関するテーマのプレゼンテーション資料を作成するといった授業も想定できる。

　いずれにしても，このような問題では，自分自身が担当教科の教師として授業を設定し，この中のどういう場面で，どのようなICT機器を活用するのかなどを，具体的に説明することが必要となる。

【高等学校教諭・地理歴史(日本史・世界史)，理科(生物)，工業(化学系)，商業　2次・論文試験】60分　720字以上800字以内

●テーマ

　生徒の情報活用能力の育成のため，具体的にどのような授業を実践しますか。生徒の情報活用の実態を踏まえ，志願する校種・教科(科目)に即して述べなさい。

●方針と分析

(方針)

　教員として，自身が志願する校種や教科に即した，生徒の情報活用能力育成のための授業の実践方法について具体的に論述する。

(分析)

　文部科学省発行「教育の情報化に関する手引き」によれば，「情報活用能力」とは「世の中の様々な事象を情報とその結び付きとして捉

え，情報及び情報技術を適切かつ効果的に活用して，問題を発見・解決したり自分の考えを形成したりしていくために必要な資質・能力」とされている。

　具体的には，「学習活動において必要に応じてコンピュータ等の情報手段を適切に用いて情報を得たり，情報を整理・比較したり，得られた情報を分かりやすく発信・伝達したり，必要に応じて保存・共有したりといったことができる力」とされ，さらに「このような学習活動を遂行する上で必要となる情報手段の基本的な操作の習得や，プログラミング的思考，情報モラル等に関する資質・能力等も含む」と述べられている。

　自身が志願する校種・教科において，こうした能力を育成するため，具体的な授業の実践方法について論述する。たとえば理科分野では，各種観察・実験結果を動画編集して整理したり，データを統計処理ソフトで整理し，結果をプレゼンテーションソフトでまとめて発表したりするといった試みが報告されている。

　岐阜県教育委員会では，県下の学校のICT教育の活用に力を入れており，県立高校のすべての生徒にタブレットとキーボードを組み合わせた端末機を配布し，2020年11月より利用開始した。このような背景から，岐阜県下の高等学校生徒の情報活用能力は，相対的に高いと考えられる。

●作成のポイント

　文章を前・後半に分けて書く。前半では「情報活用能力」の定義および，それを育成するための教育のポイント，岐阜県の高等学校における情報教育普及の実態についてまとめる。後半では，自身が教員として取り組む担当教科の授業において，どのように情報活用能力育成のための実践を行うか，具体的なプログラムを設定して論述する。

　その際には，必要に応じてICT機器や汎用ソフト，アプリの基本操作，プログラミングの指導，個人情報保護など，情報モラルの基本に関する理解を定着させる内容を盛り込んでも差し支えない。また，授

業における実践を通じて期待される成果，達成目標についても明示しておくことが重要となる。

【高等学校教諭・理科(物理)，理科(化学)，保健体育，家庭，農業，工業(電気・電子系)　2次・論文試験】60分　720字以上800字以内

●テーマ

> あなたの担当する授業において，どのように言語活動の充実を図りますか。
> 各教科(科目)に言語活動の充実が求められている背景を踏まえ，志願する校種・教科(科目)に即して述べなさい。

●方針と分析

(方針)

　教員として，自身の担当教科の授業において，どのように言語活動の充実を図るか，具体的な方法を述べる。

(分析)

　新学習指導要領第1章総則において，「各学校においては，生徒の発達の段階を考慮し，言語能力，情報活用能力(情報モラルを含む。)，問題発見・解決能力等の学習の基盤となる資質・能力を育成していくことができるよう，各教科等の特質を生かし，教科等横断的な視点から教育課程の編成を図るものとする」と規定されている。

　また，言語能力の内容の取扱いに当たっては，言語能力を育成する言語活動を重視し，筋道を立てて練習や作戦について話し合ったり，身振りや身体を使って動きの修正を図ったりする活動，個人及び社会生活における健康の保持増進や回復について話し合う活動などを通して，コミュニケーション能力や論理的な思考力の育成を促し，主体的な学習活動の充実を図ることが求められている。

62

　「話すこと・聞くこと」にかかわる言語活動は，すべての教育活動になくてはならないものであり，この活動は以前から，言語能力を育成するために必要な学習活動として位置付けられている。また，言語活動は思考力・判断力・表現力等の育成に資するものであることから，生徒が教員の指示どおりに表現するだけでは，言語活動が充実しているとはいえない。

　思考力・判断力・表現力等を育む観点から，それぞれの教科等において言語活動を充実する際には，生徒自らがしっかり考えることができているかが重要となる。

　これらを踏まえ，自身の志願する校種・教科における授業の場面で，具体的にどのような授業内容の実践をしようと考えるか，自身の見解を述べるとよい。

●作成のポイント

　まず，各教科(科目)に言語活動の充実が求められている背景を，学習指導要領の趣旨にもとづいて説明する。その後，自身の担当教科の授業において，どのように言語活動の充実を図るか，具体的な方法を展開していく。その際には，「事実を正確に理解する」「互いに意見や情報を伝え合うことで，考えを発展させる」といった，言語活動の趣旨に即した事例を引用することがポイントとなる。

　たとえば国語科の場合，特定の教材やテキストを取り上げ，それについて批評文を書いたり，関連するテキストを読み比べたり，脚本や小説に書き換えたりといった活動が想定できる。英語科であれば，授業で取り上げた教材やテキストを題材に，グループ内でリサーチを行い，ディスカッションやプレゼンテーションを行う事例が示されている。

　また，地理科や歴史科では，テーマに関する資料や統計を活用しながら，地域の特色や歴史上の人物について解説文を作成するといった試みも可能となる。

【高等学校教諭・工業(機械系)，情報，特別支援学校教諭　2次・論文試験】60分　720字以上800字以内

●テーマ

> 　主体的・対話的で深い学びを実現するため，あなたはどのようなことを踏まえて授業を計画し，また具体的にどのような授業を実践しますか。
> 　志願する校種・教科(科目)に即して述べなさい。

●方針と分析

(方針)

　自身の志願する校種や教科において，新学習指導要領に示されている「主体的・対話的で深い学び」を実現するために，教員としてどのような授業を計画・実践するかについて具体的に述べる。

(分析)

　「主体的・対話的で深い学び」とは，アクティブ・ラーニング，すなわちグループ・ディスカッションやプレゼンテーション，ワークショップ型授業といった生徒の能動的参加による自主的学習活動を指している。これらは，小学校・中学校・高等学校によって，達成目標として位置付けられる内容やレベルが異なるため，注意が必要となる。

　たとえば高等学校の場合，特定のテーマに関する課題発見・課題解決に向けてグループで情報や意見を共有し，論理的な議論を通じて一定の結論を導き出すという流れでの授業実践事例が数多く報告されている。

　国語や英語では，取り上げる作品の解釈についてグループで討論したり，理科では実験の前に仮説を立て，実験で検証することで考察する試み，歴史科では歴史上の事件について，その背景や起因を推測し，グループごとに意見をまとめるといった実践事例が紹介されている。こうした事例をヒントに，自身の志願する校種・教科におけるアクテ

ィブ・ラーニングの実践計画を考えて論述する。

●作成のポイント

　設問で問われている「授業計画で踏まえるべきこと」については，自身の担当教科におけるアクティブ・ラーニングを導入する趣旨，ないしは達成目標について述べる。これに続き，実際の授業進行計画について，具体的に順を追いながら説明をすればよい。

　その際には，あくまでも生徒が自らの力で課題発見と課題解決に導くことが可能なテーマや難易度の題材を選ぶこと。授業内において，グループ単位での活動が十分に可能なプログラムや時間配分を設定すること。必要に応じて，生徒に事前学習またはリサーチをどの程度要求するかについて検討しておくこと。どのようなツール(たとえばワークシート，KP法，ICT機器の活用など)を用いて，グループ・ディスカッションの成果をまとめさせるかを想定して記述することなどが重要となる。

2020年度　論作文実施問題

【前年度からの常勤講師(小学校教諭・中学校教諭)・前年度からの養護助教諭・1次・論文試験】　60分

●テーマ

　小学校学習指導要領(平成29年告示)解説，中学校学習指導要領(平成29年告示)解説においては，「情報モラル」を「情報社会で適正な活動を行うための基になる考え方と態度」として定め，各教科等の指導の中で身に付けさせることとしています。
　このことについて，下の［条件］に従って述べなさい。
［条件］
(1)　スマートフォンをはじめとしたさまざまなインターネット機器の普及に伴い，児童生徒に関し問題となっていることは何か。情報モラルの内容を踏まえ，具体的に3つ述べなさい。
(2)　(1)を踏まえ，それぞれの問題についてどのように指導を行っていくか，具体的に述べなさい。

●方針と分析

(方針)
　示された2つの条件に従って，情報モラルに対する認識を示し，情報機器の発達に伴って生じている問題を明らかにすると共に，情報教育上の課題を踏まえて，課題解決に向けた効果的な指導について具体的に述べる。
(分析)
　スマートフォンをはじめとした情報機器の発達により，我々の生活は飛躍的に便利になったが，問題も指摘されている。中でも，ネット

を介したいじめや，ネット中毒による生活の乱れ，ネット犯罪に巻き込まれるリスクといったように，危機に直面する児童生徒が多くなってきている。SNS等に熱中するあまり，対面での言語活動が疎かになる傾向もある。

　新学習指導要領の総則においては，情報モラルを含む情報活用能力を育成していくことの重要性を指摘している。こうした能力は各教科等の指導を通して身に付けさせる必要があるが，とりわけ道徳教育に関わる側面も大きい。情報活用能力を論じるにあたっては，「情報リテラシー」と「情報モラル」の両面から捉えることができる。前者では，プログラミング的思考，情報セキュリティ，統計等に活用する能力などが関係する。学校教育において日常的に情報技術を活用する環境を整えることが重要である。後者では，相手の立場や気持ちを思いやる心の育成，心の教育に関係する。スマートフォン等を介してのマナー教育など，道徳教育の充実も重要となる。

●作成のポイント

　序論，本論，結論の三段構成で論じる。

　序論では，なぜ情報活用能力を育成することが求められているのか，社会的な背景や学習指導要領の考え方を基に論述する。特に「問題を見いだし解決したり，自身の考えを形成したりしていくために必要な資質能力であること」を踏まえておくことが必要である。その上で，条件にある問題点を3点例示する。

　本論では，情報活用能力を育成するための具体的な方策について述べる。特に序論で挙げた問題点の改善に繋がる取組，指導の工夫について触れたい。技術的な指導だけでなく，児童生徒の心の琴線に触れ，生き方や生活姿勢の向上につながるような指導を示したい。各校種ともに，教科における情報活用能力の向上を心掛けることは当然であるが，小中学校においては，「特別の教科　道徳」の時間の活用，高等学校においては道徳の授業はないものの，教育活動全体を通した道徳教育の視点が大切であると言える。

　　結論では，岐阜県の児童生徒の情報活用能力向上のため，研修等を通して教師としての技量を磨き，県の発展に寄与するような人づくりに向けて，学び続ける教師となる決意を強調して結びとする。

【小学校教諭・中学校教諭・養護教諭・栄養教諭・2次・論文試験】　60分

●テーマ

> 　岐阜県では，「岐阜県の求める教師像」として，3点を掲げています。
>
> 　あなたは，その3点の具体像をそれぞれどのように捉えますか。また，それぞれの実現に向けて，具体的にどのように取り組んでいきたいか，あなたの考えを述べなさい。

●方針と分析

(方針)

　　岐阜県の求める教師像3点に対する認識を示し，自身の解釈とともに，その実現のための取組について論述する。具体的方策の柱を2本程度挙げて本論とする。

(分析)

　　岐阜県の求める教師像は次の3点である。

　　○幅広い教養と高い専門性をもち，常に学び続ける教師(学び続ける向上心)

　　○誰一人悲しい思いをさせない，愛情と使命感あふれる教師(高い倫理観・使命感)

　　○指導方法を工夫し，児童生徒に確かな学力をつける教師(確かな専門性)

　　これらの内容に関連して，自身の経験に基づき，出会った恩師の姿や望ましいイメージを念頭において，理想とする教師像を説明する。

研究心，向上心が強く感じられる教師，愛情豊かな教師，授業の上手な教師など，児童生徒に対する具体的な指導場面を挙げて述べると説得力が増す。

　岐阜県の掲げる教師像の1点目に関しては，人間関係力，信頼関係構築，研修意欲など，2点目については，いじめ，不登校などへの対応やコミュニケーション能力など，3点目については，分かる授業，指導法の工夫改善と授業力などが効果的キーワードと言える。

　学習指導，生活指導の両面から，自身が理想像に近づくための方策や取組を示すとよい。心の教育，道徳教育の視点にも必ず触れるようにしよう。

●作成のポイント

　書き始める前に，課題文の趣旨をしっかり把握し，正対した内容とするために構想を立てる必要がある。これによって，途中で書き直すことも減り，見た目の良さは勿論，結果的に時間短縮にも繋がることとなる。序論，本論，結論の三段構成で論じる。

　序論では，上記，分析に示した3点の「岐阜県の求める教師像」について，それぞれ自身の捉え方を説明する。できる限り具体場面を挙げて述べたい。

　本論では，その実現に向けた取組について，これも具体的に論述する。例えば学習指導面について言えば，「主体的・対話的で深い学び」に触れ，効果的な指導法の研究や自身の研修意欲を述べるとよい。また，いじめ対応，道徳教育などに触れて，「心の教育」について述べたり，児童生徒に対する感度の良さ(アンテナ機能)やカウンセリングマインド，児童生徒理解の力，「支持的基盤のある学級づくり」に向けた取組など，昨今の教育課題を意識しながら述べたりすると効果的である。いずれにしても，実現可能で具体的な取組とすることが肝要である。

　結論では，岐阜県の教師として，児童生徒のために自己研鑽に努め，学び続ける教師となる旨の強い決意で結ぶ。

【小学校教諭・中学校教諭・養護教諭・栄養教諭・2次・論述試験】　30分　160字以上200字以内

●テーマ

　第3次岐阜県教育ビジョンにおいては，「ふるさと岐阜」への誇りと愛着をはぐくむ，ふるさと教育の充実を重点施策の1つとして掲げ，地域の課題を我が事として捉えるための学習を推進することとしています。

　地域の課題を我が事として捉えるための学習について，第3次岐阜県教育ビジョンの内容を踏まえ，小学校及び中学校で行う学習と，高等学校で行う学習について，具体例を挙げながら説明しなさい。

●方針と分析

(方針)

　まず，地域の課題を我が事として捉えるための学習の重要性について認識を示す。また第3次岐阜県教育ビジョンの内容を踏まえた上で，「ふるさと岐阜」への誇りと愛着をはぐくみ，ふるさと教育の充実を図るための具体的方策について論述する。

(分析)

　少子高齢化や他都市への人口流出を考えるとき，児童生徒が岐阜県に魅力を感じ，「岐阜県の発展のために尽くしたい。岐阜に対する郷土愛をもって愛着ある岐阜で生活したい」と願う心を育てることは極めて重要であると言える。そのためには，岐阜という地域の課題を我が事として捉える教育が必要である。

　第3次岐阜県教育ビジョンの構想図の中では，「ふるさとに誇りをもち，『清流の国ぎふ』を担う子どもたちの育成」が掲げられ，目指す「地域社会人」の姿として，「地域の活性化」「共生社会の実現」「グローバル化への対応」の3点が挙げられている。また，「清流の国ぎふ」ならではの自然・歴史・伝統・文化・産業・人材など，多様な地域力

という意味での「オール岐阜」による地域社会人の育成を施策展開の方向性として掲げている。

　岐阜への愛着をもち，世界に視野を広げ活躍する人材の育成のためには，ふるさと教育，人材教育，グローバル人材育成などの要素が重要となる。

　具体的には，小中学校においては「地域を学ぶ体験活動」，高等学校においては，「地域の課題解決に向けて動く」ことが求められる。

●作成のポイント

　書き始める前に，課題文の趣旨をしっかり把握し，正対した内容とするために構想を立てる必要がある。これによって，途中で書き直すことも減り，見た目の良さは勿論，結果的に時間短縮にも繋がることとなる。誤字も減点対象となるので，見直しの時間も含めて制限時間内で納める練習をしておこう。以下，序論，本論，結論の三段構成で論じるが，字数が限られているので，実際の論文試験では段落に拘らずに述べてよい。

　序論においては，第3次岐阜県教育ビジョンの重要施策の1つである，「ふるさと岐阜」への誇りと愛着をはぐくむふるさと教育の充実について，その重要性の認識を示す。

　本論では，自身の志望する校種に沿って，地域の課題を我が事として捉えるための学習についての具体的な取組を述べる。2〜3本の柱を立てて論述しよう。「地域創生に向け，ふるさとの活性化に向けた課題解決に取組む学習の推進」「県内施設を活用した『ふるさと岐阜』の魅力を深く知る機会の充実」「岐阜県の恵まれた自然環境を学び，継承する学習の推進」などに言及すると効果的である。

　結論では，岐阜県の教師として，「岐阜県を担う」児童生徒の育成のために自己研鑽に努め，学び続ける教師となる旨の強い決意で結ぶ。

●テーマ

　平成27年3月に学習指導要領が一部改正，告示され，小学校，中学校，特別支援学校小学部・中学部の教育課程に「特別の教科　道徳」が位置付けられました。
「特別の教科　道徳」が位置付けられた趣旨について，背景を踏まえて説明しなさい。

●方針と分析

(方針)

　学習指導要領が一部改正，告示され「特別の教科　道徳」が位置付けられた背景について認識を示し，道徳教育の充実のための取組について論述する。

(分析)

　課題文は，「特別の教科　道徳」が位置付けられた趣旨について説明せよという主文であるが，説明に終わることなく，その趣旨を生かしてどのように教育活動に取り組んでいくつもりなのかについても論ずべきである。

　教育再生実行会議「いじめ問題等への対応について」(第一次提言)において，心と体の調和の取れた人間の育成の観点から，道徳教育の重要性を改めて認識し，その抜本的な充実を図るとともに，新たな枠組みによって教科化することが提言された。道徳の時間については，学習指導要領に示された内容について体系的な指導により学ぶということ，教科書を使用するということから，各教科と共通する側面がある。一方で，道徳教育の要となって人格全体に関わる道徳性の育成を目指すものであることから，学級担任が担当することが望ましいと考えられること，数値などによる評価はなじまないと考えられることなど，各教科にはない側面がある。このことから，教育課程上，各教科とは異なる新たな枠組みとして道徳科が設けられた。

　高等学校については，教科としての道徳はないが，教育活動全般を

通じて，道徳教育の視点が重視されるべきである。

●作成のポイント

　課題文の趣旨を確実に把握し，正対した内容とするための「構想の時間」を確保したい。これによって，途中で書き直すことも減り，見た目の良さは勿論，結果的に時間短縮にも繋がることとなる。誤字も減点対象となるので，「見直しの時間」も含めて制限時間内で納める練習をしておこう。以下，序論，本論，結論の三段構成で論じるが，字数が限られているので，段落に拘らず，効果的な内容とキーワードを中心に述べればよい。

　序論では，「特別の教科　道徳」が位置付けられた背景と，その趣旨について自身の認識を示す。

　本論では，道徳教育の充実に向けて自身が取り組みたいこと，重視すべき方策について述べる。自身の志望する校種に則した取組を具体的に論じるとよい。体験的な学習を取り入れる工夫，問題解決的な学習の工夫，身近な教材の工夫といった要素に触れても効果的である。

　結論では，道徳教育が重視される背景を踏まえ，児童生徒の望ましい成長のために自己研鑽に努め，学び続ける教師となる旨の決意で結ぶ。

【高等学校教諭・2次・論文試験】　　60分　720字以上800字以内

●テーマ

> 　地域社会の活力を維持・向上し，持続可能な地域社会を実現するために，高等学校が果たすべき役割とは何か。地域社会の置かれている現状を踏まえ，あなたの考えを述べなさい。

●方針と分析

(方針)

　持続可能な地域社会を実現するための高等学校の役割について説明する。

(分析)

　中央教育審議会から答申された「新しい時代の教育や地方創生の実現に向けた学校と地域の連携・協働の在り方と今後の推進方策について」(平成27年12月)には，地域の教育力の充実のために学校と連携・協働することの意義として，地域の教育力の再生・充実は，地域の課題解決や地域振興に向けた連携・協働につながり，持続可能な地域社会の源となることが示されている。さらに，高等学校等については，今後望まれる授業改善の視点である「アクティブ・ラーニング」の有効な展開の観点からも，地域学校協働本部との連携・協働体制の構築を進めることが重要であることが示されている。こうした体制構築が進むことにより，高校生等が地域の商店街，企業，NPO等の団体，地方公共団体等と連携し，地域課題の解決に参画する取組が進めば，キャリア教育の推進や地域貢献にもつながるとともに，地域に愛着を持ち，自分が学んだ地域で働きながらその地域を活性化していくことにつながっていくことも期待される。高校生が地域課題の解決に取り組む活動に参画することは，高度な課題解決型の学習への意欲を喚起する上で有意義なものとなり得る。また，高校生等が地域の小学校や中学校に係る地域連携活動にボランティアとして協働の輪に入ることで，ネットワークのつながりが広がっていくことも期待される。

　岐阜県は，山間部を中心に人口減少・少子高齢化が進展しており，多くの若者が大都市圏に流出しやすい状況にある。けれども，東日本大震災の発生を契機に，これまでの物質的な豊かさを前提にしてきた社会の在り方や人の生き方に疑問を投げかけ，家庭や地域の絆やつながりの重要性を改めて強く認識されるようになっている。こうした中，生徒は地域社会の一員として豊かな人間関係を築きながら，自らの生き方を前向きに追求していくことが求められている。こうした状況を

背景に，岐阜県教育ビジョンでは，「清流スピリット」を重視している。これは，「ふるさと岐阜への誇りと愛着をもち続けながら，清く，優しく，たくましく生きていこうとする心」のことで，人と自然とのつながり，人と人とのつながりを実感しつつ，ふるさとの魅力や課題を見つけ，学び合い，行動し，持続可能なふるさとの発展に貢献できる人づくり(地域社会人の育成)を目指すものである。特に就職や大学等への進学を控える年代の生徒を育てる高等学校が果たす役割は大きい。

●作成のポイント

論文形式であるので，序論・本論・結論の三段構成を意識したい。

序論では，まず，「新しい時代の教育や地方創生の実現に向けた学校と地域の連携・協働の在り方と今後の推進方策について」などの資料をもとに，持続可能な地域社会の実現のために高等学校が果たすべき役割について示したい。さらには，岐阜県の置かれた社会的な現状について説明しよう。ここでは，若者の県外就職・進学が大きな流れになっていることを述べたい。

本論では，岐阜県教育ビジョンの「清流スピリット」にも触れながら，高い志とグローバルな視野をもって自分の夢に挑戦し，家庭・地域・職場において豊かな人間関係を築くことに加えて，地域社会の一員として持続可能な地域社会づくりに貢献する地域社会人の育成を目指すことを，高等学校教育の基本的な考え方の一つとし，それを生徒に指導していくことなどを述べていく。ここで，岐阜県は各種製造業やIT企業などの産業集積があり，こうした企業と学校との協働で，将来の地域を担う人材を育成する役割を，高等学校の教員には期待されていることなどを述べるとよい。

結論では，自立力・共生力・自己実現力をバランスよく身に付けることで，一人一人の多様な個性や能力を開花させ，自らの人生を豊かにするだけでなく，地域社会の持続的な発展に貢献できる力を育成する役目を負うことを述べていこう。

【特別支援学校教諭・2次・論文試験】　60分　720字以上800字以内

●テーマ

　地域社会の活力を維持・向上し，持続可能な地域社会を実現するために，特別支援学校が果たすべき役割とは何か。地域社会の置かれている現状を踏まえ，あなたの考えを述べなさい。

●方針と分析

(方針)

　持続可能な地域社会を実現するための特別支援学校の役割について説明する。

(分析)

　中央教育審議会から答申された「新しい時代の教育や地方創生の実現に向けた学校と地域の連携・協働の在り方と今後の推進方策について」(平成27年12月)には，地域の教育力の充実のために学校と連携・協働することの意義として，地域の教育力の再生・充実は，地域の課題解決や地域振興に向けた連携・協働につながり，持続可能な地域社会の源となることが示されている。さらに，特別支援学校については，当該学校に通う子どもたちが自立し，社会参加できる環境の充実には，保護者のみならず，地域，医療，福祉等の関係機関との連携が必要であり，地域学校協働本部との連携・協働体制の構築を進めることが重要である。

　岐阜県は，山間部を中心に人口減少・少子高齢化が進展しており，多くの若者が愛知県をはじめとする大都市圏に流出しやすい状況にある。けれども，東日本大震災の発生を契機に，これまでの物質的な豊かさを前提にしてきた社会の在り方や人の生き方に疑問を投げかけ，家庭や地域の絆やつながりの重要性を改めて強く認識されるようになっている。

　こうした中，岐阜県の重要施策として「障がいのある人が個性を発

揮して暮らせる地域をつくること」が挙げられているのを思い出そう。これは共生社会の実現とも重なるが，こうした施策は愛知県などの大都市圏でも行われている。こうした障害を持つ人へのソフト・ハードの両面の支援は，名古屋，東京，大阪などは充実している。やはり人口流失を防ぐ観点から，特別支援学校には，障害のある人が働き，活躍できる地域をつくること，特別支援学校における就労支援を充実すること，障害のある人たちの雇用機会を拡大し，就労の場を確保することなどが求められよう。

●作成のポイント

　論文形式であるので，序論・本論・結論の三段構成を意識したい。

　序論では，岐阜県の置かれた社会的な現状について，説明しよう。ここでは，県内における共生社会の具現化の重要性などを述べたい。

　本論では，障害者支援を総合的に進めるため，特別支援学校自体が県の中核としての拠点になることを中心に述べることが考えられる。障害のある子どもたちが十分なケアや療育を受けられる体制を充実しながら，就労・生活を支援する体制を充実していく，中核的なセンター機能を担うことなどである。

　結論では，自立力・共生力・自己実現力をバランスよく身に付けることで，一人一人の多様な個性や能力を開花させ，自らの人生を豊かにするだけでなく，地域社会の持続的な発展に貢献できる力を育成する役目を負うことを述べていこう。

2019年度　　論作文実施問題

2019年度　　論作文実施問題

【前年度からの常勤講師(小学校教諭・中学校教諭)・1次・論文試験】
60分・800字

●テーマ

> 　平成20年3月に文部科学省から示された「人権教育の指導方法等の在り方について[第三次とりまとめ]」によると，「人権教育の指導の改善・充実という課題に直接的・具体的に関わるのが，人権教育の指導内容及び指導方法の問題である」と述べられています。
> 　人権教育における指導方法の在り方について，あなたの考えを述べなさい。
> 　なお，論述に当っては，「人権に関する知的理解」「人権感覚」の2つの語句を必ず入れること。

●方針と分析

(方針)

　人権教育の指導の改善・充実のために，「人権に関する知的理解」と「人権感覚」の2つの語句を入れて，指導方法の在り方について自分の考えを論述する。

(分析)

　まず，人権に関する流れと現状を把握する。1948年(昭和23年)に国連総会で世界人権宣言が採択された。その後今日まで，人権保障のための国際的努力が重ねられ，我が国でも「児童の権利に関する条約」など人権関連の諸条約や日本国憲法の下で人権に関する様々な施策が講じられてきた。しかし，生命・身体の安全に関わる事象や不当な差別など，様々な人権問題が生じている。特に，児童生徒に関しては，

各種の調査結果から見ると，いじめや暴力など人権に関わる問題が後を絶たない状況にあり，児童生徒が虐待などの人権侵害を受ける事態も深刻化している。

次に，問題で指定された2つの語句について確認する。本問で取り上げられた資料では，人権教育として「人権に関する知的理解」と「人権感覚」の重要性が取り上げられている。人権に関する知的側面とは，自由，責任，平等，権利等の概念理解，人権侵害の歴史及び現状の理解，憲法をはじめとする関係法規の理解等である。人権感覚とは，人権に関する価値を感じとる感覚，自他の価値を尊重する意欲や態度等である。本自治体では，「岐阜県人権教育基本方針」で，一人ひとりの人権が尊重される社会を目指し，学校教育では，人権尊重の気風がみなぎる校風づくりと人権に対する行動力の充実を掲げている。これらを参考に，知的理解については教科横断的な視点で取り組むこと，人権感覚については特別支援学校の児童生徒との交流や共同学習，老人ホームの慰問体験などを推進することを挙げて，人権教育の指導について述べるとよい。

●作成のポイント

序論・本論・結論の三段構成で論述するとよいであろう。

序論では，人権教育の推進に当って，人権に関する知的理解と人権感覚の重要性について簡潔に述べる。

本論1では，人権に関する知的理解の指導を教科横断的な視点で推進する。そのための具体例をあげる。

本論2では，特別支援学校との交流及び共同学習を通して障害者理解，老人ホームの慰問を通して老人理解を図るなど，体験を通して人権感覚を養うことに努めることを述べる。

結論では，人権問題のない，明るい学級を目指し，学級づくりに取り組むことを述べまとめる。

【小学校教諭・中学校教諭・養護教諭・栄養教諭・特別支援学校教諭・高等学校教諭・2次・論文試験】　60分・800字

●テーマ

> あなたの学級のAさんは，理由のはっきりしない遅刻や欠席が多く，季節や気温に関係なく，登校するといつも長袖の服を着ています。Aさんに，長袖の理由を聞いても，首を振るだけで答えてくれません。
>
> そこで，Aさんの友達のBさんに話を聞いたところ，Bさんは次のように言いました。「この前，Aさんが『お父さんに毎日たたかれて怖い』と言っていたよ。それから，腕に青あざができているのも見たよ。」
>
> このことについて，あなたはどのような対応をしますか。
>
> ※Aさんの学年は，各自の想定において論じること。
>
> 養護教諭，栄養教諭志願者は，学級での保健指導・栄養指導や委員会等の際，Aさんの上記のような様子に気づき，Bさんから話を聞いたものとして，どのように対応するか述べなさい。

●方針と分析

(方針)

　児童虐待の防止のために，教員には児童虐待を早期に発見する義務が課せられていることを踏まえて，Aさんへどのような対応をするかについて述べる。

(分析)

　児童虐待の行為には，身体的虐待，性的虐待，ネグレクト(放置)，心理的虐待があるが，Aさんの場合は，この中の身体的虐待が疑われる。

　児童虐待の防止に関する法律第5条では，教員には児童虐待の早期発見の義務努力が，第6条では，児童虐待を発見した者は，福祉事務

所や児童相談所への通告の義務が課せられている。教員は，これらを果たさなければならない。

　岐阜県教育委員会では，「子どもの笑顔を守るために」として，児童虐待の手引きを刊行している。この手引きの中でも，まず，児童虐待の早期発見・早期対応を求めている。これらのことから，教員として，児童生徒との人間関係・信頼関係を確立して，児童生徒の悩みや不安にいつでも応じられる体制を確立しておく必要がある。同時に，教員が一人でAさんに対応するのではなく，児童虐待の疑いが生じた場合，学年主任や生徒指導主事等との連絡・相談を密にして，組織として対応することが重要である。

●作成のポイント

　序論・本論・結論の三段構成で論述するとよいであろう。

　テーマでは，児童虐待の疑いがあるAさんへの対応を求めていることから，児童虐待に対する対応の基本をおさえた上で，組織的に対応をする必要があることを述べる。

　序論では，Aさんへの対応で，問題の早期発見・早期対応の重要性を取り上げて述べる。

　本論1では，Aさんとの個別面談，学年主任や生徒指導主事，養護教諭などとの校内協議，家庭訪問，スクール・カウンセラーによるカウンセリング，民生・児童委員や関連機関との連携で，Aさんが抱える問題点の究明に努めることを述べる(先に紹介した，児童虐待の手引きの中の緊急度決定に向けてのアセスメントシートや虐待の発見と対応などを参考にして，手順を踏んで，組織的な対応を心がけることに注意して述べること。)。

　養護教諭，栄養教諭の場合は，職務上最も早く状況を認識する可能性があることを意識し，それぞれの立場で専門性を生かし早期対応に努め，担任及び他の教職員などと協働して対応することを述べる。

　本論2では，校長の指示のもとで，組織として対応に当り，教育委員会及び児童相談所と連携して虐待の実態把握に努めることを述べ

る。

　結論では，虐待から児童を守るために全力で取り組む決意を述べて
まとめる。

【小学校教諭・中学校教諭・養護教諭・栄養教諭・2次・論述試験】
30分・160字以上200字以内

●テーマ【設問1】

> 「いじめ防止等のための基本的な方針」(平成25年10月11日　文部科
> 学大臣決定(最終改定　平成29年3月14日))では，いじめが「解消して
> いる」状態として，少なくとも2つの要件が満たされている必要があ
> ると示されています。
> 　この2つの要件について具体的に述べなさい。

●方針と分析

(方針)

　「いじめ防止等のための基本的な方針」をもとに，いじめが解消して
いる状態の2つの要件について具体的に説明する。

(分析)

　「いじめ防止等のための基本的な方針」の中で示されている要件は，
下記の2つである。

①いじめに係る行為が止んでいること

　この場合，止んでいる状態が3か月以上を目安とする。

②被害児童生徒が心身の苦痛を感じていないこと

　心身の苦痛を感じていないことについては，被害児童生徒及び保護
者との面談で　確認する必要がある。

　これらの判断をするのは，学校の設置者または学校いじめ対策組織
である。しかし，いじめが解消したと言っても，中には潜伏している

場合も考えられる。また，心身の苦痛を感じていないといっても，心の傷(トラウマ)が完全に解消したかどうかは疑わしく，小康状態を保っているに過ぎない場合もある。したがって，いじめが解消した後も，被害者と加害者の双方を注意深く，継続的に観察し見守る必要がある。

●作成のポイント

　序論・本論・結論の三段構成で論述するとよいであろう。制限字数が160字以上200字以内なので，その範囲内で簡潔に論述する必要がある。

　序論は，単刀直入に，「いじめが解消された場合の条件には，次の2つがある。」として本論に入る。

　本論では，次の2つの要件について説明する。

①いじめの行為が止んでいること。3か月が目安であるが，それぞれのケースに応じて慎重に判断すること。

②被害者が心身の苦痛を感じていないこと。安易な面談だけで判断をしないこと。

　結論では，「いじめが解消したと判断された後も，被害者，加害者の双方を注意深く見守る決意」を述べて全体をまとめる。

　文字数が少ないが，一定の文章形式を整えることに留意するとよい。

●テーマ【設問2】

> 　教職員の服務義務は，教職員が職務を遂行するに当たって守るべき義務と，職務の内外を問わず守るべき義務とに分けられます。
> 　後者に属する義務を1つ取り上げ，具体例を挙げながら説明しなさい。
> 　ただし，「職務の内外を問わず守るべき」という言葉の意味を捉えて説明すること。

●方針と分析

(方針)

　教職員の服務義務の中の「職務の内外を問わず守るべき義務」の中から1つ取り上げて，その内容について具体的に説明する。

(分析)

「職務の内外を問わず守るべき義務」は，「身分上の義務」とも言われ，地方公務員法の中の次の5項目がこれに該当する。

第33条　信用失墜行為の禁止

第34条　秘密を守る義務

第36条　政治的行為の制限

第37条　争議行為等の禁止

第38条　営利企業への従事等の制限

　これらの義務は，職場を離れた私生活の場においても，公務員として守らなければならない義務で，これが「職場の内外を問わず守るべき義務」である。この中から1つを選ぶためには，自分なりの考えと信念が必要となる。

　現在，岐阜県では問題点の1つに教職員の信用失墜行為がある。体罰，交通事故，わいせつ行為，セクハラ等々の問題が発生している。これらの非違行為は，あってはならぬ行為で，教育に対する信頼を著しく失墜させるものである。信用失墜行為の禁止を論文試験として取り上げることは，それなりの意味があると言える。

●作成のポイント

　序論・本論・結論の3段構成で論述するとよいであろう。字数が160字以上200字以内なので，序論及び結論は40字前後，本論は120字前後に留める必要がある。

　序論では，「職務の内外を問わず守るべき義務として，信用失墜行為の禁止を取り上げる。」

などと簡潔にする。

　本論1では，教職員による信用失墜行為が児童生徒及び保護者や地

域に及ぼす影響を取り上げる。

　本論で2は，自分は，コンプライアンスの遵守に努め，信用失墜行為をしないことを述べる。

　結論では，常に教員としての自覚と誇りをもって，職務の内外を問わずコンプライアンスに努める決意を述べる。

【高等学校教諭・特別支援学校教諭・2次・論文試験】　60分　720字以上800字以内

●テーマ

> 　近年，気象の変化に伴って各地で大きな災害が発生しています。自然災害の発生に備えた日々の教育活動について，「児童生徒の安全確保」の観点から，あなたの考えを述べなさい。
>
> 　なお，対象については，高等学校志願者は高校生を，特別支援学校志願者は小学部高学年の児童を想定して，具体的に述べること。

●方針と分析

（方針）

　自然災害の発生に備えた日々の教育活動について，「児童生徒の安全確保」の観点から説明する。

（分析）

　岐阜県は過去に濃尾地震などの内陸直下型の大地震が起き，いわゆる木曽三川をはじめとした大河川の水害も経験してきた。こうした背景にある地域の学校教育における危機管理，もしくは自助と共助について問う設問とみなしてよいだろうが，特に東日本大震災以降，岐阜県が重視している「命を守る訓練」について知っていると，書きやすい。これは，「自分の命は自分で守る」ため，様々な状況に応じて，主体的に判断し行動する力を身に付ける訓練であり，いつ，どこにい

ても，最善の行動をとれる生徒たちを育てる訓練のことである。

　この教育が有効であるためには，地域や学校の実情，過去の災害の経験や教訓を生かし，予想される災害種別とそれによる被害，時間の経過による状況の変化等を想定する必要がある。訓練の内容は身の安全を守る訓練，安全な場所を自分で見付ける訓練，安全な場所に避難する訓練，二次避難所への移動訓練や保護者への引き渡し訓練を含む。よって，学校単独ではなく，保護者，地域，防災減災に携わる各行政機関との協働が欠かせない。こうした知識があるとよいだろう。

●作成のポイント

　論文形式であるので，序論・本論・結論の三段構成を意識したい。

　序論では岐阜県の地域特性を踏まえて，なぜ学校において「命を守る訓練」が必要なのかを説明してみよう。

　本論では，「自分の命は自分で守る」ため，様々な状況に応じて，主体的に判断し行動する力を身に付ける訓練の内容を説明しよう。高等学校志望者であれば，自分の命だけではなく，周囲の人の安全にも気配りができるような行動の重要性を指導することも有効であろう。また，特別支援学校志望者であれば，自力での避難などが困難な場合が多いので，周囲の人に助けを求めることの大切さを述べていこう。他，車いすや歩行困難など身体的に配慮が必要な児童生徒のために，避難等の体制や役割を明確にし，個々に対応する計画を立案することにも触れたい。

　結論では，大規模災害時には，たとえ児童生徒であっても救助される側のみの立場ではいられないことを明確にしたうえで，自らも常に児童生徒の安全確保に全力で取り組むことを述べてまとめとする。

2018年度　論作文実施問題

【前年度からの常勤講師(小学校・中学校)・1次試験】60分

●テーマ

　平成29年3月に告示された小学校学習指導要領及び中学校学習指導要領の中では,「主体的・対話的で深い学びの実現に向けた授業改善」について示されています。

　このことについて,下の[条件]に従って述べなさい。

[条件]

(1)　主体的・対話的で深い学びの実現に向けた授業改善の必要性について述べなさい。

(2)　(1)を踏まえ,どのように授業改善を行っていくか,これまでの経験をもとに具体的に述べなさい。

●方針と分析

(方針)

　主体的・対話的で深い学びの実現に向けた授業改善の必要性について述べ,授業改善をどのように行っていくか,自身の経験をもとに具体的に論述する。

(分析)

　今回の学習指導要領改訂の基盤となった平成28年12月の中央教育審議会の「幼稚園,小学校,中学校,高等学校及び特別支援学校の学習指導要領等の改善及び必要な方策等について(答申)」では,これからの社会について,「社会の変化は加速度を増し,複雑で予測困難となってきている」という認識を示し,そのうえで,「社会の変化にいかに対処していくかという受け身の観点に立つのであれば,難しい時代になる」としている。そうした認識に立って改訂された学習指導要領

では，これからの社会を考えたとき，学校教育においては「主体的・
対話的で深い学びの実現に向けた授業改善を通して，創意工夫を生か
した特色ある教育活動を展開するなかで，〈中略〉児童に生きる力を
育むことを目指すものとする」と示されている。この「主体的・対話
的で深い学び」は，次期学習指導要領の重要なポイントの1つである。
前述の答申では，「『主体的・対話的で深い学び』の実現とは，以下の
3つの視点に立った授業改善を行うことで，学校教育における質の高
い学びを実現し，学習内容を深く理解し，資質・能力を身に付け，生
涯に渡って能動的(アクティブ)に学び続けるようにすることである。」
としたうえで，次の3点を示している。
①　学ぶことに興味や関心を持ち，自己のキャリア形成の方向性と関
連づけながら，見通しを持って粘り強く取組み，自己の学習活動を振
り返って次につなげる「主体的な学び」が実現できているか。
②　子供同士の協働，教員や地域の人との対話，先哲の考え方を手掛
かりに考えること等を通じ，自らの考えを広げ深める「対話的学び」
が実現できているか。
③　各教科等で習得した概念や考え方を活用した「見方・考え方」を
働かせ，問いを見いだして解決したり，自己の考えを形成し表したり，
思いを基に構想，創造したりすることに向かう「深い学び」が実現で
きているか。
「知識・情報・技術をめぐる変化の早さが加速度的となり，情報化や
グローバル化といった社会的変化が，人間の予測を超えて進展するよ
うになってきている」

●作成のポイント

　本設問は，(1)，(2)と解答の順序が示されているので，それに従って
求められていることを素直に論述していく。
(1)は，「主体的・対話的で深い学びの実現に向けた授業改善」の必要
性について論述する。まず，こうした授業改善が求められる社会的背
景について述べる。先に示した中央教育審議会の答申の認識をもとに，

自身の考えを述べる。特に，変化の激しいこれからの社会では，主体性を発揮して多様な人と協働し，直面する課題の解決に取り組む資質や能力を身に付けさせることが求められていることを強調したい。そのうえで，知識伝達型の学習ではそうした資質・能力を育むことは難しいことにも論及したい。

(2)は，「主体的・対話的で深い学び」を具体化するための方策について述べることになる。自身の経験をもとに，先に挙げた3つの視点を踏まえて具体的な教育活動を論述する。その基本は，子供たちの問題意識に基づいて，学習問題を設定し，情報を収集して調べ解決していく問題解決的学習を充実させることである。

【小学校教諭，中学校教諭，養護教諭，栄養教諭・2次試験】60分・800字

●テーマ

次の表は，平成26年度から平成28年度までの全国学力・学習状況調査[児童(生徒)質問紙]において，「将来の夢や目標を持っている」という質問事項に対し，「当てはまる」及び「どちらかといえば，当てはまる」と回答した児童(生徒)数の割合を示したものです。

あなたは，この表からどのようなことを読み取り，また，それを踏まえ，どのように指導しますか。

※注意：指導する場面や対象は，各自の想定において論じること。

表

		平成２６年度	平成２７年度	平成２８年度
小学校	岐阜県	８６.３％	８５.７％	８５.１％
	全国（公立）	８６.７％	８６.５％	８５.３％
中学校	岐阜県	６９.２％	６９.８％	６９.２％
	全国（公立）	７１.４％	７１.７％	７１.１％

●方針と分析

(方針)

　「全国学力・学習状況調査」の「将来の夢や目標を持っている」という質問紙調査における岐阜県の過去3年間の調査結果からその傾向を読み取り，どのような指導に結びつけるかについて述べる。この質問に関して，岐阜県の小中学生は全国平均と比べて一貫して低いことから，その原因や影響を考察し，夢や目標を育むための具体的な指導方法について論述する。

(分析)

　子供たちが将来への夢や目標をもつことは，人生を切り拓く原動力となると言われる。新学習指導要領の基本的な方向性を示した平成28年12月の中央教育審議会の答申でも，変化の激しい時代だからこそ，変化を前向きに受け止め，私たちの社会や人生，生活を，人間ならではの感性を働かせてより豊かなものにしたり，現在では思いもつかない新しい未来の姿を構想し実現したりしていくことができる，としている。学校教育においては，子供たちにそうした夢や目標を育んでいくことが重要である。しかし，「全国学力・学習状況調査」における岐阜県の小中学生の「将来の夢や目標を持っている」という質問に対する結果は，全国平均と比べて一貫して低い傾向が続いている。このことに関して，平成26年3月に策定された『岐阜県教育ビジョン』では，自己肯定感や達成感に関する項目は全国平均を下回っており，自尊感情が十分に育まれていない状況がみられる，としている。そのうえで「自らの人生を主体的に生き抜いていくためには，子どもたちが様々なことを自ら体験することで，達成感ややりがいをもつとともに，学校や地域における集団生活を通して，子どもたち一人一人に他者への『思いやり』や『共感』の心を育むことで，自己肯定感の育成や将来への夢や希望をもつことが望まれ」る。としている。この「様々な体験」「達成感ややりがい」「集団生活」といった言葉が，具体的な教育活動を考える際のキーワードとなる。

●作成のポイント

　序論，本論，結論の三段構成で論述するとよいであろう。

序論では，「全国学力・学習状況調査」の調査結果から，岐阜県の小・中学生の「将来の夢や目標を持っている」という質問結果が継続して全国平均を下回っているという結果を述べる。中学校・高等学校の教員を志望する場合は，小学生よりも全国平均との開きが大きくなっていることを指摘するとよい。そのうえで，将来への夢や希望をもつことは人生を切り拓く原動力であり，変化の激しい時代だからこそ，その変化を前向きに受け止めて夢や目標をもって生活していくことの重要性を指摘する。文字数は200字程度とする。

　本論では，そうした考え方に立って，具体的な指導方法を示す。その視点は，様々な体験や集団生活を通して，達成感ややりがいを感じる活動をさせることである。また，自信をもって自らの生き方を選択できる力を身に付けさせるキャリア教育の考え方に立った指導も考えられる。文字数は400字程度とする。

　結論は，本論で取り上げた指導の基盤となる自身の教育観を示すとともに，子供たちに将来の夢や目標を持たせる教育を行っていくという決意を述べて論文をまとめる。文字数は200字程度とする。

【高等学校教諭・2次試験】800字以内・60分

●テーマ

> 　知識基盤社会の時代といわれる21世紀において，生徒に求められる資質や能力の具体的内容と，その評価方法のあり方について，あなたの考えを述べなさい。
> 　なお，論述にあたっては，「思考力」「基礎力」「実践力」の3つの語句を全て入れること。

●方針と分析

(方針)

　知識基盤社会という現代の状況を踏まえ，生徒に求められる資質と能力，それらの評価のあり方について，思考力，基礎力，実践力という言葉を用いて論述する。

(分析)

　学習指導要領の「生きる力」における，言語活動の充実に関する出題である。これは，文部科学省のHPで公開情報として閲覧可能である。新しい学習指導要領の基本的な考え方として，次のように述べられている。知識基盤社会の到来や，グローバル化の進展など急速に社会が変化する中，次代を担う子どもたちには，幅広い知識と柔軟な思考力に基づいて判断すること，他者と切磋琢磨しつつ異なる文化や歴史に立脚する人々との共存を図ることなど，変化に対応する能力や資質が一層求められている。こうした状況の中で，近年の国内外の学力調査の結果などから，我が国の子どもたちには思考力・判断力・表現力が，必ずしも十分ではない。すなわち，正解が1つに決まらない物事に対して主体的に問う思考力，疑問や思考の前提となる基本的な知識や周囲の人に自分の考えをわかりやすく説明するといった基礎力，必要な情報をどのような場面で使いこなしていくのかを見極める実践力といった面で，課題がある。受験者がこうした現状を理解しているかどうかを問う設問である。

●作成のポイント

　序論，本論，結論の三段構成で論述するとよいであろう。

　序論では，学習指導要領の「生きる力」などについて簡単に説明し，なぜ今の教育においてそれが必要なのかも述べる。文字数は200字程度とする。

　本論では，生徒に要求される資質や能力について，思考力，基礎力，実践力という言葉を交えながら説明する。一例として，次のような説明ができるだろう。なぜそうなるのか，そうなる理由や背景を明らか

にしたいという追究の軸，物事の因果関係を考えながら疑問を発する力を「思考力」として述べる。理科の観察記録の作成や実験レポートの作成を通じて養う論証・証明，理由説明の力を「基礎力」として述べる。そして，こうした力を活用して，困難なことに直面したときに対応できること，価値観の異なる他者と共存して生きていくための方法を導き出すことを「実践力」として述べる。文字数は400字程度とする。

　結論では，生徒が，知識の棒暗記に頼らないで，主体的な学びの姿勢や素朴な疑問を発する姿を示す部分を，教員として前向きに評価していく姿勢，意欲を述べてまとめる。文字数は200字程度とする。

【特別支援学校教諭・2次試験】800字以内・60分

●テーマ

　特別支援教育では，共生社会の形成に向けたインクルーシブ教育システムの推進が求められているが，特別支援教育を発展させていく上でどのような取り組みが必要であるか，あなたの考えを具体的に述べなさい。

●方針と分析

(方針)

　共生社会の形成に向けたインクルーシブ教育システムとは何かを説明し，その推進のために必要な取り組みを，具体的に論述する。

(分析)

　設問文にキーワードとして明示されている，特別支援学校教育で重視されている合理的配慮，インクルーシブ教育のことを念頭に置くと，具体的な取り組みの事例についても思いつきやすい課題である。合理的配慮の意義，目的，効果など，一般的な記述に加えて，地域の企業

や自治体，NPO法人などとの連携について，具体的な実践論，方法論を挙げるとよい。例えば，特別支援学校では，通常学級の児童生徒に比べて，ICTの活用スキルの習得が順調でない可能性がある。デジタルデバイド(情報格差)によって，障がいをもった児童生徒の社会参加が難しくなることを避ける教育の実施のためには，学校と地域の事業者との協力が欠かせない。こうした内容を踏まえながら，論文を作成する。なお，岐阜県教育委員会がまとめている「インクルーシブ教育システム構築に向けた小中学校における特別な教育的支援」では，特別支援教育コーディネーターを設置して，担任を支援したり，校内外の連絡調整情報交換などをするように求めており，教員は特別支援教育コーディネーターと連携し，学校，学級全体を配慮しながら，障がいをもつ児童生徒の個別事情に応じた指導をすることができる。

●作成のポイント

　論文であるので，序論・本論・結論の三段構成にしてみよう。

　序論では，共生社会を目指すインクルーシブ教育やそのために必要な合理的配慮の説明をする。文字数は150〜200字程度とする。

　本論では，具体的な方法論について説明する。例えば，地域との連携・協働，ICT機器の活用のスキルを身につける授業を実践することを書くならば，学校内の教諭だけでは十分に対応できないことが多いため，社会貢献活動に積極的なIT企業やデジタル教育に貢献しているNPO法人の人材を講師として招き，自身は，授業のコーディネート役を果たすことなどを述べていこう。あわせて，こうした外部の人材を発掘するための情報収集を絶えずしていく努力を述べてもよい。文字数は400〜500字程度とする。

　結論では，本論のような努力は，特別支援学校に学ぶ児童生徒に確かな学力をつけさせて，社会の一員として自立して生きる力を養うためにつながることを示し，自身も教員として意欲をもってあたることを述べまとめる。文字数は150〜200字程度とする。

【小学校・中学校教諭，養護教諭，栄養教諭・2次試験】30分

●テーマ

次の設問について，それぞれ200字以内で説明しなさい。

【設問1】

平成27年12月21日，中央教育審議会から，今後の学校の在るべき姿としての「チームとしての学校」と，それを実現していくための改善方策について答申が出されました。

「チームとしての学校」が求められている背景について，説明しなさい。

【設問2】

岐阜県では，平成18年度から，全ての公立幼稚園，小学校，中学校，義務教育学校※，高等学校，特別支援学校において，「ひびきあいの日」の取組を教育課程に位置付けています。

「ひびきあいの日」の取組として，あなたはどのような実践を行っていくか，具体的に述べなさい。

※ 義務教育学校においては,平成29年度から，「ひびきあいの日」の取組を教育課程に位置付けています。

●方針と分析

(方針)

【設問1】なぜ「チームとしての学校」が求められているのか，その背景について論じる。

【設問2】「ひびきあいの日」の重要性について簡単に述べ，自身が考える具体的な教育活動について論じる。

(分析)

【設問1】平成27年12月，中央教育審議会から「チームとしての学校の在り方と今後の改善方策について」の答申が出された。その最初に「チームとしての学校が求められる背景」という章があり，次の3つの

背景が述べられている。

(1)　新しい時代に求められる資質・能力を育む教育課程を実現するための体制整備

(2)　複雑化・多様化した課題を解決するための体制整備

(3)　子供と向き合う時間の確保等のための体制整備

以上が，チームとしての学校が求められている背景であり，これらについて整理して述べることになる。

　【設問2】基本的人権の尊重は，日本国憲法の柱の1つであり，侵すことのできないものである。すべての人々の人権が尊重され，相互に共存し得る平和で豊かな社会を実現するために，一人ひとりが人権尊重の意識を高めることが不可欠である。しかし，偏見や差別による人権侵害の問題が存在しており，人権尊重の理念が定着しているとは言いがたい状況にある。岐阜県では「一人ひとりの人権が尊重される社会を目指して」をテーマに，人権教育，人権啓発を進めている。学校教育における人権教育について，平成25年3月に改訂された岐阜県人権施策推進指針では，「公立の幼稚園，小学校・中学校，高等学校，特別支援学校においては，人権教育における行動力の育成を図るための取り組みである『ひびきあいの日』を継続実施し，児童生徒及び教職員等の一層の人権感覚の向上を図るとともに，家庭・地域と連携した人権教育を推進する」としている。教育課程に位置づけられた「ひびきあいの日」には，シンポジウムや人権資料の展示といった行事が開催されるとともに，各学校においても「ひびきあい集会」「高齢者や障害者との交流活動」「全校でのあいさつ運動」など，特色ある取組みが行われている。

　以上の趣旨を踏まえて，「ひびきあいの日」にどのような人権教育に関わる実践を行っていくか，自身の考えを論述する。

●作成のポイント

【設問1】文字数が200字なので，簡潔に述べなければならない。(1)に関しては，新学習指導要領が目指す教育の実現について，育成すべき資質・能力の共有やそれを達成するために協働することの重要性に触れながら端的に述べる。(2)はいじめや不登校といった教育課題への対応について，スクールソーシャルワーカーやスクールカウンセラーといった専門職との連携に触れる。(3)は教員の働き方改革といったことに関して，子供と向き合う時間を確保することの重要性を述べる。いずれにしても，自分の言葉で整理して，端的に論述することが重要である。

【設問2】文字数が200字なので，簡潔に述べなければならない。
まず，人権教育の重要性を端的に述べ，そのために「ひびきあいの日」の活動を充実させることが重要であることを指摘する。

そのうえで，「ひびきあいの日」にふさわしい取組みについて，具体的に述べる。これまで行われていなかった新たな取組みであることが望ましいが，既に行われている人権ポスターの制作や人権集会などの場合は，そこに新たな工夫を付け加えたい。また，小学校，中学校，高等学校，特別支援学校という校種に即した取組みにしなければならない。

いずれにしても，人権啓発にふさわしい内容であるとともに，実現可能な取組みにすることが重要である。

2017年度　　論作文実施問題

【岐阜県教諭経験者，現職教諭など・1次試験】

●テーマ

> 「児童生徒の問題行動等生徒指導上の諸問題に関する調査(文部科学省)」によると，平成26年度の岐阜県公立小・中学校における不登校児童生徒数は2,432人と，前年度に比べて132人増加しています。
>
> また，不登校児童生徒数の内訳をみると，前年度から不登校状態が継続している児童生徒数よりも，当該年度から新たに不登校に至った児童生徒数の方が多く，学校では，「不登校の未然防止」に向けての対応が求められています。
>
> このことを踏まえ，志望する校種等において，どのように取り組んでいくか，述べなさい。

●方針と分析

(方針)

　不登校の未然防止のために，自身が教員として教育現場でどのように取り組むべきと考えているか，その方策について具体的にまとめて論述する。

(分析)

　まず，不登校の原因を考えてみたい。大まかに考えると，不登校は「学校に行くメリット」より，「学校に行くデメリット」が勝っている状態ということができる。では，「学校に行くデメリット」とは何か。「児童生徒の問題行動等生徒指導上の諸問題に関する調査」(文部科学省)の平成27年度版(以下，資料)では，不登校している人の要因(学校に行くデメリット)について，「学校に係る状況」と「家庭に係る状況」

(家庭環境の急激な変化，親子関係をめぐる問題など)に大別し，学校にかかる状況については「いじめ」「友人関係をめぐる問題」「学業の不振」など，8つの理由に分けている。一方，本人に係る要因も分類しており，「学校における人間関係」「遊び・非行」「無気力」などをあげている。

　見方の一例として，本人に係る要因で「遊び・非行」「無気力」以外の児童生徒は「学校に行きたい(行かなければならない)が，問題がある」と捉えていると考えられる。つまり，これらの児童生徒は問題が解消されれば，学校に復帰できるようになるし，未然防止については不登校になる前に児童生徒の状況を察知し，問題を除くことがあげられる。ただし，不安を感じている生徒の多くは自分の殻に閉じこもるケースも多いことが推測されるため，児童生徒等と教職員の信頼関係の構築が課題となる。一方，「あそび・非行」「無気力」の傾向を有する児童生徒は「(授業などを含む)学校生活がつまらない」といったケースが考えられる。この場合，学業不振の児童生徒が多いため，授業の工夫，児童生徒の補習などが考えられる。

　児童生徒の不登校はいろいろあるので，児童生徒の状況をみて対応することも必要であるが，ある程度パターン化できれば素早い対応も望めるので，検討しておきたい。まずは，資料で受験する学校種の不登校の状況を確認しておくこと。

●作成のポイント

　論文であるため，序論，本論，結論の3つに分けて考えるとよいだろう。

　序論では，受験する学校種の不登校の状況と対策の概要を示す。先述の通り，不登校の原因もその対策も千差万別であるため，やみくもに行っていては効果が薄い。学校種の傾向を示した上で対策を講じることが必要であろう。分量は全体の4分の1を目安とする。

　本論では対策の具体論を述べる。分量は全体の2分の1を目安とする。できるだけ具体性，実現可能性を追求しながら示すと，説得力が増す

だろう。

　結論は序論・本論の内容を要約してもよい。不登校の児童生徒を少しでも減らすといった決意を書くのもよいだろう。分量は全体の4分の1を目安とする。

【理工系特別選考・1次試験】　75分

●テーマ

　平成26年3月に策定された「第2次岐阜県教育ビジョン」では，本県教育の基本理念として「地域社会人」の育成することを謳っている。
課題1…「第2次岐阜県教育ビジョン」における「地域社会人」とはどのような人のことであると考えるか。次の3つの語句をすべて用いて400字程度で述べなさい。
　　　自立力　　共生力　　　自己実現力
課題2…あなたが有する専門的な知識や技能は，学校で「地域社会人」を育成する上でどのように生かすことができると考えるか。400字程度で述べなさい。
課題3…授業における実験や実習の教育的意義はどのような点にあると考えるか。【課題1】と【課題2】の観点も踏まえながら400字程度で述べなさい。

●方針と分析

(方針)

　「第2次岐阜県教育ビジョン」(以下，資料)における「地域社会人」の定義と，それを学校教育の現場でどのように生かせるか，それと関連づけて実験や実習の教育的意義とは何かについて論述する。

(分析)

　資料によると，地域社会人とは「岐阜県で生まれ育った子どもたちが，将来ふるさとに根を下ろし，『自立力』『共生力』『自己実現力』の3つの力をバランスよく身に付けながら，① 社会を生き抜くための確かな学力と自己肯定感に裏付けされた豊かな人間性を備え，② 高い志とグローバルな視野をもって未来を切りひらく新しい価値を創造し，③ 個人や社会の多様性を尊重しつつ，持続可能な地域社会づくりに貢献するとともに，④ 『清流スピリット』を次の世代へとつなげていくことができる」人材と位置づけられている。「清流スピリット」について，資料では「『清流の国ぎふ』で生まれ育った子どもたちが，急速に変化し続ける社会の中で，ふるさと岐阜への誇りと愛着をもち続けながら，清く，優しく，たくましく生きていこうとする心」としている。また，「自立力」とは「自己肯定感に裏付けされた自信に基づき，生涯を通して自ら学び，自ら考え行動し，社会の変化に主体的に対応しながら，たくましく生き抜いていく力」であり，具体例として「自主性」「自信・自己肯定感」「学ぶ意欲」「勤労観・職業観」「健康・体力」「自己管理能力」をあげている。「共生力」とは「他者との共感や思いやりの心に基づき，人と人，人と社会，人と自然との関わりやつながりを大切にし，協調性をもって豊かな人間関係を広げ深めていく力」であり，具体例として「自他の人格や生命の尊重」「社会性・コミュニケーション能力」「思いやりの心」「道徳性・規範意識」「多様性を認める心」「郷土愛」などをあげている。「自己実現力」とは「想像力と創造力を発揮しながら，高い志をもって夢に挑戦し続け，グローバルな視野で様々な課題を考えつつ，身近な地域や社会の発展のために貢献できる力」であり，具体的には「自らを高める力」「個性を磨く力」「継続する力」「目標を設定する力」「グローバルな考え方」などをあげている。

●作成のポイント

　各課題とも400字程度と短いので，記述式問題という位置づけで，

形式にこだわらず示せばよい。

　解答作成の考え方として，課題2については，自身の理数系の専門知識や技能を具体的に説明したうえで，それを担当教科の授業にどのように生かせるか，「地域社会人」の定義や各要素と合致した形で，2～3の事例を提示するとよい。課題3の「授業における実験や実習の教育的意義」については，「自立力」の学ぶ意欲や自主性，「共生力」の人と自然とのかかわりと関連づけると書きやすいと思われる。たとえば理科の授業では児童生徒が各自グループごとに予測を立てて実験を行い，実験結果を予測と照合し，考察することで実験の成果や検証を得られる。また自然観察などの野外活動では「自然との関わり」を岐阜県固有の自然環境と結びつり，先の「郷土愛」「清流スピリット」に結びつけることも可能だろう。

【全校種・2次試験】

●テーマ

　授業中，学級の子どもたち全員に対して「教科書の文をプリントに抜き出して書きなさい。」と指示をしたところ，Aさんがパニックを起こし，プリントを破り捨て，大きな声をあげながら教室を出て行ってしまいました。そして，運動場の隅でボールを蹴り続け，授業終了のチャイムが鳴ると何事もなかったかのように教室に戻ってきました。

　これまでも，Aさんは，このような行為を繰り返しています。

　Aさんに対して，あなたはどのような対応をしますか。

※Aさんの学年は，各自の想定において論じること。養護教諭・栄養教諭志願者は，学級での保健指導・栄養指導や委員会等の際，Aさんが上記のような行動を繰り返したものとして，それぞれの立場からどのように対応するかを述べなさい。

●方針と分析

(方針)

　テーマにあげられている事例は，発達障害のある児童生徒特有のパニック行動(逃走行動)である。通常学級に発達障害のある児童生徒が増加している中，自身が志願する立場から，これらのパニック行動を示す児童生徒への対応策について具体的に論述することが求められている。

(分析)

　パニック行動を起こす児童生徒は，主にアスペルガー症候群や自閉症を含む広汎性発達障害(PDD)を有する。特徴としては，ひとつの行動パターンや思考パターンへの執着が激しいため，授業や作業のやり方，物事の順序やルールに変化をつけると対応できなかったり，パニックを起こし，逃走行動に走ったりする場合がある。対応策としては，とにかく当人の気持ちを落ち着かせること。たとえば①児童生徒がクールダウンできる部屋を用意する，②好きな本や音楽などの材料を与えて，しばらく取り組ませる，③穏やかに話しかけ，頭ごなしに注意するのではなく，提案やアドバイスの形で優しく話しかけてみる，といった手法があげられ，上から目線で叱る，皆の前で厳しく注意するといった行動は慎まなければならない。

●作成のポイント

　本問は論文試験ではあるが，場面指導に近いため，論文の書式にあまりとらわれる必要はないと思われる。

　パニックに陥りやすい児童生徒に対しては，分析にあるような傾向が見られるため，事前の対応が必要になる。具体的には授業を受けるときのルールを教える，板書だけでなく写真や絵などの視覚的教材を用意する，授業を受ける前に段取りを説明する，といったことがあげられる。養護教諭による保健指導の場合は，パニック行動に陥った生徒児童はまず保健室で預かり，気持ちを落ち着かせてからカウンセリングを行う。栄養教諭なら給食を一緒に食べながら，生徒児童とコミ

ュニケーションをとり，悩みや疑問に答えるといった対応策が考えられる。

　当然，専門医などによる受診も視野に入れるべきだが，本問では言及されていないので，触れる程度でよいだろう。

【小学校教諭，中学校教諭，高等学校(音楽，美術)・2次試験】

●テーマ

> 　次の設問について，それぞれ200字以内で説明しなさい。
> 設問1…岐阜県の小・中学校では，東日本大震災の教訓を踏まえ，これまで各学校で地震・火災を想定し実施してきた避難訓練を見直し，平成25年度より，「命を守る訓練」を実施しています。
> 　「命を守る訓練」へと見直された趣旨を踏まえ，実施の際にどのように指導していくのか，具体的に述べなさい。
> 設問2…平成27年7月に学校教育法の一部が改正され，新たな学校の種類として「義務教育学校」が加わりました。
> 　「義務教育学校」が加えられた背景と趣旨について，説明しなさい。

●方針と分析

(方針)

　設問1　岐阜県が推進する防災教育「命を守る訓練」について，改定趣旨を踏まえ，実際にどう指導するか述べる。

　設問2　学校教育法改正により新たに設置された「義務教育学校」の趣旨と背景についてまとめる。

(分析)

　設問1　岐阜県の「防災教育の手引き」によると，「命を守る訓練」とは，「災害発生時に，児童生徒一人一人が自分の命は自分で守る意識をもち，主体的に行動することができるよう，従来の避難の訓練に

留まらず，災害種別やその状況，実施時間帯等を設定して，より実践的に行う訓練」とされており，様々な状況に応じて，主体的に判断し行動する力を身につけることをねらいとしている。具体的な指導法は「防災教育の手引き」を参照されたいが，少なくとも教室内だけでなく，登校中やスクールバス乗車中の訓練も行われる等，想定される状況下で，教員などの指示に頼らなくても自分で命を守ること訓練であることをおさえておきたい。

設問2　平成27年7月の学校教育法改正により新たに設置された「義務教育学校」とは，児童生徒の発達の早期化やいわゆる「中1ギャップ」への対応を図る趣旨で，小中学校9年間の義務教育を一貫して行う学校のことである。前期課程(小学校段階)と後期課程(中学校段階)に分かれて年間スケジュールが設定される。岐阜県下では，2017年4月より羽島市桑原町の桑原小学校と桑原中学校，大野郡白川村の白川小・中学校を義務教育学校に移行することが決定している。

●作成のポイント

　論述問題なので形式にこだわらず，簡潔に要領よくまとめることが不可欠である。

　設問1　岐阜県の取組事例として，授業中や休み時間中，登下校中，掃除時間中，スクールバス乗車中といった時間帯に大地震，続いて火災が発生したことを想定した緊急避難シミュレーションを実施している。詳細は「防災教育の手引き」にあるので，いくつか指導事例を示せるようにしたい。

　設問2　制度の背景と趣旨を説明することから具体的にまとめる必要がある。報道等では「中1ギャップ」の解消に焦点が当てられているが，ほかにもメリットがあげられているので，できるだけ広範囲で示すようにしたい。

【高等学校(音楽，美術以外)，特別支援学校・2次試験】

●テーマ

> 高等学校あるいは特別支援学校において，キャリア教育を進めて
> いく際に留意することは何か。あなたの考えを具体的に述べなさい。
> なお，志願する校種におけるキャリア教育について述べること。

●方針と分析

(方針)

高等学校および特別支援学校それぞれにおける，「キャリア教育」
の実践的指導の際に留意する点について，自身の考えやアイデアをま
とめ，具体的に論述する。

(分析)

キャリア教育とは「望ましい職業観・勤労観及び職業に関する知識
や技能を身につけさせるとともに，自己の個性を理解し，主体的に進
路を選択する能力・態度を育てる教育」と定義されている。将来の進
路選択を見据え，自分の力で職業観や生活観を確立し，精神的・経済
的に自立した社会人になるための能力や資質を習得させることが「キ
ャリア教育」の目的である。キャリア教育には「人間関係形成能力」
「情報活用能力」「将来設計(キャリアプランニング)能力」「意思決定能
力」の4つの基本能力の育成も含まれており，これら4つの能力の育成
を，教科指導および課外活動(部活動・学級活動など)にどう取り入れ
るか，あるいは担任の学級を想定し，生徒に具体的にどのように取り
組ませるか，について留意することが必要である。

特別支援学校におけるキャリア教育は，健常者と異なる場合がある
ことに注意する。たとえば「今後の学校におけるキャリア教育・職業
教育の在り方について」(文部科学省)では，「障害のある児童生徒につ
いては，自己の抱える学習や社会生活上の困難について総合的に適切
な認識・理解を深め，困難さを乗り越えるための能力や対処方法を身

に付けるとともに，職業適性を幅広く切り開くことができるよう，個々の特性・ニーズにきめ細かく対応し，職場体験活動の機会の拡大や体系的なソーシャルスキルトレーニングの導入等，適切な指導や支援を行うことが必要である」と述べられている。

●作成のポイント

序論では，キャリア教育を実践するうえでの一般的留意点について述べる。キャリア教育では学校種等にかかわらず，注意しなければならない点がいくつかあるので，本論の内容を踏まえ，いくつかあげるとよいだろう。文字数は200字を目安とする。

本論では具体的事例について，たとえばいくつかの先進事例を参考に自身の担当教科における留意点と具体的実践案を示し，その具体的成果予測をあげる。

高等学校の場合，職場見学や職場体験以外にも本や新聞記事，ビデオ教材などを題材に将来の職業選択についてクラス全員で討論したり，社会人OBを学校に招いて職業経験について話をしてもらったり，実際に模擬ビジネス事業を立ち上げて生徒に運営させ，商品の企画から販売，売上管理にいたるまで生徒に自主運営をさせたりする事例がある。いずれにしても，教員は児童生徒一人ひとりの実際の職業観，職業適性や能力を見極めるためチェックし，将来の進路先についてアドバイスすることが求められる。

一方，特別支援学校における「職業・キャリア教育」の指導法としては，①各種の障害，とりわけ発達障害に関する一定の知識・技能，②さまざまな表現で児童生徒に感情を伝える能力，③一人ひとりの児童生徒の得意不得意，特技や関心を観察・把握し，個々の潜在能力を肯定し，伸ばせるような指導力，といった留意点があるので，それを踏まえてまとめるとよい。文字数は500字を目安とする。

結論として，序論・結論の内容を踏まえ，自身のキャリア教育指導における決意などを述べるとよい。キャリア教育では個々の児童生徒にあった内容が求められる。特に，児童生徒の夢や希望にも関わる部

　分なので児童生徒の自主性をベースにどう展開するかをまとめるとよ
い。字数は100字を目安とする。

2016年度　論作文実施問題

【教職経験者(小学校・中学校教諭・養護教諭・栄養教諭)・1次試験】

●テーマ

> 　児童が小学校から中学校への進学において，新しい環境での学習や生活に不適応を起こすいわゆる「中1ギャップ」への対応が，小・中学校ともに求められています。
> 　このことを踏まえ，志望する校種等において，どのようなことを大切にして児童生徒への指導を行っていくか，述べなさい。

●方針と分析

(方針)

　「中1ギャップ」に対する，志望する校種等における教員としての対策と指導について論述する。

(分析)

　中1ギャップが起こる原因としては，新しい友人や先輩後輩，教師との人間関係の不適応，部活動や課外活動，塾通いなどによる帰宅・睡眠時間や生活リズムの変化，英語や数学などの新科目を学ぶことによる，小学校時との勉強の仕方の違い，通知表の5段階評価に対する戸惑いなどがあげられる。そこでこれらの原因をあげつつ，どう対処するかを論述する力が求められる。中学校教諭であれば，主要教科をはじめとする勉強面でのギャップ対策と指導方法についてと，生活面や人間関係面での対策と指導方法についてとを分け，それぞれ大切だと思われるポイントを整理して書いていくとよい。小学校教諭であれば，小学校の教育活動全体の中で中学校との各教科等の接続を念頭に

置いた指導を，養護教諭や栄養教諭であれば生活面や人間関係面など
を中心に，児童生徒の小学校と中学校の学習・生活環境の円滑な接続
が図られるような指導計画を立てるなどが考えられるだろう。

●作成のポイント

　基本的には3段構成で書く。第1段落では新しい人間関係でのギャッ
プをあげ，その対策と指導方法を示す。たとえば部活動などでの先
輩・後輩関係，新しい友人との関係，先生の態度などが生徒の中学校
生活の適応に大きな影響を与えているのは事実である。そこで担任教
員側としてはクラス生徒の言動に目を配り，悩みや相談に対応できる
ような時間や受け皿をつくる，個々の生徒への対応について先生同士
で情報を共有する，敬語の使い方を指導するなど，指導方法に関する
アイデアをいくつかあげるとよいだろう。併せて，自分の専攻教科等
における具体的な対策と指導方法についてあげてもよいだろう。

　第2段落では，生活面でのギャップと対策・指導方法をあげる。た
とえば部活動に参加していても，帰宅後毎日1時間は自宅で学習時間
を確保する，規則正しい生活を送る，睡眠時間は必ず1日8時間程度を
確保する，といった生活面での指導があげられるだろう。

　第3段落では全体を簡潔にまとめ，ここまでの対策・指導方法に一
貫する，自分の指導において大切にしたい事項を提示する。そして最
後に，先述の事項を踏まえて教員としての生徒指導を行いたいという
意思表示をして文章を締める。

【小学校・中学校教諭・2次試験】800字以内・60分

●テーマ1

> 11月に入り、Aさんの口数が少なくなり、1人でいることが多くなってきました。
>
> そこで、Aさんの友達のBさんに話を聞いたところ、Bさんは次のように言いました。
>
> 「Aさんに対して悪口を言っている子を、時々見ました。私は、その子たちに何回も注意をしたけれど、その子たちは止めませんでした。そこで、私は、周りの子に『あなたたちも悪口を言っている子に注意をしてよ』と言いました。しかし、『Aさんのことをあまり知らないから』と言って、協力してくれませんでした。私はこれからも注意をしていきたいけれど、周りの子が何もしてくれないので不安でたまりません。」
>
> あなたは、BさんやBさんを含む集団に対して、どのように指導しますか。
>
> ※注意：Bさんの学年や集団の範囲は、各自の想定において論じること。また、Aさんに対して行われるべき教育相談等は、当然行われるものとして、ここでは論じる必要はない。

●方針と分析

(方針)

　昨今のいわゆる「いじめ問題」において、クラスの特定の生徒に対するいじめを、他の大半の生徒が見て見ぬふりをしている、教員も注意しないという実態が数多く報告されている。こうした昨今の学校での実態を受けた対応について論述する。

(分析)

　「いじめ防止基本方針の策定について(通知)」(平成25年10月11日文

部科学省)の参考2「学校における「いじめの防止」「早期発見」「いじめに対する措置」のポイント」において，いじめを見ていた児童生徒に対して「自分の問題として捉えさせ」，「いじめを止めさせることはできなくても，誰かに知らせる勇気を持つよう伝える」としている。そして，「全ての児童生徒が，集団の一員として，互いを尊重し，認め合う人間関係を構築できるような集団づくりを進めていくこと」を求めている。このことを踏まえて論述する。ここでは，Aさんに対する悪口をBさん以外の生徒が注意しないという状況を，教師として指導することにより，どのように事態を改善させるかという点が出題のポイントである。そこで自分自身そのクラス担任となった場合を想定し，どういう手段でクラスの他の生徒に対してどのような指導を行い，その結果，どの程度の成果が期待されるのかを具体的に示すことが必要である。

●作成のポイント

　止まない「悪口」対策と「周囲が注意しない」状況を変えるには，たとえばクラス担任が授業やホームルームでこの問題を真っ向から取り上げ，それぞれの生徒が，自分自身が悪口を言われ続けたらどんな気持ちになるのか，しかも誰にもそれを打ち明けられず，誰も注意せず，我慢しているとどのような心理状況に追い込まれるか，シミュレーションで体験させ，イメージさせ，悪口を言った加害児童生徒も含めてクラス全体で，この問題に対する解決策を考える機会を与えることが最も効果的であると考えられる。たとえばスウェーデンで成功したいじめ防止策など内外での成功事例をあげてもよいし，いじめ防止プログラムを各学校に出前授業をしているCAPのような民間の教育専門機関が実践している授業方法を参考にしてもよい。ポイントは，悪口を言えないようなクラスの雰囲気を作り出すこと，相手の悪口を言うことは自分自身の人格的価値自体を傷つけ，辱めていることに他ならないという倫理意識を，個々の生徒に自覚させ定着させることである。

　文章構成は序論・本論・結論の3段構成で構わないが，たとえば序論では上記のポイントを明示し，本論で自分が考える具体的な指導法を述べる。結論には先に述べた内外の成功事例や，期待される成果について述べ，自説を補強するとよいだろう。

●テーマ2

　次の設問について，それぞれ200字以内で説明しなさい。

[設問1]

　第2次岐阜県教育ビジョンの中で，岐阜の子どもたちに身に付けさせたい3つの力として「自立力」「共生力」「自己実現力」が掲げられています。

　子どもたちが夢の実現に向け，たくましく生き抜いていくために，あなたが特に身に付けさせたいと考える力はどれですか，1つ選んで，選んだ理由を説明しなさい。

[設問2]

　学校教育法第11条において「校長及び教員は，教育上必要があると認めるときは，文部科学大臣の定めるところにより，児童，生徒及び学生に懲戒を加えることができる。ただし，体罰を加えることはできない。」と定められています。

　児童生徒への懲戒と体罰の違いについて，具体例を挙げながら説明しなさい。

●方針と分析

(方針)

　設問1は，岐阜の子どもたちに身に付けさせたい3つの力のうち，自分が最も重視する力とその理由を述べる。設問2は，「問題行動を起こす児童生徒に対する指導について(通知)」(平成19年2月5日文部科学省)の定義などを参考に論述する。

(分析)

　設問1について，第2次岐阜県教育ビジョンでは，「自立力」とは「自己肯定感に裏付けされた自信に基づき，生涯を通して自ら学び，自ら考え行動し，社会の変化に主体的に対応しながら，たくましく生き抜いていく力」とされ，具体的には「自主性」「自信・自己肯定感」「学ぶ意欲」「勤労観・職業観」「健康・体力」「自己管理能力」などがあげられている。「共生力」とは「他者との共感や思いやりの心に基づき「人と人，人と社会，人と自然」との関わりやつながりを大切にし，協調性をもって豊かな人間関係を広げ深めていく力」とされており，具体的には「自他の人格や生命の尊重」「社会性・コミュニケーション能力」「思いやりの心」「道徳性　規範意識」「多様性を認める心」「郷土愛」などが示されている。「自己実現力」とは「想像力と創造力を発揮しながら，高い志をもって夢に挑戦し続け，グローバルな視野で様々な課題を考えつつ，身近な地域や社会の発展のために貢献できる力」と定義されており，具体的には「自らを高める力」「個性を磨く力」「継続する力」「目標を設定する力」「グローバルな考え方」などがあげられている。以上を踏まえ，自身の体験を踏まえて一番重要だと思うものを1つ選んで，その理由とともに簡潔に述べる。

　設問2について，前出の通知では「校長及び教員は，教育上必要があると認めるときは，児童生徒に懲戒を加えることができ，懲戒を通じて児童生徒の自己教育力や規範意識の育成を期待することができる」とする一方で，「懲戒の内容が身体的性質のもの，すなわち，身体に対する侵害を内容とする懲戒(殴る，蹴る等)，被罰者に肉体的苦痛を与えるような懲戒(正座・直立等特定の姿勢を長時間にわたって保持させる等)に当たると判断された場合は，体罰に該当する」とし，教員の児童生徒に対する体罰を禁止している。そこで児童生徒に肉体的苦痛を与えるものを「体罰」，それ以外の注意や指導は「懲戒」とされるのが国の一般的定義となることに留意する。

●作成のポイント

設問1，2とも，200字程度の記述なので，述べたい要点を簡潔に要領よくまとめることが必要不可欠である。

設問1について，3つの力のうち「自立力」については，得意分野での能力や体力を発揮する場を与える，将来の夢や目標を掲げさせることが，児童生徒の生きる自信や自尊心の維持，生活・学習意欲の向上につながるので有効だとする理由づけで説明すると書きやすい。「共生力」については，「郷土愛」を持つことの意義とともに「郷土愛」を育むための郷土史学習などを通じて，岐阜県の郷土の歴史や特色，歴史的文化遺産や伝統芸能などについて言及すると，具体性が増し記述に説得力を持たせられるだろう。「自己実現力」については，総合学習や自由研究，ホームルームの時間，部活動やボランティア活動などを通じて目標課題やテーマを設定し，実践例を展開するとよい。

設問2については，体罰の具体例，懲戒と体罰との判定が難しい例などをあげ，判断が難しい場合，教員が生徒に対しどのような基準でどういう指導を行うのが望ましいのかを簡潔に説明して締めるとよい。前出の通知における懲戒と体罰の区別が見極めにくいケース，程度問題によって解釈が変わる可能性のあるケースをあえて具体例として取り上げるとよい。たとえば，①食事抜きで居残り勉強をさせる，②髪を丸坊主にさせる，③携帯電話を取り上げる，といったケースが想定できる。①，②は直接的な身体的苦痛を与えてはいないが，間接的に苦痛を与えている意味で体罰の一種とも定義できる。③はその点で身体的苦痛の定義からは外れるため懲戒に相当すると考えられる，といったような解答例が考えられる。また，同通知では体罰を禁止する理由として「体罰による指導により正常な倫理観を養うことはできず，むしろ児童生徒に力による解決への志向を助長させ，いじめや暴力行為などの土壌を生む恐れがあるからである」としている。こうした「体罰を禁止する」理由づけについても，自らのアイデアを出すなどしてまとめるとよい。

【高等学校教諭・2次試験】800字・60分

●テーマ

　　児童生徒の学習評価の基本的な考え方，現状と課題，及び今後の方向性について具体的に述べなさい。

　　なお，論述に当たっては次の三つの語句を全て入れること。

・「指導と評価の一体化」
・「観点別学習状況の評価」
・「目標に準拠した評価」

●方針と分析

(方針)

　　児童生徒の学習評価の基本的な考え方，現状と課題，及び今後の方向性について，指定語句を全て用いて具体的に論述する。

(分析)

　　「児童生徒の学習評価の在り方について(報告)」(2010年3月24日中央教育審議会)を踏まえれば，学習評価の「基本的な考え方」とは「学校における教育活動に関し，子どもたちの学習状況を評価すること」で，学習指導要領の目標の実現状況を把握し，指導の改善に生かすことである。具体的には各教科に関して，学習状況を分析的にとらえる観点別学習状況の評価と総括的にとらえる評定とを，学習指導要領に定める目標に準拠した評価として実施することが求められている。高等学校については，各学校において生徒の特性，進路等に応じて多様な教育課程が編成されていることから，従来，高等学校学習指導要領に示す各教科・科目の目標に基づき，学校が地域や生徒の実態に即して設定した当該教科・科目の目標や内容に照らし評価を行うこととされている。また，学習評価の「現状と課題」について，現在の「観点別学習状況の評価」と「目標に準拠した評価」は，小・中学校においては教師に定着してきているが，指導上の負担感があると指摘されている。

高等学校においては，小・中学校ほど観点別学習状況の評価が定着していない点があげられる。学習評価の「今後の方向性」については，学習指導の一連の過程において，①きめ細かな指導の充実や児童生徒一人一人の学習の定着を図ることのできる「目標に準拠した評価」による「観点別学習状況の評価」や「評定」を着実に実施し深化を図ること，②学習評価においても学習指導要領等の改訂の趣旨を反映させること，③学校の創意工夫を生かす現場主義を重視した学習評価を促進させること，とされている。本問では，以上の内容を前提とした論述が必要となる。

●作成のポイント

　指定語句の「指導と評価の一体化」とは，評価結果を次の指導に生かし，さらに新しい指導の成果を再評価するという過程を実施することで，指導の質を高めることを指す。また「観点別学習状況の評価」とは，成績評価である「評定」とは別に，学力がどの程度身に付いているかを的確に把握するため，従来から，学習指導要領に示す「関心・意欲・態度」「思考・判断」「技能・表現」「知識・理解」の4つの観点から見た学習状況の評価を，それぞれでA，B，Cの3段階で評価するものである。そして「目標に準拠した評価」とは，学年や学級内での成績の位置づけである相対評価(集団に準拠した評価)とは異なり，学習指導要領に示す目標がどの程度実現したか，その実現状況を見る「絶対評価」のことを指す。

　これらの指定語句を，その本来の意味に即して，先の学習評価の「基本的な考え方」「現状と課題」「今後の方向性」のそれぞれ適当な箇所に挿入し，なおかつ文章全体を意味の通るように論理的に構成することが必要である。たとえば3段落構成の場合，第1段落で「基本的な考え方」として学習指導要領に即した「指導と評価の一体化」について言及し，第2段落で「現状と課題」について述べ「目標に準拠した評価」「観点別学習状況」の意義について触れる。さらに第3段落で「今後の方向性」について述べるなかで，先の3つの語句の着実な実施

と深化の必要性について述べる。

【その他の課題】〈理工系特別選考・1次試験〉75分

●テーマ

　次の文章は，平成21年3月に告示された「高等学校　学習指導要領」の抜粋である。

　学校の教育活動を進めるに当たっては，各学校において，生徒に生きる力をはぐくむことを目指し，創意工夫を生かした特色ある教育活動を展開する中で，基礎的・基本的な知識及び技能を確実に習得させ，これらを活用して課題を解決するために必要な思考力，判断力，表現力その他の能力をはぐくむとともに，主体的に学習に取り組む態度を養い，個性を生かす教育の充実に努めなければならない。

[課題1]
　下線部「生きる力」とはどのような力のことか。また，なぜ学校の教育活動を進めるに当たっては「生きる力」をはぐくむことを目指す必要があるのか。600字程度でまとめなさい。
[課題2]
　あなたが有する専門的な知識や技能は，生徒の「生きる力」をはぐくむ上でどのように生かすことができると考えるか。600字程度でまとめなさい。
※使用する原稿用紙は，両課題とも25×32＝800字である。

2015年度　論作文実施問題

【教職経験者(小学校・中学校教諭・養護教諭・栄養教諭)・1次試験】
800字以内・60分

●テーマ

> 第2次岐阜県教育ビジョンの中で,「高い志とグローバルな視野を
> もって夢に挑戦し,家庭・地域・職場で豊かな人間関係を築き,地
> 域社会の一員として考え行動できる「地域社会人」の育成を目指す
> こと」を岐阜県教育の基本理念としています。
> 　あなたは,この基本理念の基づいて日々の教育活動の中で指導を
> するとき,どのようなことが大切だと考えますか。具体的に述べな
> さい。

●方針と分析

(方針)

　岐阜県教育の基本理念の基づいて日々の教育活動の中で指導をする
とき,どのようなことが大切か,自分の考えを具体的に論述する。

(分析)

　第2次岐阜県教育ビジョンでは,子どもたちが身に付けるべき資質
能力として「自立力」「共生力」「自己実現力」の3つをあげている。
これは,文部科学省の第2期教育振興基本計画に示されている,今後
の生涯学習社会を構築するうえで実現すべき3つの理念「自立」「協働」
「創造」に対応している。日々の教育活動のなかで常に考えなければ
ならないのは,「どういう子どもを育てるのか」「子どもにどういう力
をつけるのか」ということである。その意味では,岐阜県が重視して
いる「自立力」「共生力」「自己実現力」は,岐阜県の考える「子ども

像」であるといえる。基本理念のなかの「高い志」「グルーバルな視野」「豊かな人間関係」などの語句は，3つの力に関連していると考えてよいだろう。

　また，この基本理念における「地域社会人」とは，岐阜県で生まれ育った子どもたちが，将来ふるさと岐阜の地に根を下ろし，この3つの力をバランスよく身に付け，「①社会を生き抜くための確かな学力と自己肯定感に裏付けされた豊かな人間性を備え，②高い志とグローバルな視野をもって未来を切りひらく新しい価値を創造し，③個人や社会の多様性を尊重しつつ，持続可能な地域社会づくりに貢献するとともに，④「清流スピリット」(ふるさと岐阜への誇りと愛着をもち続けながら，清く，優しく，たくましく生きていこうとする心)を次の世代へとつなげていくことができる」人材であるとしている。教職経験者としての高い知見が求められることを踏まえ，これらのことをおさえた答案にしたい。

●作成のポイント

　基本理念のどの部分に着目するのかを明らかにしながら述べるとよい。「高い志」という部分なら，それに関連してどういう指導が大切であると考えられるか，子どもと接するなかで何を大切にしなければならないかを述べる。基本理念に関係することであるなら，自分の教職経験を交えると，内容に具体性が出てきてよい。

　論文の最後は100字程度で「どういう子どもを育てたいか」についてまとめを書き，岐阜県の教員を目指す自分の決意をこめておきたい。

【小学校・中学校教諭・養護教諭・栄養教諭・2次試験】　800字以内・40分

●テーマ

　複数の子どもから、「Aさんに何もしていないのに、嫌なことを言われる。」という訴えがありました。あなたがAさんに「なぜ、何もしていない人に、嫌なことを言うのか。」と聞くと、「自分は、家では兄や姉と比べられて叱られてばかりだし、学校へ来ても勉強が苦手で楽しくないので、ついつい人に嫌なことを言ってしまう。」と話しました。

　あなたなら、どのように指導や対応をしますか。

　小学校教諭志願者および中学校教諭志願者は、Aさんの学級担任として論述しなさい。養護教諭志願者および栄養教諭志願者は、Aさんが所属する委員会(児童会・生徒会)の担当として論述しなさい。

※Aさんの学年は、各自の想定において記述すること。

●方針と分析

(方針)

　場面設定に基づき、子どもたちに「望ましい人間関係を築く力」をどう育むかについて論述する。

(分析)

　この場合、教師に必要な取り組みとしては、子どもたちの人間関係を把握すること、子どもの気持ちを理解すること、保護者と連携すること、教師集団と連携することである。最も避けなければならないのは、Aさんに間違いを指摘して終わることである。

　複数の子どもから訴えがあった時点で、子どもたちのなかに様々な出来事があり、その一部が表面化したと捉えるべきであろう。大事なのは、まず子どもを理解することであり、子どもの人間関係の把握である。また、子どもは自分の気持ちを整理して相手に伝えることがなかなかできないので、教師は、子どもの言葉だけではなく、行動をみ

て子どもの気持ちを理解する必要がある。

●作成のポイント

　まず，Ａさんの学年を記述したうえで，Ａさんへの指導，Ａさんの保護者への対応について述べる。Ａさんは自分の行為はまちがっていることを自覚しているので，叱責してはならない。むしろ，Ａさんの気持ちをじっくりと聞き出すことが大切であることを強調したい。その上で，Ａさんの保護者への対応について述べる。保護者のＡさんに対する理解に不十分な点が考えられるので，そのことへの配慮についても述べておきたい。300字を目安としたい。

　次に，Ａさんと周囲の子どもとの関係への指導や対応について述べる。特にＡさんのクラス集団のなかでの位置について観察し理解することの重要性について述べておきたい。また，訴えてきた子どもたちのクラス集団のなかでの位置についての理解の重要性も述べておきたい。300字を目安としたい。

　最後に，教師集団にこのことを報告し，教師集団として子どもたちに指導にあたることの重要性も述べたい。いじめに発展することのないよう，教師全体でアンテナを張っておく必要があることを強調したい。200字程度で述べて，しめくくりとしたい。

【高等学校・特別支援学校教諭・2次試験】　800字以内・40分

●テーマ

> 社会全体が急速に変化する中，教育をめぐる課題も複雑化・多様化しており，それらの課題に的確に対応した取り組みが求められています。
> あなたが現在の学校教育において，課題と考えることを簡潔に三つ記しなさい。その上で，そのうちの一つについて，教員としてどのように取り組みたいと考えるか，具体的に述べなさい。

●方針と分析

(方針)

現在の学校教育において課題と考えることを三つあげ，そのうちの一つについて，教員としてどのように取り組みたいと考えるか，具体的に論述する。

(分析)

受験者が，現在の教育をめぐる状況に関心をもっているか，その中で自分のめざす教育活動に対して，課題意識をもって取り組もうとしているかを問う設問である。第2次岐阜県教育ビジョンでは，社会状況の変化については人口減少・少子高齢化の進展，グローバル化の進展，非常に厳しい雇用環境，地域への意識の変化を取り上げており，教育課題については，「全国学力・学習状況調査」で全国の平均正答数の半数以下しかせいとうできない知識・技能の定着が不十分な児童生徒の割合が高いという課題や，自尊感情が十分に育まれていないなどの課題を指摘し，その対策に努めている。これらのことを論述に盛りこむことが望ましいだろう。

教員がかかわるのは，一人ひとりの生徒であり，その生徒の思考や言動には，現在の社会状況が反映している。そのため，教員は生徒一人ひとりにかかわることで，現在の社会のさまざまな課題にかかわっ

ているといえる。一人ひとりの生徒が，自分の生き方を見つけ，自分の足で歩いていく力をつけさせるのが教員の役割である。その意味では，教育とは「未来をつくる仕事」であるといえる。具体的な取り組みについては，で示している「確かな学力の育成と多様なニーズに対応した教育の推進」「豊かな心と健やかな体を育む教育の推進」「魅力ある教職員の育成と安全・安心な教育環境づくりの推進」などの基本目標に沿った施策を参考にあげるとよいだろう。

●作成のポイント

　まず，現在の学校教育において課題と考えることを三つ述べるが，なぜそれが課題なのか，自分の考えが伝わるように述べる必要がある。200字程度で簡潔に述べる。

　次に，そのうちの一つについて，自分の考える取り組みを述べる。実際の学校教育活動に即して述べる必要がある。教科指導，学級活動での指導，クラブ活動での指導，生徒会や委員会などの自治活動を通じての指導などを想定する必要がある。また，個々の生徒とのかかわりについて述べてもよいだろう。500字字程度で述べる。

　最後に，岐阜県の教員をめざす決意などを簡単に50～100字で述べてまとめとしたい。

【その他の課題】
〈理工系特別選考〉　75分

●テーマ1

　あなたが有する専門的な知識や技能を詳しく述べなさい。また，その知識や技能を学校教育においてどのように生かしたいと考えますか。できるだけ具体的に述べなさい。(800字以内)

●テーマ2

　学校教育の現場においては，生徒の興味・関心を高めることも重要な課題の一つです。あなたが担当するクラスにおいて，あなたが担当する科目に全く興味・関心を示さない生徒が何人かいたとする場合，どのようにして，こうした生徒の指導にあたることが重要であると考えますか。できるだけ具体的に述べなさい。(800字以内)

2014年度　論作文実施問題

【特別選考(小学校，中学校，養護教諭，栄養教諭)・1次試験】

●テーマ

　「教職生活の全体を通じた教員の資質能力の総合的な向上方策について(答申)」(平成24年8月28日中央教育審議会)において，これからの教員に求められる資質能力の1つとして「総合的な人間力」が必要だと述べられています。「総合的な人間力」の具体としては，次の4点があげられています。

・豊かな人間性や社会性
・コミュニケーション力
・同僚とチームで対応する力
・地域や社会の多様な組織等と連携・協働できる力

　この中で，「同僚とチームで対応する力」とは，具体的にどんな力なのか，自らの経験を例にしてあなたの考えを述べなさい。
※800字以内，試験時間は60分。

●方針と分析

(方針)

　「同僚とチームで対応する力」とはどんな力なのか，自らの経験を例にして考えを具体的に述べる。

(分析)

　児童生徒を取り巻く環境は複雑になってきており，教職員がチームで対応しなければならない事例が増加している。具体例としては，心身の悩みや問題を抱えた児童生徒への対応，アレルギーを持つ生徒への対応などがあげられ，特にいじめについては，同僚だけでなく学校

全体や地域社会までが連携して，対応しなければならない問題だろう。

　問題の「同僚とチームで対応する力」は，「同僚とチームで対応する際に必要な人間的素質が何か」と読み替えることができるだろう。チームを組んで運営する際に必要なことをイメージし，それが人間的性質とどのように関わるのかを考察してみるとよい。

●作成のポイント

　序論では「同僚とチームで対応する力」について自分の意見を述べる。その際，論を深く掘り下げるため，現在の児童生徒を取り巻く環境等の背景に触れるのもよいだろう。本論で述べる具体的な取り組みとの関連性を意識しながら書くとよい。文字数は200字を目安にする。

　本論では，序論で示した自身の考え，自らの経験を踏まえて，どのような力であるかを具体的に述べる。具体例としては，情報の共有化などを実現するコミュニケーション能力，他のメンバーとの協調性などが考えられるだろう。文字数は400字を目安にする。

　結論では，序論・本論を簡潔にまとめ，教師としての決意を述べて文章を仕上げるとよい。序論・本論で述べられていないことを結論で書かないように気をつけたい。文字数は200字を目安にする。

【小学校・中学校等・2次試験】

●テーマ

> 「本当の仲間というのは，ただ一緒にいて楽しいだけではなく，時には相手のことを考えて厳しい事でも伝えられるものだよ。そんな関係をつくりましょう。」と子どもたちに話したところ，Aさんが「先生，厳しい事を言えばその子は傷つくし，それでいじめなんて思われたら大変だから，私には無理です。」と言ってきました。
>
> 話を聞くと，Aさんは以前，仲間から「言葉がきついから直してほしい。」と指摘されたことを気にしているようです。
>
> あなたは，AさんやAさんを含む集団に対して，どのように指導しますか。
>
> (※：Aさんの学年や集団の範囲は，各自の想定において記述すること)

●方針と分析

(方針)

「本当の仲間とは，時には相手のことを考えて厳しい事でも伝えられる」ことに対し，生徒の一人が「厳しい事を言えばその子は傷つくし，それでいじめなんて思われたら大変だから，私には無理」と言ってきた。その子は以前，仲間から「言葉がきついから直してほしい」と指摘されたことを気にしているようである。

以上を踏まえ，Aさんや集団に対して，どのように指導するか述べる。

(分析)

以下，1つの見方を提示する。

まず，Aさんの相手が傷つくことはしたくないといった気持ちと「厳しい事」を言う仲間を持つに至った人柄，Aさんに「厳しい事」を言った仲間の勇気をほめるべきであろう。それを踏まえ，Aさんや仲

間の問題点について検討する。例えば，仲間が指摘したことについて，Aさんはどれだけ直そうという努力をしたのか，一方，仲間は傷ついたAさんに対して何らかのフォローをしてきたのか，といったことがあげられる。

　集団に対しては，具体的な生徒名ではなく一般論として説明すること，必要であれば近似の事例を通して，指導する方法を検討すべきであろう。それらを踏まえ，言葉遣いなどを含めた人間関係の繊細さと大切さ，相手のことを認めたり，過ちを許容したりする寛容性などを指導することが考えられる。

●作成のポイント

　序論では，課題に対する自分の考えを述べる。本論との関連性を意識しながら書くことを忘れないようにしてほしい。文字数は200字程度を目安とする。

　本論では，序論で述べた自分の考えを踏まえて，具体的な指導方法を書く。テーマでは個別指導と集団指導の方法について述べるようになっているので，それぞれの具体的指導法を端的に述べることを心掛ける。文字数は400字程度を目安とする。

　結論では，序論と本論で述べた自分の考えを簡潔にまとめ，最後に教員としての決意を述べて文章を仕上げるとよい。新しい考えや今までの内容と食い違うことを書かないように読み直しをすること。文字数は200字程度を目安とする。

【高等学校・特別支援学校等・2次試験】

●テーマ

> あなたは，これからの学校教育を通じて，児童生徒に，特にどの
> ような力を，どのような方法で身につけさせたいと考えるか。そのよ
> うに考えるに至った理由も明記しながら，できるだけ具体的に述べ
> なさい。

●方針と分析

(方針)

　児童生徒に，どのような力を，どのような方法で身につけさせたい
かについて，その理由も含めて具体的に述べる。

(分析)

　児童生徒に身につけさせたい力として，学習指導要領では「生きる
力」が，「岐阜県教育ビジョン」では「社会的な自己指導力」「社会人
として必要な基礎的資質・能力等」「働くことや職業についての理解」
などがあげられているが，学習指導要領などで示されている内容とほ
ぼ変わらないと見てよいだろう。

　実現する方法はさまざまあることから，自身の教育実習の体験，ボ
ランティア活動，その他，学習内容など得意な分野から考慮すればよ
い。その際，各教科，特別活動，総合的な学習の時間など，どの時間
で行うのかといった設定をしっかりさせることが重要であろう。

●作成のポイント

　序論では，課題に対する自身の考えを明記する。テーマで考えに至
った理由も述べるとあるので，児童生徒を取り巻く環境なども踏まえ
て，論じることを考える。文字数は全体の4分の1を目安にする。

　本論では，序論で述べた自分の考えを踏まえて，実際にどのような
ことに取り組んでいくのかを書く。今回は「力」の内容と「身につけ

させる」方法を具体的に書かなければならないことに注意する。自身が教育実習等で感じたことなども論述の参考になるだろう。文字数は全体の2分の1を目安にする。

　結論では，今までの内容を簡潔にまとめ，教師としての決意を述べて文章を仕上げるとよい。結論はまとめと決意に終始し，新しい話題を提示しないように気をつけたい。文字数は全体の4分の1を目安にする。

2013年度　論作文実施問題

【特別選考(現職教員)等・1次試験】　800字

●テーマ

> 　岐阜県では，「岐阜県が求める教師像」の一つとして，「幅広い教養と高い専門性をもち，常に学び続ける教師」を示しています。
> 　あなたは，これまで身に付けてきた「幅広い教養」や「高い専門性」を，日々の教育活動のどんな場面で，どのように生かしながら，指導に当たっていますか。
> 　具体的な例を一つあげて，書きなさい。

●方針と分析

（方針）

　まず「幅広い教養」と「高い専門性」に関して，自分の意見を明確にする。その後に，具体的な例をあげ，指導に関する自分の考えを最初に示した意見と矛盾しないように示す。最後に教師として指導することの決意を述べる。

（分析）

　児童生徒各々に当然ながら，夢があるはずである。それを実現するためには，夢に関連する分野の専門性を高める必要がある。しかし，専門性の前にいろいろな知識がなければ達成は難しい。幅広い知識は，自分の目指す高い専門性を見つけるための前提である。教師はまず，児童生徒に総合的な学力を身に付かせる必要がある。「幅広い教養」や「高い専門性」をただ児童生徒に見せるだけではいけない。それらの必要性を生徒に伝えなければならない。以上を踏まえて，指導現場において，自分がどのように生かしているかを事例をあげながら説明する。

●作成のポイント

　序論は200字程度で，テーマに関する自分の考えを述べる。「幅広い教養」と「高い専門性」について，書かなければならないことに留意すること。本論で述べる取り組んでいる内容に関連するような意見にしなければならないことも留意すること，

　本論は400字程度で，序論で示した考えに沿って，実際にどのような場面で，どのように生かしながら指導にあたっているかを論じる。大切なのは，事例だけで終わらせないことである。そこから，自分は何を得たのかまで書くことを忘れないようにしたい。1つの科目はそれだけのものではなく，他科目と関連していることも多いということを児童生徒に理解させることはとても大切なことである。

　結論では，今までの自分の考えを再度まとめる。そして，最後に教師としての決意を書いて，文章を仕上げるとよい。この部分は200字程度でまとめるとよい。

【小学校全科・中学校全科・養護教諭・栄養教諭・2次試験】　40分 800字以内

●テーマ

　いじめの早期発見のためには，児童生徒が発する小さなサインを見逃すことのないよう日ごろから丁寧に児童生徒理解を進めることが大切です。

　あなたは，児童生徒が発する小さなサインを見逃すことのないようにするために，どのようなことを大切にして，どんなことに取り組みますか。

　小学校教諭志願者，中学校教諭志願者は学級担任として，養護教諭志願者および栄養教諭志願者は，それぞれ学校に一人しか配置されていない養護教諭，栄養教諭として，論述しなさい。

●方針と分析

(方針)

　まず，「いじめの問題」について，自分が考えていることを述べる。ここは，本論で書く具体的な内容に関連することであるから，しっかりと主張したい。そして，児童生徒が発する小さなサインを見逃すことがないようにするため，大切にすること，取り組むことを述べる。

(分析)

　いじめの問題は，非常にデリケートな問題である。問題にある学級担任などの条件をどう生かすかについて考えたい。例えば，学級担任であれば，自分の学級の生徒の異変を見つけやすい立場にいることを前提に述べること，養護教諭・栄養教諭であれば，他の教師との連携，教師が皆で協力をすることも必要であろう。

●作成のポイント

　序論では，「いじめの問題」についての自分の考えを述べる。例えば，「何か気になることがあったら，行動することの大切さ」についてあげられるだろう。異変への気付きの重要性を200字程度で述べていきたい。

　本論では，序論で述べた自分の意見を踏まえて，実際にどのような取組をしていくかを論じる。分析で述べた通り，特性をどう考え，どのように活かしていくのかを具体的に述べる。本論は400字程度でまとめるとよい。

　結論では，今までの内容を簡潔にまとめる。ここで，新しい考えを提示しないように気を付けること。最後に，教師として「いじめの問題」にどのように対応していくか決意を書いて，この小論文を仕上げるとよい。200字程度でまとめる。

【高等学校・特別支援学校・2次試験】 40分 800字以内

●テーマ

　社会の急激な変化に伴い，児童生徒を取り巻く環境も大きく変化し，学校ではこれまで以上に多様な課題に対応することが求められています。
　あなたは，これからの教員には，どのような資質や能力がより必要とされると考えますか。対応すべき課題の例をいくつか挙げながら述べなさい。

●方針と分析

(方針)

　まず，「社会の急激な変化に伴い，児童生徒を取り巻く環境」が大きく変化したことについての自分の意見を述べる。その後は，その変化に伴う具体的な課題を挙げながら，教員に必要な資質や能力について述べる。

(分析)

　児童生徒を取り巻く社会の変化はいろいろ考えられるが，代表的なものとしてコミュニケーションツールの変化が考えられる。手紙や交換日記などが，今はネットを通したものに変化した。昔は「待つ」ということが一つの楽しみだったが，いまでは「待つこと」が「無視されていること」にもつながりかねない。また，ネットに依存することで，直接話すこと，特に初対面の人との対話を苦手になるケースもある。情報化社会であるので，ネットを使わない生活も難しいが，自分の言葉ではっきりと相手に伝わる表現力を身に付けることも大切である。

●作成のポイント

　序論では，社会の急激な変化に伴う子どもたちの環境の変化に関する自分の意見を述べる。これは，本論で取り上げる具体例や教師に必要とされる資質に関連するものでなければならないことに留意すること。全体の4分の1程度使う。

　本論では，対応すべき課題の例を挙げながら，教師に必要な資質や能力を論じる。分析の部分では，コミュニケーションツールの変化を取り上げたが，勉強スタイルの変化や，親子関係の変化なども考えられる。ただ，すべての問題に共通していることは，相手の話をしっかりと理解することであると考えられる。そのためには，相手の話をしっかり聞き，簡潔にまとめるということを日々意識しておかなければならないだろう。全体の半分程度でまとめること。

　結論は，今までの内容を簡潔にまとめ，教師としてどのような気持ちで取組んでいくか，決意の形で書き上げるとよい。今までの内容と食い違うことを書かないようにしてほしい。全体の4分の1程度で書く。

2012年度　論作文実施問題

【小中養栄・現職教諭または前年度からの常勤講師・1次試験】

●テーマ

> あなたは，現職教員又は，常勤講師として，毎日教壇に立ち，子どもたちの成長を願い職務にあたっています。
>
> これまでの教員経験の中で，あなた自身が経験した困難な状況と，その困難な状況に対して自身が取り組んだ手だてについて，教師として大切にしている指導観や専門性も踏まえて具体的に論述しなさい。(800字)

●方針と分析

(方針)

まずは過去に経験した困難な状況に関しての客観的な説明を行う。その後に，自身が経験した困難な状況とその分析，そして取り組んだ手だてについて順を追って述べると，説得力が増す。

(分析)

大事なのは，テーマにある「教師として大切にしている指導観や専門性も踏まえて」という部分を意識して書かなければならないことだ。つまり，今までの苦労話を感情を込めて長々と書けばいいということではなく，自分の教師としての信念を説明する具体例として，過去に経験した困難な状況を冷静な視点で述べる。

児童生徒と信頼関係を構築するために起きた困難な状況，彼らの協調性を育てるために生じた困難な状況など，指導していくうえで起きた困難な状況を思い出してみて，ふさわしいエピソードを厳選する。そして，その際の指導，さらにそこから学んだことを今後どのような

指導にして反映していくかを述べつつ，まとめ上げるとよいだろう。

●作成のポイント

　序論では，児童生徒を指導していく中での困難な状況に関する自分の意見を明らかにする。いきなり困難な状況の具体例を述べるより，まず自分の考え方を読み手に明確に伝えてからの方が，論作文に筋が通りやすくなり，説得力が増すのである。

　本論では，今まで経験した困難な状況の例と，それに対してどのように取り組んだか，その対策を述べる。序論で書いた自分の考えが，課題にある「指導観や専門性」に該当するのであるから，ここの内容と序論で述べた自分の考えが論理的に一致しているかを考えながら書きたい。例えば，序論において「何でも話せる雰囲気のクラスづくりを大切にしている」としたのであれば，それに対するトラブルの事例と，それに対して取り組んだことを書くのだ。

　結論では自分の意見の中で，最も強調したいことを繰り返し(表現を変えて)述べる。ここで今までにない新しい話題を提示して矛盾しないように気をつけること。そして，最後に今後の自分の決意と展望を書き，文章をまとめるとよい。

●論文執筆のプロセス例

> **序論**
> ・課題に対する自分の考えを述べる
> ・いきなり具体例の説明に入らないようにする

> **本論**
> ・困難な状況と取り組んだことを述べる
> ・序論との関連性を意識する
> ・全体の3分の2程度の文字量を費やす

> | 結論 |
> | :--- |
> | ・まとめと自分の決意を述べる |
> | ・まとめは自分が最も伝えたいことを書くこと |
> | ・新しい話題を出さないように確認する |

【小・中・養・栄・2次試験】

●テーマ

> 　学級の中に，友達になじめず，ひとりぼっちでいるAさんがいます。あなたはいつもAさんに寄り添い，学習や活動の場面で励まし，支えてきました。ある日，そんなあなたの姿を見て，Bさんが次のように言いました。
>
> 　「先生は，いつもAさんのことばかりひいきにしている。みんな大切だと言っているのに，Aさんばかり手伝ったりしてひいきをしている。」
>
> 　周りにいた子たちも，「先生は，Aさんをひいきにしている。」と言い出しました。
>
> 　あなたは，こうした子どもたちの問いかけに対して，どのように説明・対応しますか。
>
> (※論述形式は子どもへの話し言葉になっていなくてもよい。)

●方針と分析

(方針)

　テーマに対する自分の意見を明らかにして，その後にどのように対応をしていくかを述べるのが，この論作文の構成である。

(分析)

　学級に限らず，人間は誰かに見てもらいたい，かまってもらいたい，目を向けてもらいたいと思うものだ。今回の事例もこのような気持ちから不満が出たと考えられる。教師はまず，周りの子どもたちの思いを受け止める必要がある。

　そして，今後学級としてどのような働きかけをしたらよいかを教えていくことが大切だ。そもそもの発端は，Ａさんがひとりぼっちになってしまっている現状である。このような状況において大切なこととしては，教師が感情的になって話をしたり，「かわいそうだから」と思考を止めてしまったり，ＡさんＢさんといった個人の子だけの話になってしまわないように注意することだろう。また，Ａさんに劣等感を背負わせないような配慮も必要だ。

　この問いかけをクラス全体の問いかけと考え，「ひいき」や「平等な扱い」ということについて，学級としてどのようにしていけばいいかをしっかりと考えさせる必要がある。もちろんその前に，自分の意見をしっかりと確立しておかなければならないことは言うまでもない。

●作成のポイント

　序論ではこのテーマに対する自分の意見を明らかにする。「ひいきしている」と発言をした子どもたちはどのようなことを思っているのか，それに対して教師はどのように考えなければならないか，これを機会に何を伝えていくかを述べる。そして，自分の意見に，行動が矛盾しないように本論を構成していく。

　その本論では，序論で示した自分の意見に基づいた具体的対応を書いていく。一方的に感情的な反論をしてはいけない。集団で構成されたクラスなのだから，子どもたちの思いも受け止める必要がある。その後，周囲はどのような働きかけをしていけばいいのかもじっくりと伝えていく。

　もちろん，その瞬間だけですべて解決するとは限らないので，折に

触れて適宜確認することや，一人一人面談することも考えられる。これらの事は場当たり的なものでなく，継続的に粘り強く行っていくという心構えが教師には必要だろう。

　結論では，課題に対する自分の考えの中で最も強調したいことをまとめとして書き上げる。そして，最後に自分の教師としての決意を書いて文章を締める。

●論文執筆のプロセス例

```
序論
・課題に対する自分の考えを述べる
・本論で書く対応についての関連性を考えて書く
```

```
本論
・課題に対する説明・対応を書く
・教師としてあるべき姿も考えながら書くとよい
・全体の3分の2程度を使うこと
```

```
結論
・自分の考えで最も言いたいことをまとめとして書
　く
・自分の決意を述べる
・まとめはくどくならないように簡潔に書くこと
```

【高校・特支・2次試験】

●テーマ

現在，児童生徒や保護者から教師はどのようなことを求められて
いると考えるか。また，その要求や願いに応えるために，あなた自
身は具体的にどのような取組をしていこうと考えるか。

●方針と分析

(方針)

児童生徒や保護者，そして教師を取り巻く環境について触れたのち
に自分の意見を明確に表明し，これから実際に取り組んでいきたいこ
とを述べるというのが，この論作文の構成となる。

(分析)

ひとつの例を挙げるとすると，子どもたちは大人になって社会に出
ていくために様々なことに取り組んでいかなければならないが，その
前提として基礎学力というものが必要になる。学校においては，この
基礎学力をつけることを大多数の保護者が望んでいるはずである。ま
た，保護者の立場から考えれば，差別のない学校生活を子どもには送
ってほしいと思うのは当然のことであると考えられる。つまり，「基
礎学力」を「平等」につけてもらいたい，というのが保護者の教師に
対する願いであり，それは実際に学校に通う児童生徒にもあてはまる
はずだ。

この願いはなかなか難しいテーマだが，教師としてまずは児童生徒
の一人一人の把握から始まり，習熟度別・少人数指導，個人面談の実
施，保護者との連携などによって，児童生徒のみならず保護者の信頼
関係の構築をすることが課題達成の大きな要素であると考えられる。

●作成のポイント

まず序論では，現状の説明とそれに対する自分の意見を述べて，自

分の考えをはっきりと読み手に示すことが大切だ。本論で書く，自分が取り組んでいくことにも大きく影響してくるので，ブレがないように心がけたい。

　本論では，実際に取り組んでいくことを具体例を挙げつつ述べる。さらにいえば，保護者や児童生徒が求めているのは学力だけではない。「児童生徒が積極的に学校へ行きたくなる」というモチベーションがなければ，学力向上も難しいであろう。児童生徒の考えを理解しようとする気持ちを常に持ちつづける姿勢も持ち続けなければならないことに留意したい。

　結論は，まとめと教師としての自分の決意を述べる部分である。テーマに対する自分の意見を簡潔に述べるのだが，新しい話題を提示するのではなく，自分の意見の核となっていることを，まとめとして記すとよい。そして，自分の決意を書いて文章を書き上げる。

●論文執筆のプロセス例

序論
・課題に対する自分の考えを述べる
・本論との関連性を意識して書く

本論
・実際に取り組んでいくことを述べる
・全体の3分の2程度を書くこと
・序論で示した自分の考えと合致しているかを確認

結論
・自分の考えで最も伝えたい部分をまとめとして書く
・新しい考えを示さないこと
・教師としての決意を述べる

2011年度　　論作文実施問題

【1次試験／特別選考】

●テーマ

> 　本県では，一人一人の子どもに応じた，よりきめ細かな指導を行うために，少人数での学習指導に力を入れています。
>
> 　しかし，学習の基盤となる基礎的な知識・技能の定着が不十分なために，授業において苦しんでいる児童生徒が依然として存在する現状があります。
>
> 　あなたは，どの子にも基礎的な知識・技能を定着させるために，どのような授業に取り組みますか。自分の専門性を踏まえながら，授業の工夫や改善が分かるように具体的に論述しなさい。

●テーマの分析

　学習指導要領には基礎基本とされる学習内容が記載されており，すべての子どもに習得させることが求められている。この基礎とは知識や技能で身に付けさせるものであり，基本は認識や価値観で確かめ確認していくものである。つまり，基礎は土台であり，基本は基礎の上に立つ応用といえる。

　具体例で述べよう。算数の九九は基礎であり，長方形の面積は「縦×横」で求めるとするのが基本に該当する。また，小学校では「電気」を学習するが，電気の存在を知り，電気は流れるといった発見をさせるのが基礎であり，電流・電圧・抵抗などについて学ぶことが基本といえる。基礎基本を学ぶには，それぞれ考え方や学び方，学習習慣もある。そして中学校や高校になると，基礎基本はさらに拡がる。

　「基礎的な知識・技能の定着」は，当然，志望校種によって習得方法は異なるので，その点も含めて検討しなければならない。

●論点

　前文では基礎的な知識・技能とはどのようなものであり，そしてこの定着がなぜ学習の基盤となるのか。そして，この基礎的な知識・技能の定着の取り組み方について，その概略を述べる。本文は，前文の概略について具体的内容を述べる。問題文に「自分の専門性」「授業の工夫や改善がわかるように」「具体的に」とあるので，志望校種・担当教科科目を絞り，実際の場面を設定しながら書くのがよいだろう。この場合，どんな知識・技能を定着させたいのか，そのためにどんな工夫・改善をするのかについて，読み手にわかるような文章の工夫が必要だろう。場合によっては，箇条書きで書くことも考えられる。そして，最後に，このテーマに関する自分の題を取り上げ，解決するためどのような取り組みをしていくかを簡潔に述べるとよい。

【二次試験／小学校・中学校・養護】

●テーマ

　教員，1年目の初任者研修の交流会でこんな話が出されました。
　「私の学級では体験学習としてダイコンを育てています。芽が混んできたので，『育ちの悪い弱い芽を抜きましょう』と子どもたちに呼びかけました。そうしたら子どもたちが，『せっかくここまで育ててきたのに，どうして抜き取るの』と言うので，『弱い芽を摘み取ると強い芽がもっと強くなって，大きくておいしいダイコンができるのよ』と説明したら，『先生はいつも強いとか弱いとかじゃなくて，みんなが力を合わせていくことが大事と言っているのに，弱い芽を引き抜いてしまうのはかわいそう』と納得してくれません。私はもう説明ができなくてそれ以上は黙ってしまいました。今もそれを説明できなかったことが心に引っかかっています。皆さんならそうしたとき，どう対応されますか?」と問いかけがありました。
　あなたは，この問いかけに対してどう応えますか。
(論述形式は，子どもへの話し言葉になっていなくてもよい)

●テーマの分析

　子どもの論理と大人の論理の食い違いは，さまざまな場面で起きる。今回の大根栽培の「若苗の間引き」もそうだし，人間が食べていく上で魚や鳥，豚などの命が絶たれるということ。また，国によっては貧しい生活者がいるし，クラス内でさえみんな平等とはいえない，などということもあげられるだろう。疑問というのは，発達段階によって様々な形で表れ，中学生になると「なぜ人を殺してはいけないのか」といった感情的には理解していても，論理的には説明できないことについて質問してくる場合もある。
　教師は，そのいかなる質問にも答えなければならない。特に現在は「この地球は人間だけのものではない」いった国際会議も開かれてい

る。共存して生きていくために，どうしたらよいかを教える。なお，問題文では「どう応えますか」と書いてある。つまり，回答ではなく対応を問われていることにも注意したい。

●論点

前文では，地球は人間だけのものではなく，すべての動植物が共存共栄していること。一方，すべての動植物について食物連鎖が機能しており，人間も食物連鎖の一部であることを説明する。そして，食物連鎖の一部である人間としてどうしたらよいかを示す。結論を先に出すと，読み手にインパクトを与える効果が生まれる。本文では，食物連鎖があって，すべての動植物はこの地球上に生存できることを気づかせる。例えば，身の周りの生き物にも食物連鎖があること。そして，人間の生活と食べ物の関係を考えさせ，大根の苗を間引きは，弱い者をいじめるではないことを納得させる。テーマを与え，子どもたちに話させることも1つの方法であろう。なお，問題の内容から質問した子どもは小学校低学年であることが予測できるため，子どもに合った対応を心がけることはポイントの1つであろう。最終段落は，このテーマに対する自分の研修課題を取り上げるとよい。子どもに合った説明の仕方，食物連鎖をわかりやすく伝える方法などがあげられるだろう。

文章量については，本文で全体の3分の2，その他で3分の1が適当であろう。文章を構成する段階で行数を決めておくと，バランスのよい論文ができる。

【二次試験／高校・特別支援】

●テーマ

　現代は変化の激しい時代であると言われています。
　あなたは，今後10年間に，学校を取り巻く教育環境にどのような変化が生ずると考えますか。あなたが最も学校教育に影響を与えると考える変化について取り上げ，そうした変化に私たち教員はどのように対応していくべきかついて，あなた自身の考えを具体的に述べなさい。

●テーマの分析

　学校を取り巻く，教育環境の今後10年間に起こると考えられる変化をいくつか挙げてみる。まずマイナス面では，

(1)　　の進行に伴う，保護者の過保護が異状化する。

(2)　少子化により進学競争倍率の低下が顕著となり，学習意欲の低下につながる。

(3)　携帯電話やパソコンなどの機器がさらに発達普及し，「考える」機会が減る。

などである。

　一方，プラス面では，

(4)　東南アジア諸国の発展で，科学技術関係教育への志望者が多くなる。

(5)　「生きる力」育成教育の効果が見え始め，独創的な学習方法などが見られる。

などがある。

　学校は教育環境が大きく変わったとしても，集団教育の場であることに変わりはない。だが，教育内容や方法は，実態の変化に適応していくのは当然である。また，問題文にある「具体的に」という言葉は将来の予測と対応策の2点両方にかかっているので，実例に沿うよう

な形で書かなければならないことに注意したい。

●論点

　まず前文として，学校教育において，今後10年間に起こると考えられる変化を挙げる。問題文に「最も学校教育に影響を与えると考えられる変化」と書いてあるが，これといった解答はないので，自分が最も影響があると思われる変化をあげればよい。そして，その変化に教師としてどのように対応するかを書く。前文で結論を述べると，読み手の興味を引く効果が考えられる。本文では，前文で述べた教師としての対応を具体的に展開させる。もちろん，発達段階を踏まえ，「私だったらこうする」という形で述べる。最終段落は，このテーマに対する筆者自身の課題を取り上げ，解決にどう取り組むかを簡潔に述べるとよい。この点においても，具体的に書く必要がある。

　文章量については，本文で全体の3分の2，その他で3分の1が適当であろう。文章を構成する段階で行数を決めておくと，バランスのよい論文ができる。

2010年度　論作文実施問題

【小学校・中学校・養護・栄養】

●テーマ

> 岐阜県教育ビジョンの中で，岐阜県の子どもたちに育てたい力として「自立力」「共生力」「自己実現力」の三つが掲げられています。この中の「自己実現力」として，「高い志をもつこと」が述べられています。
>
> では，あなたは，「志をもつ」ことの素晴らしさについて児童生徒に分かりやすく伝えようとするとき，どんな体験を語ったりたとえ話をしたりしますか。あなた自身の経験も踏まえながら，具体的に論述しなさい。

●テーマの分析

　自己実現を辞書で調べると，自己が本来持っている真の絶対的な自我を完全に実現することとある。転じて，自分の目的や理想の実現に向けて努力して成し遂げることで，個人に内在する可能性を実現し，人格を完成していくこととある。

　「『志をもつ』ことの素晴らしさ」を語るというが，筆者自信が，本当に「素晴らしい」と考えているかである。岐阜県が掲げているからではなく，筆者の考えを述べるのである。そして，そのあとで，素晴らしいことをどのように話すかである。

　テーマが求めている「経験を踏まえて」とは，思い出話を書くのではない。筆者のこの20数年の人生経験から得たものは何か。自分の目的や理想の実現に努力する姿をどのように語るかである。自慢話をするのではない。貴重な経験をどのように伝えるかである。

語る場は，学級担任であれば多くあるが，養護教諭や栄養教諭では
ほとんどない。どのような機会にであろうか。そこにも具体的でなけ
ればならない。

●論点

前文で，なぜ自己実現に高い志を持つことが必要かを述べる。「『志
をもつ』ことの素晴らしさ」を，筆者はどのように考えているかを述
べる。このことを小学校の学級担任(あるいは中学校学級担任，養護教
諭，栄養教諭)としてどのように子どもに伝えるか，その基本的な考え
をここに示す。

本文では，前文で述べた基本的な考えを，異なる2つの視点から具
体的に述べるのである。その一つが，学級全体の学習意欲が低下した
と感じたときである。2点目は，学級の係り分担を決めるときの未経
験の分野への挑戦の重要さを語るなどである。この本文の字数は，全
体の3分の2を当てる。

最終段落は，テーマに関する筆者の研修課題を挙げ，課題解明にど
のように努力するかを簡潔に述べるとよい。子どもが夢中に聞き入る
話し方の習得などであろう。

【高校】

●テーマ

> 「教師としての優しさと厳しさ」について，あなたはどのように考
> えますか。児童生徒と具体的に関わる場面を想定して述べなさい。

●テーマの分析

「規則には厳しく，運用は弾力的に」という言葉がある。これは教育
にも，組織の運営にも必要なことである。学校という社会での生活で

あれば，様々な規則やルール，また習慣的なこともある。教師も児童生徒も，また関係する保護者もそのきまりを厳正に守らなければならない。ただ，学校という集団生活に慣れない子どもは，しばしばそのきまりを忘れてしまう。そこに教育が存在する。その教育担当者が教師なのである。その教育に「優しさ」が存在する。

　今回のテーマは，高校生に筆者ならどのように指導するかを問うているのである。高校教育でのきまりをどのように徹底させるかである。喫煙，暴力行為等にどのように対処するかである。

●論点

　前文でテーマの「教師としての優しさと厳しさ」をどのように読み取り解釈したかを述べる。高校教師としての考えをである。その解釈を，実際の指導の場面でどのように実践するのか，その回答が「規則には厳しく，運用は弾力的に」である。

　本文では，具体的な場面での指導の仕方を述べる。遅刻を繰り返す生徒，喫煙をしている生徒などの2例を示す。「私はこのような考えで，このようにする」と具体的な方策を述べるのである。評論になってはならない。この本文の字数は，全体の3分の2をあてる。

　最終段落は，テーマに関する筆者の研修課題を挙げ，課題解明にどのように努力するかを簡潔に述べるとよい。

2009年度　論作文実施問題

【全校種】

●テーマ

> 「生きがい」という概念を児童生徒に分かりやすく伝えようとするとき，あなたはどんな体験を語ったりたとえ話をしたりしますか。あなたの「生きがい」を紹介しながら具体的に論述しなさい。

●テーマの分析

　あなたは「生きがい」をどのように考えているか。そう考えた根拠は？　まず，このことをはっきりさせることである。この設問が求めているのは「具体的に論述」することである。教員採用試験論文での具体的とは，授業などでどのように活かすかのことで，単なる思い出話を記述することではない。思い出話では，「物語として聞いた」で終わってしまい，児童生徒の「生きがい」には何の影響も与えないであろう。

　体験として「ベトナムでのボランティア活動」があり，そこで見た子どもの笑顔が教職に就く夢を育み，現在の「生きがい」となった人もあろう。このことを近未来に教師として志望校種で，どのように活かすかなのである。ベトナムで得たものは何であり，日本での授業をどのようにするかである。この「生きがい」とは，教育と関係あるとは限らないのは当然である。

●論点

　まず前文で，あなたの「生きがい」を紹介する。「生きがい」がなぜ必要かを述べ，あなたは教師としてこの「生きがい」をどのように

活かすかを結論として示す。

　本文では，前文で示した結論を具体的に2例で説明する。志望校種の子の発達段階をふまえることは当然である。小学生と高校生とが同じ指導ということはあり得ないからである。それはキャリア教育として扱うこともあろう。また子どもがつまずいたとき，励ましとして取り上げることもあろう。あなた自身の体験も，活かすことによって価値あるものとなるのである。

　最終段落は，この設問に関するあなた自身の研修課題を挙げる。その課題解明にどのように取り組むかを簡潔に述べるのである。体験したことは様々あるだろうが，それらの教材化となると十分とは言い難いなどである。

2008年度　論作文実施問題

【全校種】

●テーマ

　魅力ある教師，信頼できる教師とはどのような教師であると考えるか。また，そのためにどのような努力をしていくか。

●テーマの分析

　魅力がある教師とは子どもを惹きつけるだけではない。惹きつけて学習を夢中にさせるのである。そこには能動的な学習が加わらなければならない。信頼は相互の信頼意識があってはじめて抱くものであって，一方通行的なものではない。そのためにはどうしたらよいかということになろう。これらの教師像は人間性のものともいえるが，教師である以上は授業という知識能力を欠くことはできない。魅力とは引きつけて夢中にさせることであり，信頼は任せておけることである。そのような両者を併せた教師像を考えることはできないであろうか。

●論点

　テーマは「魅力ある教師，信頼できる教師とは」と問うている。まずこれの定義付けをする。と同時に，なぜこのような教師が求められるかを述べる。さらにこの教師像に近づくための，書き手(受験者)の努力を結論として述べる。本文では書き手の努力を具体的に述べる。その際に，対象の子どもの校種を明らかにし，子どもの対応した教師像とする。魅力ある教師像と信頼できる教師像を分けて述べるのもよいし，両者を併せた教師像を異なった面から具体的に述べるのもよい。異なった面とは教科科目の授業と総合的学習などとするのである。こ

の本文に当てる字数は全体の3分の2程度とする。最終段落では，この
テーマに関係ある己の研修課題を述べるとよい。子どもが満足する授
業ができるかとの不安の解消などである。課題解明への姿勢を述べる
のである。

2007年度　論作文実施問題

【全校種】

●テーマ

　岐阜の求める教師像を3つあげ，それについてあなたの考えを述べよ。

●テーマの分析

　月刊教職課程14年6月号に，岐阜県が望んでいる教師像として，次の3点が記載されてある。

①明るくて，豊かな人間性を持つ人

②積極的な行動とねばり強さを持つ人

③子どもと共に生活することを喜びに感じられる人

　岐阜県教育委員会のホームページでは，上記の理想像の記載を見いだすことはできなかった。だが，18年度の基本方針の第1項に「一人ひとりの児童生徒が才能を伸ばすことができる教育の推進」がある。そこに，学校教育の果たすべき役割として，次の記述がある。

○すべての児童生徒が確かな学力を身に付けるとともに，情報化・国際化・技術革新等が進展する社会において，自立して生きて行くことができる力をしっかりと育てることである。

　さらに，「そのため」として次の記述がある。

○「人間性豊かで誰からも信頼される教員」を目指した教職員の資質向上によって，質の高い教育を提供することが重要である。一人ひとりに応じたきめ細かな指導を行うことにより，子どもたちがやる気と自信を持って，基礎的・基本的学力を確実に身に付けるとに，実践的な学習の機会を提供するなど多様な学びの中で，「感動」や

「喜び」を体験したり，また，それぞれのよさに気づき，才能を伸ばしていける教育を進める。

●論点

　前文(字数は全体の6分の1程度)で，求めている教師像を3点挙げる。その理由は「学校の果たすべき役割」を参考にして述べることができる。

　本文(字数は全体の3分の2)では，書き手(受験者)は3点の理想像に，いかに近づく努力をするかを具体的に述べる。そのためには志望校種の子とどう向き合うかである。2例を挙げる。教科科目の授業と道徳や総合的学習などであろう。テーマは「考えを述べよ」であるが，この考えとは，「どのように努力するか」との考えである。

　結文(字数は全体の6分の1程度)で，書き手自身のこのテーマに関する研修課題をどう解明するかを述べる。

【高・特】

●テーマ

　現代の教員に求められる資質をいくつか挙げ，その必要性をあなたの経験に基づいて具体的に述べなさい。

●テーマの分析

　「新しい時代の義務教育を創造する」(平成17年10月26日　中央教育審議会答申)の中で，教師に対する揺るぎない信頼を確立するための「あるべき教師像」として，「子どもたちや保護者はもとより，広く社会から尊敬され，信頼される質の高い教師を養成・確保することが不可欠である」とある。そして「優れた教師の条件」として「教職に対する強い情熱」「教育の専門家としての確かな力量」「総合的な人間力」

の三つの要素をあげている。

「教職に対する強い情熱」では仕事に対する使命感や誇り，子どもに対する愛情や責任感，それに教師の学び続ける向上心とある。「確かな力量」とは子ども理解力，児童生徒指導力，集団指導の力，学級作りの力，学習指導・授業作りの力，教材解釈の力などとある。「総合的な人間力」としては，豊かな人間性や社会性，常識と教養，対人関係力，人格的資質とある。また教職員全体との協力も挙げている。

テーマは「求められる資質を複数挙げ」とある。また「経験に基づいて」とあるが経験談を述べるのではなく，具体的に述べる中に経験を活かすのである。

●論点

前文ではまず，求められる資質を複数挙げる。なぜそれらを挙げたか，基本的な考えを述べる。例えば「学習指導力」と「豊かな人間性」とする。

本文では高校教育においてはどうしても「学習指導力」が備わっていなければならないかを，経験を基に具体的に述べる。「豊かな人間性」についても同様である。高校生は小中学生とは異なるところをはっきりさせる。

結文では，このテーマに関するあなたの研修課題を挙げる。そして課題解明にどう努力するかを簡潔に述べる。今日の高校生は多様化している。その中で「豊かな人間性」をとしても自信はないであろう。どのように努力するかを述べるとよい。

前文と本文，それに結文の字数配分は，1：4：1程度が妥当である。

2006年度　論作文実施問題

【全校種】

●テーマ

> 「一人ひとりの児童生徒に応じた指導」が重要とされています。そこで，その指導を展開する上で大切にしなければならない視点を3つ示し，その背景となるあなたの考えを具体的に述べなさい。

●テーマの分析

　学校は集団教育の場である。その学校でわれら教師は，児童生徒一人一人の無限の可能性を信じて個に応じた指導を展開する。その際に重要とされる視点を，このテーマは問うている。ただし，テーマは個に応ずるであるが，個性は本人が生涯を通して発掘し伸長するもので，教師が一方的に決め付けるようなことがあってはならない。視点をいくつか列挙する。

① 個々の児童生徒が，今何を考えているかを的確に読み取っていく。

② それぞれの発達段階の特質が理解できていなければならない。

③ それぞれの児童生徒に合った対応の仕方を心得ていなければならない。

④ 指導とは「生きる力」の育成であって，教師の一方的な決め付けではない。

⑤ 集団教育の中での個の生かし方を心得ていなければならない。

●論点

　前文(字数は全体の6分の1程度)で個に応じた指導の必要性を述べる。と同時に指導上の重要視点を3点挙げる。またなぜこの3点かの理由を

160

簡潔に述べる。

　本文(字数は全体の3分の2程度)では，3点それぞれ具体策を述べる。だがこの論文は教員採用試験で課されるので，評論であってはならない。「私ならこのような考えで，このように指導をする」と述べる。起承転結の承と転が本文である.

　結文(字数は全体の6分の1程度)の最終段落では，このテーマに関する自己研修課題をあげる。教員の卵であれば研修課題は多く存在するであろう。残された時間をいかに利用して研修するかを述べるとよい。

2005年度　論作文実施問題

【小中】

●テーマ

> あなたが学級担任をもつとしたら，どのような学級目標を掲げますか。その目標に向かってどのような取り組みをしていきますか。具体的に述べなさい。

●テーマの分析

　学級目標となると，発達段階をよく見極めなければならない。たとえ小学校であっても低学年と高学年では大きく異なるであろう。中学校での1学年と3学年では違ってくる。また学級担任の思いだけで目標を設定するわけにはいかないであろう。この2点をいかに加味するかである。

●論点

　前文(全体の6分の1程度の字数)では，まず学級目標の必要性を述べる。また目標を設定する際に「私はこのような点に配慮する」という，担任としての信念をはっきりさせる。校種学年を特定し，学級目標を述べる。その理由も簡潔に明らかにする。

　本文(全体の3分の2程度の字数)では前文で明らかにした目標の達成のために何をするかを述べる。本文は起承転結の承と転である。承では「即刻叱る」を取り上げる。叱るタイミングを逸しては，児童はなぜ叱られているかの理解ができないであろう。転では別室に呼んで，話し合いの中で叱るのである。なぜいけないのかをきちんと教えるのである。

結文(全体の6分の1程度の字数)は己の評価をするとよい。相手の発達段階によって叱り方は異なる。教師として未熟であれば，その心得を十分理解しているといはいえない。今後どのように児童理解に努めるかである。決意表明ではなく，何をするかを述べるのである。

【高特】

●テーマ

子どもと接するときに一番大切だと思うことは何か。また，その理由を体験を踏まえて述べよ。

●テーマの分析

「一番大切だと思うこと」は書き手の個人差が大きい。ということは読み手を納得させる理由がはっきりしていれば，何を挙げてもよいといえる。その理由は体験と結びつけて述べるのである。だが，高校教育の基本理念は「自立」である。しかも周辺人といわれていることを考えての配慮が必要である。特別教育学校児童生徒では，個の実態把握がなければならない。「個別の教育支援計画」等がある。一般的に言っても，自信喪失により他人を頼りがちになり，狭い世界に入りがちで考えが暗くなる。このことをふまえての接しかたである。

●論点

前文(全体の6分の1程度の字数)では，まず志望校種を明らかにし，その特殊性をどのようにとらえるかを述べる。特に特別教育学校児童生徒の場合は，個別の教育支援計画等をふまえての関わり方を考えるのである。その理由を体験と結びつけて述べる。

本文(全体の3分の2程度の字数)では，前文で明らかにしたことの具体的な取り組み方を述べる。本文は起承転結の承と転で，2つの具体

策を挙げる。承では高校生相手であるなら，大人としての接し方である。転ではまだ未熟者として「きちんと教える」などである。

結文(全体の6分の1程度の字数)は己の評価をするとよい。教師として未熟であれば，体験一つ一つが貴重な教えである。子どもたちに教えてもらうのである。今後どのように学んでいくかを，決意表明ではなく何をするかで述べるのである。

2003年度　論作文実施問題

【全校種】

●テーマ

「自分の生き方で大切にしたいことを体験をふまえて簡潔に述べよ。それを分かりやすく児童(生徒)に指導する際に重要であると思われることをのべなさい。

●テーマの分析

　このテーマは，あなたの生き方の哲学を問うている。そして「体験」は，あなたの哲学の根拠である。だが，あなたは哲学といえるようなものをはっきりとつかんでいるとは限らない。持っていないとしたら「なぜ教職に就こうというのか。その理由は？」と問われたとして，その回答を考えるとよい。教育専門職としての教職に就こうと決めたその理由があるはずである。あなたは生涯をこれに賭けたのであろう。テーマは「自分の生き方で大切にしたいこと」である。「大切にしたいこと」とは何か。教職に就いたあと，何を大切にするというのか。教員採用試験を受けようとしている今，以上のことをはっきりとさせておくことは，論作文はもとより面接試験に対する信念づくりとしても大切なことである。

●論点

　前文の冒頭では「私の生き方」を述べる。これはあなたの信念である。次にこの信念を支えるものは何かを述べる。そしてその信念の構築に関わる経験を述べる。
　本文はあなたの信念及び信念を支えるもの，これを児童生徒の教育

にどのように活かすかである。ここに来たら校種を明らかにし，子どもの発達段階に合わせた教育方法を述べるのである。

　本文は「起承転結」の「承」と「転」である。「承」では道徳の授業での活用であれば「転」では特別活動の授業の中での活かし方を述べるのもよい。また問題行動を起こしたりいじめにあったりして落ち込んでいるときに励ますのが「承」であれば，自分を見失ったり個性の発掘に行き詰まったりしたとき，アドバイスとして述べるのもよいであろう。テーマの「重要であると思われること」とは，誰もが苦しみもがいて立ち上がっているという励ましであり，話をするタイミングである。

　誰もが今日に至るまでには様々な経験をしている。その貴重な経験を子どもの発達段階を十分考慮しての活かし方を考えなければならない。はたしてあなたは子どもの発達段階を考慮する資質能力を備えているであろうか。その課題について謙虚に述べるのが結文である。

面接試験　実施問題

2024年度

◆集団面接(1次試験)
※今年度より，集団面接は廃止。

◆適性試験(2次試験)　10～15分程度
※2次試験前までに，各自Webで行い，個人面接の参考資料とする。
【検査内容】
□1つの問いに対して2択で出され，近い方を選ぶもの。
□制限時間なし。
□計36問。

◆模擬授業・実技試験(2次試験)
▼小学校教諭
【課題】
□個別に指導する場面において，児童の学習状況を把握しながら，数学的に考える資質・能力の育成につながるように指導を行う。
〈内容〉
(1)　教科：算数
(2)　単元名：たし算とひき算
(3)　授業の内容：あなたは小学校2年生の算数を担当しています。「A数と計算　(2)加法，減法　(エ)加法と減法の相互関係の問題として，児童が次の問題に取り組んでいます。

<もんだい>

きのう ペットボトルを １８本 あつめました。

今日も 何本か あつめました。

合わせて ２７本に なりました。

今日は 何本 あつめましたか。

(4) 指導の場面：A児が，「学しゅうプリント」に，自分の考えを以下のようにまとめました。A児の学習状況を把握しながら，個別指導をしなさい。

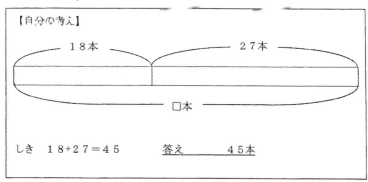

〈実施方法〉

(1) 受験者が模擬授業を行う時間は4分以内とする。

(2) 入室後，別紙の「学しゅうプリント」が置かれた机の前に立ち，受験番号を言う。試験委員の「はじめてください」の合図で，模擬授業を開始する。

(3) 4分以内で模擬授業を行った後，試験委員が，模擬授業について質問をする。

(4) 受験者はその質問に答える。

(5) 黒板や大型モニター等，試験会場にある備品は使用できない。

(6) 持ち込み可能なものは，児童の個別指導をするために必要なものとする。(受験者自身が必要とするものを持ち込んでよい。) 持ち込

んだものを準備する時間も模擬授業の時間の中に含まれる。

(7)　2次試験前までに作成したメモを見ながら，授業を行っても構わない。

【メモについて】

・メモのサイズや量は問わない。

・授業案，口述原稿など，模擬授業に必要な内容を自由に書いてもよい。

・本や教材などをコピーしたものでも可。

---

(8)　試験会場には，別紙の「学しゅうプリント」のみ準備している。

(9)　その場に児童がいると想定して模擬授業を行う。模擬授業中は，試験委員とのやり取りは一切できない。

(10)　別紙の「学しゅうプリント」に書き込みながら模擬授業を行ってもよい。書き込む筆記用具は各自持参する。

(11)　模擬授業終了後，別紙の「学しゅうプリント」は各自持ち帰る。

＜もんだい＞

きのう　ペットボトルを　１８本　あつめました。

今日も　何本か　あつめました。

合わせて　２７本に　なりました。

今日は　何本　あつめましたか。

【自分の考え】

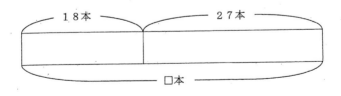

しき　１８＋２７＝４５　　　　　答え　　　　４５本

169

▼中学国語
【課題1】
□中学校第一学年において，書写の指導をするとき，下記の資質・能
　力を育成するための授業を構想し，本時の導入の模擬授業を行う。

【育成を目指す資質・能力】
・漢字の行書の基礎的な書き方を理解して，身近な文字を行書
　で書くこと。
〔知識及び技能〕(3)ア(イ)

【課題2】
□下記の単元を指導するに当たり，単元の導入を模擬授業として行う。
□その際，「単元の目標」を踏まえ，資質・能力を育成するために効
　果的な言語活動を設定して提示すること。

単元名　　第2学年　表現を工夫して書こう　　(全3時間)
単元の目標
・　敬語の働きについて理解し，話や文章の中で使うこと
　ができる。
〔知識及び技能〕(1)カ
・　根拠の適切さを考えて説明や具体例を加えたり，表現
　の効果を考えて描写したりするなど，自分の考えが伝わ
　る文章になるように工夫することができる。
〔思考力，判断力，表現力等〕B(1)ウ
・　言葉がもつ価値を認識するとともに，読書を生活に役
　立て，我が国の言語文化を大切にして，思いや考えを伝
　え合おうとする。　　　　　　「学びに向かう力，人間性等」

〈実施方法〉
(1)　説明会場にて，模擬授業の説明を受ける。その後，試験会場へ移
　　動し，模擬授業を行う。

(2) 模擬授業①②は，それぞれ入室から退出まで約8分間で行う。そのうち，受験者が模擬授業を行う時間は5分以内とする。

入室後，指定された位置に立ち，志願種別と受験番号を言う。試験委員の「はじめてください」の合図で，模擬授業を開始する。

(3) 掲示物等の提示や黒板への記入等は行わず，口頭のみの模擬授業とする。掲示物や書写に活用する道具，板書等，あるものと想定して模擬授業を行っても構わない。

(4) 持ち込み可能なものは，2次試験前に準備したメモ(A4サイズ1枚)のみとする。

2次試験当日までにメモを作成して，メモを見ながら授業を行っても構わない。

メモは評価の対象とはしない。提出は不要とする。

```
【メモについて】
・A4サイズ1枚(両面使用可)とする。
・授業案，口述原稿など，模擬授業に必要な内容を自由に書い
 てよい。
・本や教材などをコピーしたものでも可。
・メモを道具(教材)と見立てて示したり，黒板等に掲示したりす
 ることはできない。
```

(5) 模擬授業①②では，試験委員を生徒と想定して模擬授業を行う。ただし，試験委員とのやり取りは一切できない。

▼中学社会
【課題】
□模擬授業については，対象学年を中学校第3学年と想定し，1単位時間の授業の導入場面を5分間で行う。
□中学校社会科公民的分野の内容の「B　私たちと経済」における，「(2)国民の生活と政府の役割」について，教科書「新しい社会　公民」p.162～p.169(東京書籍)の中から1ページ以上の内容を選択して模擬授業を行う。

〈実施方法〉

(1) 試験官から指示があった後，黒板前に移動し，模擬授業を始める前に，該当の教科書のページを口頭で伝える。

(2) 同じグループの他の受験者を生徒に見立て，実際にやり取りをしながら授業を進める。

(3) ICT機器やその他の教具等は，実際には使用しないが，教室に準備されていることを想定して模擬授業を行ってもよい。

【教室に想定されているICT機器やその他の教具等】
・ 生徒用ICT端末(1人1台のタブレット端末)
・ 教師用ICT端末(1台のタブレット端末)
・ 大型提示装置
・ 実物投影機
・ 地図
・ 地球儀
・ 年表

---

(4) 必要に応じて黒板を使用してもよい。チョークは用意してあるものを使用する。

(5) 教科書やメモ(2次試験前に準備した授業構想を記したメモ)，中学校学習指導要領解説社会科編を試験会場に持ち込んでもよい。このメモを見ながら模擬授業を行っても構わない。

(6) このメモの内容は試験の評価の対象とはしない。提出は不要とする。

【メモについて】
・A4サイズ1枚(両面使用可)とする。
・授業案，口述原稿など，模擬授業に必要な内容を自由に書いてよい。
・メモを教材や資料と見立てて示したり，黒板等に掲示したりすることはできない。

---

(7)　模擬授業を終えた時点で，試験官に「以上です。」と伝える。

▼中学数学
【課題1】
〈概要〉

　個別に指導する場面において，生徒の学習状況を把握しながら，数学的に考える資質・能力の育成につながるよう指導を行う。

□あなたは，中学校第2学年の数学科・教科担任です。「平行と合同」の単元の授業で，「平行線と角」の問題として，生徒が次の〈問題〉に取り組んでいます。

〈問題〉

　下の図で，$\ell /\!/ m$のとき，$\angle x$の大きさを求めなさい。

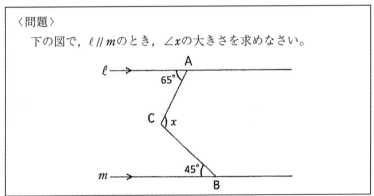

　ある生徒が，点Cを通り，ℓとmに平行な直線nをひいて，$\angle x$の大きさを求めました。個人追究の時間は，残り4分間あります。この生徒の学習状況を把握しながら，個別指導をしなさい。

※この生徒がどのように考えようとしているかは，指導構想を練る時間に分かります。

【課題2】
〈概要〉

　学級全体を指導する場面において，「四分位範囲や箱ひげ図の必要性と意味」について，具体的な値をもとに留意点を踏まえながら指導

を行う。

□あなたは，中学校第2学年の数学科教科担任です。

教室にいる中学校第2学年のある学級の生徒全員が，「D　データの活用(1)データの分布」の学習に取り組んでいます。

本時は，単元の最後の授業時間で，「四分位範囲や箱ひげ図の必要性と意味」を復習する場面です。

「四分位範囲や箱ひげ図の必要性と意味」について，次のような中学2年生男子ハンドボール投げの記録をもとに，B中学校の箱ひげ図をかいて具体的に全体指導をしなさい。

【中学2年生男子ハンドボール投げの記録(単位：m)】

	①	②	③	④	⑤	⑥	⑦	⑧	⑨	⑩
A中学校	14	16	17	19	21	21	26	26	29	
B中学校										

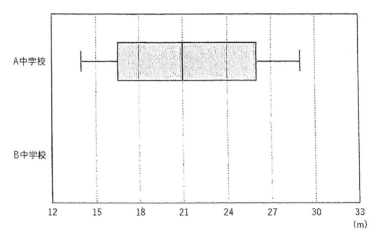

※B中学校の記録については，指導構想を練る時間に分かります。

〈実施方法〉

(1)　控室で「5分間」指導構想を練る。その後，試験会場に移動し，「4分間」で模擬授業を行う。

(2)　構想を練る際は，控室に準備された教科書(模擬授業Ⅰ及び模擬

授業Ⅱ)や学習指導要領解説数学編(模擬授業Ⅱ)を使用してもよい。

(3) 構想を練る際は，メモをとることができる。試験会場に持ち込むことができるのは，このメモのみとする。

(4) 試験会場にある教科書や黒板は，必要に応じて使用可能である。

(5) 模擬授業Ⅰでは，試験委員を生徒と想定して，生徒の学習状況に応じて個別指導を行う。個別指導の中で，試験委員とやり取りができる。

(6) 模擬授業Ⅱでは，試験委員を学級の生徒と想定して全体指導を行う。全体指導の中で，試験委員とのやり取りは一切できない。

▼中学理科

【課題1】

□実験の方法や見通し等について教室全体の生徒へ指導する場面

・試験当日に黒板に示された掲示物(別紙1)を参考にしながら，生徒の「予想」を確かめる実験の方法や見通し等について，生徒が目の前にいることとして指導を行う。ただし，必要な安全指導も行う。

(別紙1)

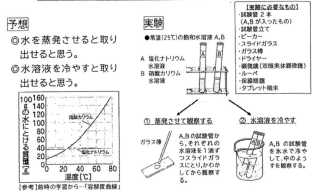

【課題2】

□実験後に生徒の書いているノートを見ながら，個別に指導する場面

・試験当日に黒板に示された掲示物(別紙2)の内容により授業内容を把
握した上で，机上にある生徒のノート(別紙3)を見ながら，「結果」
と「考察」について，その生徒が目の前にいることとして個別指導
を行う。

（別紙2）

課題 同じ気温なのに霧が発生した日としなかった日があるのはなぜか。

予想

◎ 空気中に含まれる水蒸気の量が関係して
いると思う。

◎ 湿度が高い方が，霧が出やすいと思う。

（理由）玄関のドアを開けてもくもらないのに，風呂に
入ったあと風呂場の窓を開けると白くくもるから。

（理由）寒い日に，ハーッと息を吐くと息が白くくもる
のは，吐く息が湿っているからだと思うから。

実験

【参考】飽和水蒸気量と露点との関係

金属製のコップに，くみおきの水を
3分の1ほど入れ，初めの水温をはか
る。
　この中に氷水を少し加えてかき混
ぜ，コップの表面の様子を観察する。
この操作を繰り返す。
　水滴が付き始めた温度を記録する。

結果

前回　11月2日　午前10時
　　　天気：晴れ
　　　場所：理科室
　　　理科室の室温：20.5℃
　　　理科室の湿度：61.8%

	1班	2班	3班	4班
初めの水温	20.0℃	20.5℃	20.5℃	20.5℃
水滴が付き始めた温度	13.0℃	12.5℃	12.0℃	12.0℃

今回　11月5日　午前10時
　　　天気：雨
　　　場所：理科室
　　　理科室の室温：20.0℃
　　　理科室の湿度：86.2%

	1班	2班	3班	4班
初めの水温	20.0℃	20.0℃	20.0℃	19.5℃
水滴が付き始めた温度	17.0℃	17.5℃	17.5℃	17.0℃

生徒のノート（4班に所属）　　　　　　　（別紙3）

課題

同じ気温なのに霧が発生した日としなかった日があるのはなぜか。

予想　・霧の発生には湿度が関係していると思う。

結果

① 前回（11月2日）室温20.5℃ 湿度61.8%

	1回目	2回目	3回目	平均
水滴が付き始めた温度	12.5℃	11.5℃	12.0℃	12.0℃

今回（11月5日）室温20.0℃ 湿度86.2%

	1回目	2回目	3回目	平均
水滴が付き始めた温度	17.5℃	16.5℃	17.0℃	17.0℃

考察　・湿度が高い日のほうが、露点が高いことがわかった。
　　　　　・11月5日の方が霧が発生しやすいと思う。

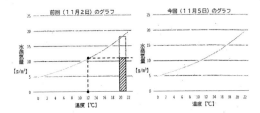

〈留意事項〉

・(1)の模擬授業では，「飽和水溶液」「溶解度」「溶解度曲線」の用語は，前時までの授業で学習しているものと想定する。また，この実験は，グループで行うことを想定している。

・(2)の模擬授業では，「凝結」「露点」「飽和水蒸気量」の用語は，前時までの授業で指導済みであると想定する。また，前時は，乾燥した晴れの日で，生徒は露点を調べる実験を行っており，飽和水蒸気量のグラフも取り上げているものとする。

・(1)(2)について，2次試験前に作成した構想メモのみ持ち込み可能とする。当日までに，指導構想を立案し，模擬授業に備えること。

〈実施方法〉

(1) 模擬授業1・2は，入室から退出までそれぞれ約6分間で行う。そのうち，受験者が模擬授業を行うことができる時間は4分以内とする。

・入室後，指定された位置に立ち，受験番号を言う。

・指示書に目を通す。その後指示に従い，2分間で問題(8／3に公開されている内容)を確認し，生徒への指導に備える。(2次試験前に作成した構想メモを使用してもよい。)

・2分が経過した後，試験委員が「始め」の合図を行う。合図の後，4分間で模擬授業を行う。

・模擬授業を終えた時点で，試験官に「以上です。」と伝える。

(2) 掲示物や黒板への記入等は行わず，口頭のみの模擬授業とする。

(3) 筆記用具の他に持ち込み可能なものは，2次試験前に作成した構想メモのみとする。

・構想メモを見ながら，模擬授業を行っても構わない。

・構想メモの内容は試験の評価の対象とはしない。提出は不要とする。

【構想メモについて】

・A4サイズ1枚(両面使用可)とする。

・授業案，口述原稿など，模擬授業に必要な内容を自由に書いてよい。

・構想メモを道具(教材)と見立てて示したり，黒板等に掲示したりすることはできない。

(4) 試験委員と生徒と想定して模擬授業を行う。ただし，試験委員とのやり取りは一切できない。

(5) 模擬授業の服装について，白衣等は必要ない。

▼中学英語
【課題1】

□言語材料の導入場面の模擬授業(受験者が1人ずつ入室して模擬授業を行う。)

〈試験内容〉

　中学校3年生を対象とした授業を想定する。現在完了形(経験用法)を初めて学習する導入場面を想定して，模擬授業を行う。「文法はコミュニケーションを支えるものであること」を踏まえた言語活動を工夫すること。

	準備会場	模擬授業会場
行うこと	・模擬授業で提示する課題を八つ切り画用紙に書く。課題は一単位時間の課題でも、単元の課題でもよい。	・入室後、黒板に課題を掲示する。 ・その後、実際の授業場面を想定して模擬授業を行う。
時間	・8分間	・8分間
持ち込めるもの	・2次試験前に作成した※メモ	・準備会場にて作成した「課題を書いた」八つ切り画用紙
会場にあるもの（使用してよいもの）	・八つ切り画用紙 ・水性マジック（黒、青、赤） ・鉛筆、消しゴム	・黒板 ・棒磁石（課題を掲示するために使用） ・チョーク（白、赤、黄）、黒板消し ・水性マジック（黒、青、赤）
その他	【※メモについて】 ・A4サイズ1枚（両面使用可）とする。 ・指導案、口述原稿など、模擬授業に必要な内容を自由に書いてもよい。 ・メモは評価の対象としない。提出は不要とする。 ・模擬授業の際は、持ち込めない。	・試験委員を生徒と想定して、問いかけたり価値付けたりしてもよい。ただし、試験委員とのやり取りは一切できない。
	・電子機器（タブレットやスマートフォン等）の使用は不可とする。	

【課題2】

□英語教育等に関する英語の質問に対する即答(受験者3人ずつが入室して試験を行う。)

・ネイティブスピーカーが英語で質問と指示をする。その指示に従って英語で回答する。(8分間)

〈試験の流れ〉

・待機場所→準備会場にて準備→模擬授業会場にて【試験1】→英語での面接会場にて【試験2】→終了

▼中学音楽

【課題1】

□共通教材のピアノによる弾き歌い(1番のみ)

□課題曲：共通教材「浜辺の歌」(作詞：林　古溪　作曲：成田　為三)

□持ち物：課題曲の楽譜

【課題2】

□中学3年生を対象に，歌詞の内容と旋律や強弱との関わりに着目し，曲にふさわしい歌唱表現を創意工夫する本時の導入の模擬授業(7分間)

□教材曲：共通教材「花」(作詞：武島　羽衣　作曲：滝　廉太郎)

　　　　　※主旋律を扱うこととする。

□持ち物：構想メモ(A4サイズ1枚)のみ持ち込み可能

〈課題2の実施方法〉

(1)　入室から退室までを約10分間で行う。そのうち，受験者が模擬授業を行う時間は7分間とする。入室後，受験票を試験委員に提出し，各自のタイミングで模擬授業を開始する。

(2)　模擬授業で使用できるものは次の通りとする。構想メモ以外は，全て試験会場に設置されているため，使いやすい位置に動かす等，準備を整えてから模擬授業を開始する。掲示物があるものと想定して進めても構わない。

　・3学年分の教科書

　・ピアノ

　・譜面台

　・黒板

　・チョーク(白・黄・赤)

　・構想メモ(A4サイズ1枚)

(3)　構想メモ(A4サイズ1枚)のみ持ち込み可能とする。授業構想を当日までに立案し，試験に臨むこと。構想メモは，模擬授業の中で提示する等，教材，教具として使用することはできない。

(4)　試験委員を生徒と想定して模擬授業を行う。ただし，試験委員と

のやり取りは一切できない。

▼中学美術

〈全体の概要〉

(1) 【課題1】および【課題2】を行う。

(2) 【課題1】実施の途中，指定された時間帯に【課題2】を実施する。

【課題1】実技

□当日提示される課題を基に，自画像絵画を制作する。鉛筆と水彩絵
　の具を使って，写実的に描く。

〈実施方法〉

(1) 製作時間は3時間とする。

(2) 美術室(水道あり)で実施する。

(3) 以下の会場備品①〜③を使用し，絵画作品として提出する。作品
　は返却しない。

　① 制作のための画用紙(八つ切り大)

　② アイデアスケッチ用紙(A4上質紙)

　③ 作品票用紙

(4) 受験者が準備するもの

　・制作に必要なもの

　　　スケッチにふさわしい鉛筆，カッターナイフ(鉛筆削り用)，使
　　用済み封筒(ゴミ入れ)，消しゴム，手鏡，水彩絵の具用具一式，
　　(水彩絵の具，筆，パレット，筆洗，雑巾等)

　・作品票作成に必要なもの

　　　はさみ，糊

【課題2】模擬授業

□学年：第2学年

□題材名：ピクトグラム

　A表現(1)イ(イ)，(2)ア(ア)(イ)，B鑑賞(1)ア(イ)，〔共通事項〕(1)アイ

□概要：指定した題材について，題材第一時の授業の導入を模擬授業
　として行う。

〈実施方法〉

別室にて，10分間を模擬授業準備の時間とする。

(1)　模擬授業として使用できるものは，以下の会場備品①〜⑥および課題Ⅰの「3 (4) 受験者が準備するもの」のみとする。模擬授業終了後，作成した資料は持ち帰る。

　①　教科書(※加工はしない)

　②　授業案や資料を作成するためのA 4上質紙

　③　提示資料等を作成するための八つ切り，四つ切り画用紙

　④　提示資料を黒板に貼るためのマグネット

　⑤　黒板，チョーク，黒板消し

　⑥　水性サインペン(黒，赤，青)

(2)　模擬授業は，入室でスタートし7分でチャイムが鳴り，そこで終了とする。

(3)　生徒を想像し，意見や感想を求めながら対話を通して模擬授業を行う。ただし，試験委員とのやり取りは一切できない。

▼中学保体

【課題1】必須種目「ダンス」

□3分程度の現代的なリズムに合わせて即興でダンスを踊る。

【課題2】模擬授業「陸上競技　ハードル走」

□授業概要：授業構想を試験当日までに立案し，授業の導入を模擬授業として行う。

□課題：『スピードに乗ったハードリングをするために，遠くから踏み切り，勢いよくまたぎ越すように走ろう』

□想定：生徒は，小学校にて既にハードル走の学習を行っている。実態は，第1ハードルを勢いよくまたぎ越すことができればタイムが縮まることは知っている。本時は，第1ハードルを勢いよくまたぎ越すために，遠くから踏み切ることに重点をおく。

□評価の観点：教師(受験者)の指導内容(示範時における見る視点に関する説明，課題に準じたハードル走の技術のポイントに関する説明，

課題に準じた練習方法)と姿勢・態度の2観点を評価する。

□指導方法：(見る視点，技術ポイント，練習方法)に関する説明は，口頭で行う。

〈課題2の実施方法〉

(1)　入場から退場まで約5分間で行う，そのうち，受験者が模擬授業を行う時間は3分以内とする。

　　入室後，指定された位置に立ち，受験番号を言う。試験委員の「はじめてください」の合図で，模擬授業を開始する。当日は，練習等を行う時間を1分間設ける。その後，模擬授業(示範を含む)を3分で行う。3分経過した場合は，途中でも終了とする。

(2)　各会場にはハードルが1台準備されているので，使用しても構わない。

(3)　晴天時は運動場で試験を行うため，示範を見せられるとよい。雨天の場合は，ハードルを使ってゆっくり見せる等工夫する。

(4)　掲示物や黒板への記入等は行わない。掲示物があったり，黒板に書いてあったりするものと想定して模擬授業を行っても構わない。

(5)　模擬授業(3分)の流れは，特に定めない。受験者が考え，時間内に終わるようにすること。

(6)　持ち込み可能なものは，2次試験前に準備したメモ(A4サイズ1枚)のみとする。

　　メモを見ながら授業を行っても構わない。

　　メモは評価の対象とはしない。提出は不要とする。

【メモについて】

・A4サイズ1枚(両面使用可)とする。

・授業案，口述原稿など，模擬授業に必要な内容を自由に書いてよい。

・本や教材などをコピーしたものでも可。

・メモを道具(教材)と見立てて示したり，黒板等に掲示したりすることはできない。

---

(7) 試験委員を児童と想定して模擬授業を行う。ただし，試験委員とのやり取りは一切できない。

(8) 模擬授業で使用できるものは以下のものである。

ハードル1台

【課題3】選択種目(バレーボール，バスケットボール，サッカーから1種目選択)

・バレーボール………………基本的なパス，スパイク，ボディーコントロール

・バスケットボール…………基本的なパス，ドリブル，シュート，ボディーコントロール

・サッカー……………………基本的なパス，ドリブル，シュート，ボディーコントロール

〈持ち物〉

・試験に適した動きやすい服装，シューズ(体育館用と運動場用)を準備する。

・試験を受ける際の上衣には，胸及び背中に受験番号を記載した白布(縦15cm×横25cm)を縫いつける。

・『中学校保健体育実技試験選択種目調査票』を事前にHPからダウンロードし，必要事項を記入のうえ，2次試験初日の8月16日(水)に，受付で提出する。

・2次試験前に準備した模擬授業で使うメモを持参してもよい。

〈体育実技を受験できない者について〉

・身体障がい又は健康上の理由等により，体育実技を受験できない者は，8月8日(火)までに採用担当に連絡するとともに，当日試験本部まで必ず申し出ること。なお，その理由を証明するものを提示すること。

▼中学技術

【課題1】

□エネルギー変換の技術について，作業を伴った模擬授業

・電気エネルギーを主とした機器の組立て

・組み立てた機器を用いての示範作業

〈想定〉

(1)　生徒の実態は次のとおりとする。

・中学2年生の生徒である(理科で電気に関する学習は終えている)。

・生徒全員が，前時までに，取り扱う機器の各部の名称については学習しているが，それを授業で使用した経験はない。

・前時までに，示範作業で見せる作業の意味については学習済みである。

(2)　この授業の評価の中心観点は「知識・技能」であることに留意する。

(3)　安全への配慮も含めて指導する。

(4)　模擬授業の時間は「5分間」とする。

【課題2】

□情報の技術についての模擬授業…著作権についての指導

〈想定〉

(1)　題材は「ネットワークを利用した双方向性のあるコンテンツのプログラム」であり，机間指導中に，生徒が取り扱っているコンテンツから，著作権について指導の必要性を感じたため，指導をすることとする。

※机間指導中に必要性を感じたことから，予め準備した提示資料等はないものとする。

(2) 生徒の実態は次のとおりとする。

・中学2年生の生徒である。

・机間指導において，アニメのキャラクター画像をコンテンツとして取り扱っていた様子を確認。プログラムのテスト段階には至っていない(プログラムを実行していない)。

・前時までに，取り扱うコンテンツについて教師から特段の指導はしていない。

185

(3)　この模擬授業を始める前に，試験官に「模擬授業②の意図等の説明書(別紙)」を提出する。その後，試験官の指示に従って3分以内で説明する。

(4)　模擬授業の時間は「5分間」とする。

(5)　模擬授業後に，試験官からの質問に応じる。

〈タイムテーブル〉

	試験 1			試験 2	
説明	電気エネルギーを主とした機器の組立て (模擬授業の思案時間含む)	移動・準備	模擬授業①	意図の説明	模擬授業② (質疑含む)

0　5　　　　　　　　　　　　　　　30　35　　40 42　45　　　　　　55

〈実施方法〉

(1)　指定された時刻に，指定された会場に来室する。

(2)　課題1・2の説明を受ける。

(3)　課題1を開始する。制限時間(25分)内に，電気エネルギーを主とした機器を組み立てる。組立てた機器を用いての示範の思案の時間も含むこととなる。思案の内容を県教委で用意したメモに残し，模擬試験会場に持ち込み，それをもとに試験に臨むこともできる。(メモは終了後に回収)。

(4)　制限時間終了後5分以内に「模擬授業会場」へ移動し，準備を完了する。

(5)　移動・準備の5分経過後に「模擬授業①」を開始する。模擬授業①は5分間である。

(6)　模擬授業①の終了後，2分あける。受験者は「模擬授業②の意図等の説明書(別紙)」を試験官に提出する。試験官は，提出された「模擬授業②の意図等の説明書(別紙)」を読む。2分経過後に受験者は，模擬授業②の意図等について，3分以内で説明する。

(7)　「模擬授業②」を開始する。模擬授業②は5分間である。終了後に質疑応答の時間とする。

〈持ち物・服装〉

(1)　持ち物は，「模擬授業②の意図等の説明書(別紙)」及び筆記用具と

する。

〈模擬授業②の意図等の説明書(別紙)についての注意事項〉

※「模擬授業会場」に入室の際に試験官に提出する。

※試験官が2分で確認し，模擬授業②の意図の概要を把握するため，受験者は，2分間で把握できると考えられる情報量に配慮しつつ，作成をする。

※紙面による説明とは別に，授業の意図について3分間の説明時間を設ける。受験者は，記入しきれなかった事や，特に授業で主張したい事等について，制限時間内に試験官へ伝える。

(2)　服装については，模擬授業①の内容を意識したものとする。(模擬授業②は作業を伴わないが，便宜上，模擬授業①の服装のままで行う)。必要があれば更衣室の利用も可能である。各自，指定された時間までに更衣を済ませて模擬授業に臨むようにすること。

(別紙)

模擬授業②の意図等の説明書

受験番号（　　　　　）

「いつ」指導を行いますか
「誰に」対して指導を行いますか
「いつ」「誰に」を上記のように設定した理由について説明してください
指導内容等を含めて、授業の意図について説明してください。

▼中学家庭

〈模擬授業の内容〉

□内容：①調理実習の示範，②被服実習の導入(示範)と個別指導の模擬授業を行う。

□授業概要：指示書に従って，授業構想を立案し，授業の導入等の示範及び模擬授業を行う。

※①と②の実習の順番及び指示書の内容は，当日の発表とする。

〈実施方法〉

	実習名	各実施方法
①	調理実習の示範	（1）身支度を整え、試験官の指示により試験会場に入室する。 （2）入室後、指定された位置に立ち、受験番号を言う。 （3）4分間で授業構想、その後「始めてください」の合図により、と3分間で調理実習の示範（片付けまで）を行う。 （4）授業構想で使用した用紙（A4サイズ1枚）を見ながら実施してよい。 （5）授業構想で使用した用紙は、評価の対象としないので、提出は不要とする。
②	被服実習の導入 （示範）と個別指導の模擬授業	（1）5分間で、導入及び個別指導の授業構想を立てる。（A4サイズ1枚） （2）7分以内で、黒板の前で授業導入の示範を行う。 （3）（2）の後、縫い方がよく分からなくなってしまった生徒に対して3分以内で個別指導を行う。 （4）持ち込み可能なものは、授業構想で使用した用紙（A4サイズ1枚）とする。 （5）メモは、評価の対象としないので、提出は不要とする。

※調理実習の示範を行っているグループの一方で，個別に，被服の導入及び個別指導の模擬授業を順に行う。

※授業構想で使用した用紙を見ながら示範等を行ってもよい。

【授業構想で使用した用紙について】

・備え付けのA4サイズ1枚(両面使用可)とする。

・授業案，口述原稿など，模擬授業に必要な内容を自由に書いてよい。

・メモを道具(教材)と見立てて示したり，黒板等に掲示したりすることはできない。

〈持ち物〉
〈①調理実習の示範〉
・エプロン　・三角巾　・マスク　・ふきん2枚(台用1枚，食器等用1枚)
〈②被服実習の導入(示範)と個別指導の模擬授業〉
　・裁縫道具一式(縫い針，待ち針(5本程度)，糸，針刺し，糸切りば
箸さみ)

▼高校国語

〈本試験のねらい〉

　学級全体を指導する場面において，指定された学年の学習内容について，留意点を示しながら適切な指導ができるかを評価します。

【課題例1】

指導の構想を練る時間：4分間　模擬授業の時間：5分間

〈問題の内容〉

　あなたは，第1学年の「言語文化」の教科担任で「児のそら寝」(『宇治拾遺物語』)の本文を用いて，一年間の総復習をしています。

　そのなかで，あなたが「かいもちひせむ。」の現代語訳をホワイトボードに書くよう生徒を指名したところ，「ぼたもちを作らない」と解答しました。「かいもちひ」が現代語では「ぼたもち」の意味であることは事前に説明しています。

　生徒の解答を踏まえて，生徒全体に指導しなさい。

　なお，ホワイトボードマーカーを使用しても構いません。

〈板書の内容〉

> （本文）
> ぼ　た　も　ち
> かいもちひせむ。
> （現代語訳）
> ↓　ぼたもちを作らない。

【課題例2】

　指導の構想を練る時間：4分間　　模擬授業の時間：5分間

〈問題の内容〉

　あなたは，第1学年の「言語文化」の教科担任で「児のそら寝」（『宇治拾遺物語』）の本文を用いて，一年間の総復習をしています。

　そのなかで，あなたが「待ちけるかともぞ思ふとて，」という文内にある「思ふ」の活用形を確認するため，生徒を指名しホワイトボードに書かせたところ，「終止形」と解答しました。

　生徒の解答を踏まえて，生徒全体に指導しなさい。

　なお，ホワイトボードマーカーを使用しても構いません。

〈板書の内容〉

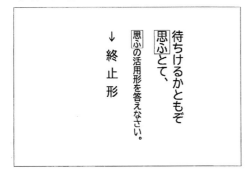

> 待ちけるかともぞ
> 思ふとて、
> 思ふの活用形を答えなさい。
> ↓　終　止　形

〈問題の内容〉

あなたは，第1学年の「言語文化」の教科担任で「児のそら寝」(『宇治拾遺物語』)の本文を用いて，一年間の総復習をしています。

そのなかで，あなたは，動詞の活用について生徒が理解しているかを確認するために，「寝たるよしにて」の「寝」について文法的な説明をホワイトボードに書くよう生徒を指名したところ，「ナ行下一段活用の動詞「寝る」の連用形」と解答しました。

生徒の解答を踏まえて，生徒全体に指導しなさい。

なお，ホワイトボードマーカーを使用しても構いません。

〈板書の内容〉

```
寝たるよしにて
寝 を文法的に説明しなさい。
↓ナ行下一段活用の動詞
「寝る」の連用形
```

児のそら寝（原文）

これも今は昔、比叡の山に児ありけり。僧たち、よひのつれづれに、「いざ、かいもちひせむ。」と言ひけるを、この児、心よせに聞きけり。さりとて、しいださむを待ちて寝ざらむも、わろかりなむと思ひて、かたかたに寄りて、寝たるよしにて、いでくるを待ちけるに、すでにしいだしたるさまにて、ひしめきあひたり。

この児、さだめておどろかさむずらむと待ちゐたるに、僧の、「もの申しさぶらはむ。おどろかせたまへ。」と言ふを、うれしとは思へども、ただ一度にいらへむも、待ちけるかともぞ思ふとて、いまひとこゑ呼ばれていらへむと、念じて寝たるほどに、「や、な起こしたてまつりそ。をさなき人は寝入りたまひにけり。」と言ふこゑのしければ、あなわびしと思ひて、いま一度起こせかしと思ひ寝に聞けば、ひしひしとただ食ひに食ふ音のしければ、ずちなくて、無期ののちに、「えい。」といらへたりければ、僧たちわらふことかぎりなし。

▼高校社会(地理)

〈本試験のねらい〉

　指定された科目の内容について，実際の授業を想定し，学習内容を踏まえた生徒の考察を促す問いを設定しているか，適切な資料の提示や生徒の関心を高める導入の工夫をしているか評価します。

【課題】

　指導の構想を練る時間：4分間　模擬授業の時間：5分間

〈問題の内容〉

　地理総合において，「地域の自然環境と防災」を扱う授業を実施します。

　机上の資料を使用して授業の導入を3分間で行ってください。

　授業の実施に際しては以下の事を行ってください。

・使用する資料の提示。

・授業全体を通して生徒に考えさせる問いをホワイトボードに明示。

〈板書の内容〉

授業全体を通して、生徒に考えさせる問い

資料　（地理院地図「標準地図」より作成）

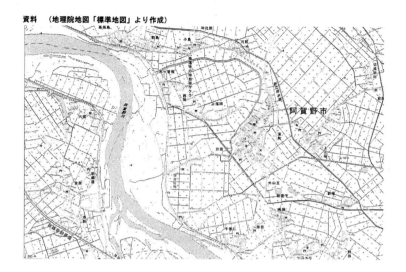

▼高校社会(日本史・世界史)

〈本試験のねらい〉

　指定された科目の内容について，実際の授業を想定し，学習内容を踏まえた生徒の考察を促す問いを設定しているか，適切な資料の提示や生徒の関心を高める導入の工夫をしているか評価します。

【課題例1】

　指導の構想を練る時間：4分間　模擬授業の時間：5分間

〈問題の内容〉

　歴史総合において，「産業革命とその影響」を扱う授業を実施します。

　机上の2つの資料のいずれか1つを使用して授業の導入を5分間で行ってください。

　授業の実施に際しては以下の事を行うこと。

・使用する資料の提示。

・授業全体を通して生徒に考えさせる問いをホワイトボードに明示。

〈板書の内容〉

※高校社会(地理)と同様。

資料A イギリスの紡績工場

資料B 富岡製紙場

【課題例2】

　指導の構想を練る時間：4分間　模擬授業の時間：5分間

〈問題の内容〉

　歴史総合において，「世界恐慌とその影響」を扱う授業を実施します。

　机上の2つの資料のいずれか1つを使用して授業の導入を5分間で行ってください。

　授業の実施に際しては以下の事を行うこと。

・使用する資料の提示。

・授業全体を通して生徒に考えさせる問いをホワイトボードに明示。

〈板書の内容〉

※高校社会(地理)と同様。

資料A　各国の工業生産の推移

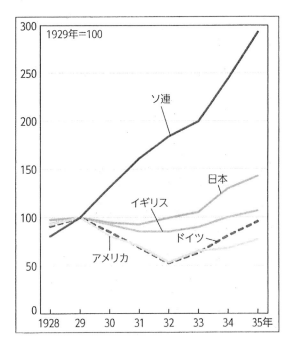

資料B 各国のブロック経済圏

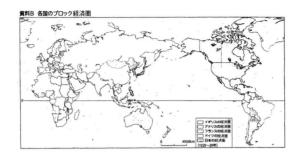

【課題例3】

　指導の構想を練る時間：4分間　模擬授業の時間：5分間

〈問題の内容〉

　歴史総合において，「日清戦争とその影響」を扱う授業を実施します。

　机上の2つの資料のいずれか1つを使用して授業の導入を5分間で行ってください。

　授業の実施に際しては以下の事を行うこと。

・使用する資料の提示。

・授業全体を通して生徒に考えさせる問いをホワイトボードに明示。

〈板書の内容〉

※高校社会(地理)と同様。

資料A

資料B

▼高校数学

〈本試験のねらい〉

　学級全体を指導する場面において，指定された学年の学習内容について，留意点を示しながら適切な指導ができるかを評価します。

【課題例1】

　指導の構想を練る時間：4分間　模擬授業の時間：5分間

〈問題の内容〉

　あなたは，普通科高校の第1学年の数学Ⅰの教科担任です。2次関数の授業の中で，生徒が単元の復習の演習を行っています。そのなかで，あなたは一人の生徒の解答をホワイトボードに投影しました。その解答を通して，生徒全体に指導しなさい。

　なお，ホワイトボードマーカーを使用しても構いません。

関数　$y=x^2-2x+2$　$(-1 \leqq x \leqq 4)$の最大値および最小値を求めよ。

(解答)

$x=-1$のとき　$y=(-1)^2-2(-1)+2$
$$=5$$

$x=4$のとき　　$y=4^2-2 \cdot 4+2$
$$=10$$

　よって　$x=4$のとき　最大値 10

　　　　　$x=-1$のとき　最小値5

〈板書の内容〉

関数 $y = x^2 - 2x + 2$ $(-1 \leqq x \leqq 4)$ の最大値および最小値を求めよ。

(解答)
$x = -1$ のとき　$y = (-1)^2 - 2(-1) + 2$
$\qquad\qquad\qquad = 5$
$x = 4$ のとき　$y = 4^2 - 2 \cdot 4 + 2$
$\qquad\qquad\qquad = 10$
よって　$x = 4$ のとき　最大値 10
$\qquad\quad x = -1$ のとき　最小値 5

【課題例2】
　　指導の構想を練る時間：4分間　　模擬授業の時間：5分間
〈問題の内容〉
　あなたは，普通科高校の第1学年の数学Ⅰの教科担任です。
　図形と計量の授業の中で，生徒が内容の復習の演習を行っています。
　そのなかで，あなたは一人の生徒の解答をホワイトボードに投影しました。
　その解答を通して，生徒全体に指導しなさい。
　なお，ホワイトボードマーカーを使用しても構いません。
　△ABCにおいて，AB＝1，AC＝4で，面積が1である。このとき，∠BACの大きさを求めよ。
(解答)
$\dfrac{1}{2}$AB・AC・sinA＝1
2 sinA＝1
sinA＝$\dfrac{1}{2}$
A＝30°

〈板書の内容〉

△ＡＢＣにおいて，ＡＢ＝１，ＡＣ＝４で，面積が１である。このとき，∠ＢＡＣの大きさを求めよ。

(解答)

$\frac{1}{2}$AB・AC・$\sin A$＝1

$2\sin A$＝1

$\sin A = \frac{1}{2}$

$A = 30°$

【課題例3】

指導の構想を練る時間：4分間　模擬授業の時間：5分間

〈問題の内容〉

あなたは，普通科高校の第1学年の数学Ⅰの教科担任です。

一次不等式の授業の中で，生徒が単元の復習の演習を行っています。

そのなかで，あなたは一人の生徒の解答をホワイトボードに投影しました。

その解答を通して，生徒全体に指導しなさい。

なお，ホワイトボードマーカーを使用しても構いません。

不等式　$\sqrt{7}\,x-1<3x+1$　を解け。

(解答)

$\sqrt{7}\,x-1<3x+1$

$(\sqrt{7}-3)x<2$

$x<\dfrac{2}{\sqrt{7}-3}$

$x<-\sqrt{7}-3$

〈板書の内容〉

不等式　$\sqrt{7}x - 1 < 3x + 1$　を解け。

(解答)

$\sqrt{7}x - 1 < 3x + 1$

$(\sqrt{7} - 3)x < 2$

$x < \dfrac{2}{\sqrt{7}-3}$

$x < -\sqrt{7} - 3$

▼高校理科(物理)

〈本試験のねらい〉

　学級全体を指導する場面において，指定された学年の学習内容について，留意点を示しながら適切な指導ができるかを評価します。

【課題】

　指導の構想を練る時間：4分間　　模擬授業の時間：5分間

〈問題の内容〉

　あなたは，普通科高校の第1学年の物理基礎の教科担任です。加速度の授業の中で，生徒が演習を行っています。そのなかで，あなたは一人の生徒の解答をホワイトボードに投影しました。

　その解答を通して，生徒全体に指導しなさい。

　なお，ホワイトボードマーカーを使用しても構いません。

(問題)

　速度8.0m/sで動く物体が一定の加速度で運動し，4.0秒後に速度が0m/sになった。加速度を求めよ。

(解答)

　　加速度　　　$a = \dfrac{4.0}{8.0} = 0.5$　m/s²

〈板書の内容〉

(問題)
速度 8.0m/s で動く物体が一定の加速度で運動し、4.0 秒後に速度が 0m/s になった。加速度を求めよ。
(解答)

加速度　$a = \frac{4.0}{8.0} = 0.5$ m/s^2

▼高校理科(化学)

〈本試験のねらい〉

　学級全体を指導する場面において，指定された科目の学習内容について，留意点を示しながら適切な指導ができるかを評価します。

【課題】

　指導の構想を練る時間：4分間　模擬授業の時間：5分間

〈問題の内容〉

　あなたは，普通科高校の化学基礎の教科担任です。

　共有結合の授業の中で，生徒が単元の復習の演習を行っています。そのなかで，あなたは一人の生徒の解答をホワイトボードに投影しました。

　その解答を通して，生徒全体に指導しなさい。その際，各原子の不対電子の数について触れてください。

　なお，ホワイトボードマーカーを使用しても構いません。

(問題)　二酸化炭素の構造式を書きなさい。

(解答)

〈板書の内容〉

(問題) 二酸化炭素の構造式を書きなさい。

(解答)

O－C－O

▼高校理科(生物)

〈本試験のねらい〉

　学級全体を指導する場面において，指定された科目の学習内容について，留意点を示しながら適切な指導ができるかを評価します。

【課題例1】

　指導の構想を練る時間：4分間　模擬授業の時間：5分間

〈問題の内容〉

　あなたは，普通科高校の生物基礎の教科担任です。

　授業の中で，生徒が復習の演習を行っています。そのなかで，あなたは一人の生徒の解答をホワイトボードに投影しました。

　その解答を通して，生徒全体に指導しなさい。

　なお，ホワイトボードマーカーを使用しても構いません。

(問題)

　光学顕微鏡に接眼ミクロメーターと対物ミクロメーターをセットし，ある倍率で両方の目盛りが視野の中で重なるようにしたところ図1のようになった。この時の接眼ミクロメーター1目盛りの長さは何μmか。ただし，対物ミクロメーター1目盛りは，1mmを百分の一にした長さである。

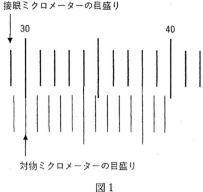

図1

（解答）

$$\frac{8}{10} \times \frac{1}{100} = 0.008 \mu m$$

〈板書の内容〉

（問題）

　光学顕微鏡に接眼ミクロメーターと対物ミクロメーターをセットし、ある倍率で両方の目盛りが視野の中で重なるようにしたところ図1のようになった。この時の接眼ミクロメーター1目盛りの長さは何 μm か。ただし、対物ミクロメーター1目盛りは、1mm を百分の一にした長さである。

（解答）

$\frac{8}{10} \times \frac{1}{100} = 0.008\mu m$

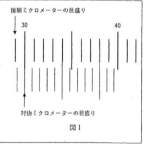

図1

【課題例2】

　指導の構想を練る時間：4分間　模擬授業の時間：5分間

〈問題の内容〉

　あなたは，普通科高校の生物基礎の教科担任です。

　授業の中で，生徒が単元の復習の演習を行っています。そのなかで，あなたは一人の生徒の解答をホワイトボードに投影しました。

　その解答を通して，生徒全体に指導しなさい。

　なお，ホワイトボードマーカーを使用しても構いません。

(問題)

　ある生物のDNAを構成するアデニン，チミン，グアニン，シトシンの割合を調べたところ，グアニンとシトシンの合計が42％であった。また，2本鎖DNAの一方のDNA鎖について調べると，アデニンが30％，シトシンが22％であった。もう一方のDNA鎖のアデニンの割合は何％か答えなさい。

(解答)

　30％

〈板書の内容〉

```
（問題）
　ある生物の DNA を構成するアデニン、チミン、グアニン、シトシンの割合を調べたと
ころ、グアニンとシトシンの合計が 42％であった。また、2 本鎖 DNA の一方の DNA 鎖に
ついて調べると、アデニンが 30％、シトシンが 22％であった。もう一方の DNA 鎖のアデ
ニンの割合は何％か答えなさい。

（解答）
　30％
```

▼高校英語

〈本試験のねらい〉

　学級全体を指導する場面において，指定された学年の学習内容について，英語の言語材料や表現等を適切に指導できるかを評価します。

【課題例1】

　指導の構想を練る時間：4分間　模擬授業の時間：5分間

〈問題の内容〉

　あなたは，普通科高校第2学年の論理・表現Ⅱの教科担任です。

　授業の中で，生徒の英作文をホワイトボードに投影し，次のような指導を行います。

・文法や内容等について，英作文の良い点や改善すべき点を指摘する。

・英作文のテーマに沿って，教師自身の考えを英語で伝え，生徒にモデルを示す。

授業で使用する言語(日本語／英語)は，状況に応じて判断してください。

なお，ホワイトボードマーカーを使用しても構いません。

【英作文のテーマ】

Some people say that children should not have a smartphone. Do you agree with this idea?

【投影する生徒の英作文】

I agree with the idea that children should not have a smartphone. I have two points to support my opinion.

First, smartphones can be bad for their health. If they will own a smartphone, they might spend too many time on it instead of playing outside, which can prevent them from getting exercise.

Second, the informations they learn from smartphones is not always true. Life experience is required to distinguish whether the information is true or not.

Therefore, I agree that children should not have a smartphone.

【課題例2】

指導の構想を練る時間：4分間　模擬授業の時間：5分間

〈問題の内容〉

あなたは，普通科高校第2学年の論理・表現Ⅱの教科担任です。

授業の中で，生徒の英作文をホワイトボードに投影し，次のような指導を行います。

・文法や内容等について，英作文の良い点や改善すべき点を指摘する。

・英作文のテーマに沿って，教師自身の考えを英語で伝え，生徒にモデルを示す。

授業で使用する言語(日本語／英語)は，状況に応じて判断してください。

なお，ホワイトボードマーカーを使用しても構いません。

【英作文のテーマ】

Some people say that paper books have no use anymore. Do you agree with this idea?

【投影する生徒の英作文】

I agree that paper books have no use anymore, and I have two points to support my opinion.

First, electronic books are more convenience than paper books. For instance, we do not have to go to a bookstore to buy an electronic book, nor need to carry heavy books when traveling.

Second, paper books are bad for the environment. Making paper books means cutting down many trees, and dispose of paper books produces a great amount of CO2, that can lead to global warming.

It is for these two reasons that I think paper books have no use anymore

▼高校農業

〈本試験のねらい〉

学級全体を指導する場面において，指定された学年の学習内容について，生徒の興味・関心を引き出すことを意識して，適切な指導ができるかを評価します。

【課題】

指導の構想を練る時間：4分間　　模擬授業の時間：5分間

〈問題の内容〉

あなたは，農業高校第1学年の「農業と環境」の教科担任です。授業で「マルチングの効果」について指導します。

投影した板書及び図を用いて生徒全体に説明しなさい。

なお，教科書やホワイトボードマーカーを使用しても構いません。

〈板書の内容〉

8月17日（木）
目的 マルチングの効果について理解しよう。

▼高校工業
〈本試験のねらい〉
　学級全体を指導する場面において，指定された学年の学習内容について，留意点を示しながら適切な指導ができるかを評価します。
【課題例1】
　指導の構想を練る時間：4分間　模擬授業の時間：5分間
〈問題の内容〉
　あなたは，工業高校第1学年の工業技術基礎を担当しています。
　安全教育の単元で，生徒が下記の問について各グループに分かれ危険予知トレーニングを行っています。
　そのなかで，あなたはグループの解答をホワイトボードに投影しました。
　その解答を通して生徒の解答以外のリスクの説明や，安全教育全般についての指導をしなさい。なお，ホワイトボードマーカーを使用しても構いません。
問：図と条件を見て，事故が起きそうなリスクを答えなさい
　　　条件：あなたは荷物(40kg)を台車に乗せて階段脇のスロープ
　　　　　　　(ベニヤ板製：厚さ12mm)を降りようとしています。
(解答)
　　①　スロープが破損する恐れがある
　　②　通行人がいる場合，台車に勢いがついて通行人に接触する恐れ

　がある
③　台車に勢いがつき，手を放してしまう可能性がある
④　後ろに引きながら降りたため，腰を痛める可能性がある
〈板書の内容〉

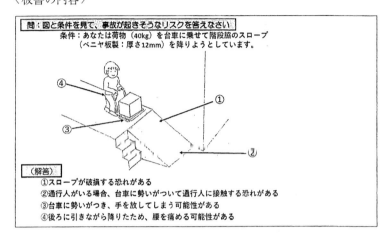

【課題例2】
　指導の構想を練る時間：4分間　模擬授業の時間：5分間
〈問題の内容〉
　あなたは，工業高校第1学年の工業技術基礎を担当しています。
　安全教育の単元で，生徒が下記の問について各グループに分かれ危険予知トレーニングを行っています。
　そのなかで，あなたはグループの解答をホワイトボードに投影しました。
　その解答を通して，生徒の解答以外のリスクの説明や，安全教育全般についての指導をしなさい。なお，ホワイトボードマーカーを使用しても構いません。
問：図と条件を見て，事故が起きそうなリスクを答えなさい
　条件：あなたは工場よりコンベアーで運ばれてくる製品(1個10 kg)を積み上げています。

(解答)

　① 踏み台代わりに製品を使っているため不安定

　② 荷の重みで荷物の間に手をはさむ可能性がある

　③ 積んだ荷が落ちる可能性がある

　④ 流れてくる荷物を受け取る際に，ぶつける可能性がある

〈板書の内容〉

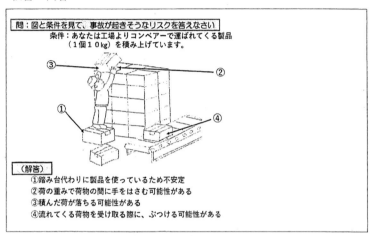

【課題例3】

　指導の構想を練る時間：4分間　　模擬授業の時間：5分間

〈問題の内容〉

　あなたは，工業高校第1学年の工業技術基礎を担当しています。

　安全教育の単元で，生徒が下記の問について各グループに分かれ危険予知トレーニングを行っています。

　そのなかで，あなたはグループの解答をホワイトボードに投影しました。

　その解答を通して，生徒の解答以外のリスクの説明や，安全教育全般についての指導をしなさい。なお，ホワイトボードマーカーを使用しても構いません。

問：図と条件を見て，事故が起きそうなリスクを答えなさい

　　条件：あなたたちは，2人で棚(約60kg)を台車に積もうとしています。

(解答)

　①台車に乗せたとき，棚の重みで台車の取っ手部分が持ち上がり危険

　②棚の角で手をケガする可能性がある

　③台車が右にずれているため，横に転倒する可能性がある

　④棚の重みで，腰を負傷する可能性がある

〈板書の内容〉

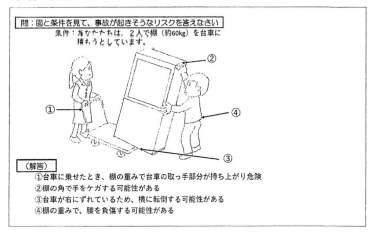

▼高校商業

〈本試験のねらい〉

　学級全体を指導する場面において，指定された学年の学習内容について，考え方の過程を示しながら適切な指導ができるかを評価します。

【課題例1】

　指導の構想を練る時間：4分間　模擬授業の時間：5分間

〈問題の内容〉

　あなたは，商業高校の第1学年の「簿記」の教科担任です。

　「現金・預金などの取引」(教科書p.76，p.77)の授業の中で，以下の

取引の仕訳をする問題を出し，演習中に机間指導を行っていると，以下の解答を書いている生徒がいました。その解答を通して，生徒全体に指導しなさい。

なお，ホワイトボード，机上の教科書を用いても構いません。

〈取引〉

大垣商店に対する売掛金300,000円を同店振り出しの小切手で受け取った。

●生徒の解答

(借方) 小切手　　300,000　　　　(貸方) 売掛金　　300,000

【課題例2】

指導の構想を練る時間：4分間　模擬授業の時間：5分間

〈問題の内容〉

あなたは，商業高校の第1学年の「ビジネス基礎」の教科担任です。「5章1節　ビジネスと企業　3. 経営戦略　(教科書p.121, p.122)」の授業の中で，次の【条件】に沿って生徒全体を指導しなさい。なお，ホワイトボード，机上の教科書を用いても構いません。

【条件】

① 本時のねらいを「経営戦略における競争戦略の差別化戦略とコスト・リーダーシップについて理解する」とする。

② 場面は本時の導入時である。

③ 「サブスクリプション」と呼ばれるビジネスモデルについて，具体的な例とともに指導する。

▼高校情報

〈本試験のねらい〉

学級全体を指導する場面において，指定された学年の学習内容について，留意点を示しながら適切な指導ができるかを評価します。

【課題】

〈問題の内容〉

あなたは，普通科高校の第1学年の情報Ⅰの教科担任です。

プログラミングの授業の中で条件分岐について学んでいます。

条件分岐の基礎について学んだ後，誤った例を示し，どこが間違っているか考える授業中です。誤りを正しく指摘した上でプログラミングの際の注意事項などを生徒全体に指導しなさい。ここまでのプログラミングの内容は大半の生徒が正しく理解できているものとします。

なお，ホワイトボードマーカーを使用しても構いません。

授業内で使われるプログラミング言語はDNCL(共通テスト手順記述標準言語)になります。

〈板書の内容〉

▼特別支援学校

〈本試験のねらい〉

知的障がい者である児童生徒に対する教育を行う特別支援学校で実施する授業について，児童生徒の実態を考慮した授業内容となっているか，児童生徒の前で授業をする際の様子を評価します。

【課題例1】

指導の構想を練る時間：4分間　模擬授業の時間：5分間
〈問題の内容〉
　以下の【授業内容】について，【授業設定】，【留意事項】に考慮し，児童生徒たちに授業を行いなさい。
【授業内容】
　あなたは，特別支援学校における担任です。
　本日，校外学習でショッピングセンターへ買い物に行きます。
　学習の目的，本時の見通し，安全面での配慮事項を踏まえ，朝の会において児童生徒たちへ指導しなさい。
【授業設定】
・特別支援学校における担任であり，主担当として模擬授業を進める。
・担当する部，学年は自由に設定してよい。
・対象の児童生徒は知的障がい単一とする。
・児童生徒5人が目の前にいることとし，模擬授業を行う。
【留意事項】
・授業を進めるにあたり，下記の物品を使用してもよい。
※ホワイトボード(固定式)×1
※ホワイトボード(手持ち)×1
※ホワイトボードマーカー(黒，赤，青，緑)
・授業の構想を練る時間に上記の物品を用いて授業の準備をしてよい。
　なお，机，椅子については，現状のレイアウトのとおりとし，動かさないこと。
【課題例2】
　指導の構想を練る時間：4分間　模擬授業の時間：5分間
〈問題の内容〉
　以下の【授業内容】について，【授業設定】，【留意事項】に考慮し，児童生徒たちに授業を行いなさい。
【授業内容】
　あなたは，特別支援学校における担任です。

　明日から宿泊をともなう修学旅行に行きます。

　学習の目的，当日の見通し，安全面での配慮事項を踏まえ，帰りの会において児童生徒たちへ指導しなさい。

【授業設定】

・特別支援学校における担任であり，主担当として模擬授業を進める。

・担当する部，学年は自由に設定してよい。

・対象の児童生徒は知的障がい単一とする。

・児童生徒5人が目の前にいることとし，模擬授業を行う。

【留意事項】

・授業を進めるにあたり，下記の物品を使用してもよい。

※小ワイトボード(固定式)×1

※ホワイトボード(手持ち)×1

※ホワイトボードマーカー(黒，赤，青，緑)

・授業の構想を練る時間に上記の物品を用いて授業の準備をしてよい。

　なお，机，椅子については，現状のレイアウトのとおりとし，動かさないこと。

【課題例3】

　指導の構想を練る時間：4分間　模擬授業の時間：5分間

〈問題の内容〉

　以下の【授業内容】について，【授業設定】，【留意事項】に考慮し，児童生徒たちに授業を行いなさい。

【授業内容】

　あなたは，特別支援学校における担任です。

　本日，運動会を実施します。

　学習の目的，本時の見通し，安全面での配慮事項を踏まえ，朝の会において児童生徒たちへ指導しなさい。

【授業設定】

・特別支援学校における担任であり，主担当として模擬授業を進める。

・担当する部，学年は自由に設定してよい。

・対象の児童生徒は知的障がい単一とする。

・児童生徒5人が目の前にいることとし，模擬授業を行う。

【留意事項】

・授業を進めるにあたり，下記の物品を使用してもよい。

※ホワイトボード(固定式)×1

※ホワイトボード(手持ち)×1

※ホワイトボードマーカー(黒，赤，青，緑)

・授業の構想を練る時間に上記の物品を用いて授業の準備をしてよい。

なお，机，椅子については，現状のレイアウトのとおりとし，動かさないこと。

▼養護教諭

〈内容〉

【課題1】

・中学校保健体育科の保健分野「(2)心身の機能の発達と心の健康(イ)生殖に関わる機能の成熟」の学習の後に，授業の終末を模擬授業として行う。

【課題2】

・児童が保健室に来室した時の対応を模擬授業として行う。

〈実施方法〉

(1) 入室後，指定された位置に立ち，受験番号を言う。試験委員の合図で，模擬授業を開始する。

(2) 構想の時間を模擬授業①では5分間，模擬授業②では1分間設ける。その後，受験者が3分以内で模擬授業を行う。

(3) 試験内容の詳細は，構想を練るときに初めて分かる。

(4) 掲示物があったり，黒板に書いてあったりするものと想定して模擬授業を行っても構わない。

(5) 模擬授業①②で使用可能なものは，メモ(当日，内容提示後に記入したA4サイズ1枚)のみとする。

メモを見ながら授業を行っても構わない。

メモは評価の対象とはしない。提出は不要とする。

【メモについて】

・A4サイズ1枚(両面使用可)とする。

・授業後，口述原稿など，模擬授業に必要な内容を自由に書いてよい。

---

(6) 模擬授業②では，児童役の試験委員に対して模擬授業を行う。児童役の試験委員とのやり取りも可能とする。

(7) 模擬授業②で使用できるものは以下のものである。

血圧計，インターホン，嘔吐処理セット，毛布，洗面器，冷却枕，ビニール袋，ペンライト，コップ，体温計，タオル，生理食塩水，筆記用具，バインダー，保冷剤，うちわ(机上に設置)

▼栄養教諭

【課題】

下記の問題について，生徒の実態を踏まえて，模擬授業を行う。

〈問題〉

中学校1年生を対象として，給食の時間に，献立を教材として，「バランスのよい栄養摂取による健康の保持増進」と「望ましい食習慣の形成」について指導しなさい。

【生徒の実態】

・給食に限らず，野菜の摂取量が少ないことが課題である。

・中学生において学年が進むごとに，朝食の欠食率が高くなる傾向がある。

〈実施方法〉

(1) 入室後，指定された位置に立ち，志願種別と受験番号を言う。試験委員の合図で，模擬授業を開始する。

(2) 模擬授業(指導の時間)は4分間とする。

(3) 秋の献立1食分を自分で考え指導する。

(4)　2次試験前に準備したメモ(A4サイズ1枚)を持ち込むことができる。

　　メモを見ながら授業を行っても構わない。

　　メモは評価の対象とはしない。提出は不要とする。

【メモについて】

・A4サイズ1枚(両面使用可)とする。

・授業案，口述原稿など，模擬授業に必要な内容を自由に書いてよい。

・本や教材などをコピーしたものでも可。

・メモを道具(教材)と見立てて示したり，黒板等に掲示したりすることはできない。

---

(5)　給食の時間の指導であるため，チョークで書くなど，黒板は使用しないこと。

　　指導場所は教室とする。

(6)　試験委員を生徒と想定して模擬授業(指導)を行う。試験委員とのやり取りは一切できない。

▼高校保体

【必須課題1】

□器械運動(マット運動)

【必須課題2】

□陸上競技(ハードル走)

【選択課題1】

□バレーボール，バスケットボール，サッカーから1種目を選択する

【選択課題2】

□剣道，柔道，ダンスから1種目を選択する

※「中学校学習指導要領(平成29年告示)解説　保健体育編(平成29年7月)」に示された程度の内容を行う。

※基本的には，雨天でも屋外種目の試験は屋外で行う(状況によって，

屋外での試験ができないと判断される場合には，該当する種目の試
験を室内で行う等の措置を講ずる)。

〈持ち物〉

第2次選考試験対象者(高等学校保健体育受験者)は，第2次選考試験
当日に実施要項の持ち物に加えて，上記の選択種目に応じて次のもの
を準備すること。

□剣道

・剣道防具一式，竹刀。

※稽古着・袴の着用は自由とする。

※垂れの正面に受験番号をチョーク等で記載する。

□柔道

・柔道衣一式

※胸及び背中に受験番号を記載した白布(縦15cm×横25cm)を縫いつけ
る。

※剣道，柔道以外の種目についても必要な服装，シューズ，用具を準
備し，試験を受ける際の上衣には，胸及び背中に受験番号を記載し
た白布(縦15cm×横25cm)を縫いつける(例：[高〇〇〇〇])。

▼高校家庭

※実技問題1,2合わせて制限時間は45分

※実際に生徒が調理実習を行うにあたり，生徒への指導上留意すべき
点について考えながら実技試験に取り組むこと。

【食物課題1】

□「菜巻き卵」を作りなさい。

【材料】

・卵　　　　　2個

・油　　　　　少量

・塩　　　　　1g

・砂糖　　　　3g

・酒　　　　　　　5mL

・薄口しょうゆ　適量
・ほうれん草　　30g
・塩　　　　　　適量
〈指示〉
・菜巻き卵を4等分に切って，指示された皿に盛りつけて提出する。
【食物課題2】
□「牛奶豆腐(2個分)」を作りなさい。
【材料】
・粉寒天　　2g
・水　　　　100mL
・牛乳　　　100mL
・砂糖　　　大さじ2杯
〈シロップ〉
・水　　　　適量
・砂糖　　　適量
〈指示〉
・指示された器で牛奶豆腐を固めること。固まったら包丁目を入れ，シロップをかけて2個分を提出する。
・シロップの濃度は25％程度とする。火にかけ，完全に砂糖を溶かすこと。
【被服課題】60分
□次の条件に従い，手縫い，ミシン縫い，刺繍をしなさい。
〈条件〉
　出来上がり図と(図1)から(図10)の工程を参考に基礎縫いと刺繍を制作しなさい。
①　(図1)布の四隅を，布端から11cm程度まで裏側に1cmの幅で折る。
②　(図2)上下二か所を，中折1cm，できあがり幅2 cmの三つ折りにする。
③　(図3)布を半分に折り，図案のとおりミシン縫いをする。
④　(図4)布の上下どちらか一方を，ミシンで三つ折り縫いをする。

⑤　(図5)布のもう一方を，手縫いでまつり縫いをする。
　　　　針目の間隔は0.5cm程度，表目は0.1cm程度とする。

⑥　(図6)aの箇所を手縫いで半返し縫いをする。布は3枚重ねて縫う。
　　　　針目は，裏目が0.6cm，表返し目が0.2 cm程度とする。

⑦　(図7)糸足をつくり，ボタン付けをする。布は3枚重ねて縫う。

⑧　(図8)出来上がり図の布の場所に，チャコペーパー，ルレットを使
　　用し，刺繍の図案を写す。図案は，配布してあるものを使用するこ
　　と。

⑨　(図9)写した図案のAからDに，次のAからDの刺繍をする。
　　　　刺繍は，刺繍糸，刺繍針を用い，刺繍糸は3本どりにする。
　　　　　　A「サテンステッチ」
　　　　　　B「フレンチステッチ」
　　　　　　C「アウトラインステッチ」
　　　　　　D「レゼーデージーステッチ」

⑩　(図10)番号票を縫い付ける。

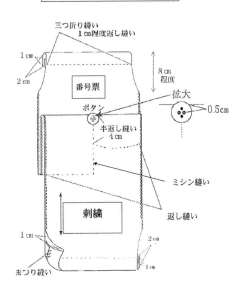

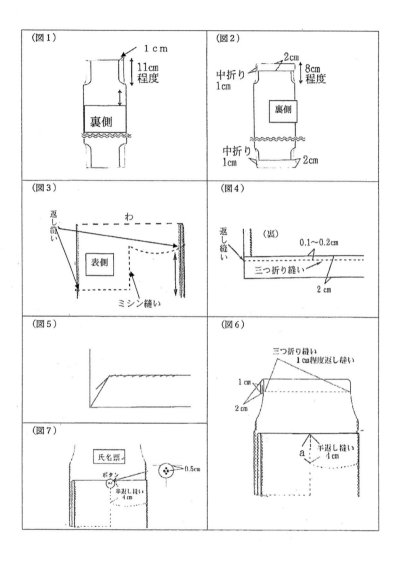

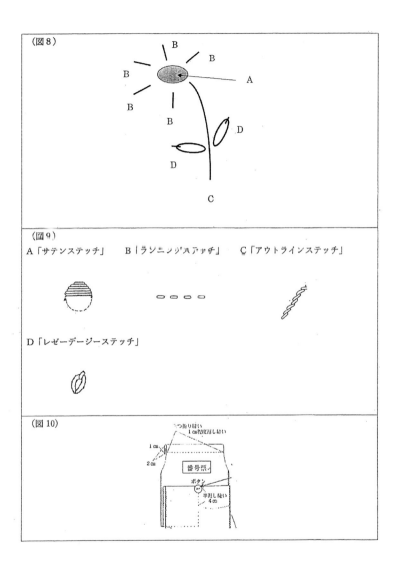

（図8）

（図9）
A「サテンステッチ」　　B「ランニングステッチ」　　C「アウトラインステッチ」

D「レゼーデージーステッチ」

（図10）

▼高校音楽
【課題1】

□主専攻実技の演奏

※演奏曲は自由曲とする(作曲の場合は録画や録音，楽譜を提示する)。

※伴奏が必要な場合は伴奏の音源(スマートフォン使用可，スピーカー
　も含めて準備)を持参すること(CD デッキは用意する)。

※ピアノ以外の楽器を演奏する場合は，各自楽器を持参すること。

【課題2】

□弾き歌い(「花」(武島羽衣 作詞，滝廉太郎 作曲，ト長調)をピアノで
　伴奏しながら，3番まで主旋律を歌う)

【課題3】

□新曲視唱(試験当日に示す，調号3つまでの長調または短調の旋律を
　階名で歌う)

高校音楽　新曲視唱

▼高校美術

【課題】

□前のモチーフを鉛筆で写生しなさい。

【試験時間】

□3時間

【モチーフ】

□石膏像「青年マルス」

【条件】

・画面は縦位置とする。

・描画は，配布したボードのどちらかの面を使用してください。

・使用する描画材料は鉛筆(硬度は自由)，消し具，画面をこするための用具とします。
指示された用具以外の使用は認めません。
・イーゼルの位置は動かすことができません。高さの調節は可とします。
・制作中，席を立って自分の作品を見ても構いません。ただし，作品を他の場所に動かすなどはできません。また，他の受験者の迷惑になる行為は厳に慎んでください。
・スマートフォン，資料等の持ち込みは不可とします。
・鉛筆の削りカスや消しゴムのカスはコピー用紙に包んで持ち帰ってください。
【配布物】
・木炭紙大イラストレーションボード　M画
・エスキース用紙A4

◆個人面接(2次試験)
▼小学校教諭　面接官2人　試験時間20分
【質問内容】
□2次試験前に提出した面接カードより質問があった。志望動機は面接カードにあり，あえて口頭で聞かれることはなかった。
・面接カードで書いた内容について，自分で掘り下げておくとよい。
【場面指導課題】
□課題：あなたは，小6の子から「明日から修学旅行なので，委員会や学校のこと，よろしくお願いします。」と言われました。このことを，小5の担任として学級にどう伝えますか
□構想2分，発表3分，質疑15分
□この後の展開は。(終わらなかったため)
□どんなことを大切にして話をしたか。
□自己採点すると，100点中何点か。また，足りなかったところは何か。

▼高校家庭　面接官2人　試験時間20分

【質問内容】

□面接カードの中で面接官の方からいくつか質問された。

□最初は,「今日は会場までどのように来たか」や,「今日は何時に起きたか」などアイスブレイク的な質問だった。

□最初にメインの面接官から質問があり,その後もう片方の面接官からも数問質問された。

□面接カード以外からは,大学生活の中で学問以外で頑張ったことや,部活動のことが詳しく聞かれた。

□最後の質問で,メインの試験官の方から教員になったらやってみたいことを聞かれた。

・追質問はあまりなかった。

【場面指導課題】

□「地域の清掃活動でクラスのほとんどの生徒が参加をして,感謝の電話が届いた。しかし,ふざけて遊んでいる生徒もいた。どのようにクラスに指導するか」のような内容だった。

・3分くらいで場面指導をした後に,その話の中で気をつけたことや,工夫したことを質問された。

2023年度

◆集団面接(1次試験)

▼小学校教諭　面接官3人　受験者5人　40分

【質問内容】

□どうして教員を目指したのか。

□なぜ岐阜県なのか。

□どんな先生になりたいか。

□大学生で大変だったこと。

□赴任した小学校の最初のあいさつで,どんな自己紹介をするか。

□朝，教室の前で立って入れない子どもがいたらどのように対応するか。
□大学で研究していることについて。
・挙手制であった。

▼中学英語　面接官3人　受験者6人　試験時間40分
【質問内容】
□教員を志した理由。
□岐阜県教員を希望した理由。
□理想の教師に必要な力とは。
□なぜ英語教員になりたいのか。
□キャリア教育において中学でどのような指導を心がけたいか。

▼養護教諭　面接官3人　受験者6人　試験時間40分
【質問内容】
□志望理由。
□自己PR。
□挫折した経験と乗り越え方。
□教育実習で学んだこと。
□ストレスの解消方法。

▼栄養教諭　面接官3人　受験者5人　試験時間40分
【質問内容】
□栄養教諭を志望した理由。
□岐阜県の志望理由。
□どんな栄養教諭になりたいか。
□大学で大変だったことをどう乗り越えたか。
□教育実習で印象に残っている子ども達とのエピソードについて。
□教育実習で感じた働き改革に向けた改善点。
□好き嫌いが多い子にどんな言葉を大切にして声かけをするか

□給食の魅力を伝えられるメニュー1品とその理由は。

◆適性試験(2次試験)　10〜15分程度
※2次試験前までに，各自Webで行い，個人面接の参考資料となる。
【検査内容】
□性格検査(MMPI)
　2つの内容について，どちらが自分に近いか選ぶものだった。

◆模擬授業・実技試験(2次試験)
▼小学校教諭
【課題】
□指定した資料をもとに授業構想を試験当日までに立案し，授業の導
　入を模擬授業として行う。
〈内容〉
(1)　教科：特別の教科　道徳
(2)　資料名：心と心のあく手　出典「わたしたちの道徳　小学校3・4
　　年　文部科学省」

心と心のあく手

学校が終わって、ぼくは家に向かう道をあるいていた。お母さんのお手伝いをするのだ。家の近くまで来たとき、荷物を持ってぼくはいそいそと歩いていた。一人のおばあさんに出会った。大きな荷物でぼくはとても重たそうなおばあさんだった。それを見て、知らないおばあさんだったけど、声をかけようかと思った。でも、またこのお婆さんとの約束も大切にしたかった。

ぼくの目の前にいるおばあさんはとても苦しそうだ。どうしようか……てんびんの目のようにぼくの心はゆれていた。

「荷物、持ちます」
　と思いきって、おばあさんに声をかけた。
「ありがとうね。すいませんね。でも、急に声をかけられたから、びっくりしたわ。」
とにっこり答えて、歩いていくおばあさんだった。ぼくは家とは反対の方向に歩いていくおばあさんに、心の中で「たいへんだ」と思いながらも、歩く方向を変えた。

家に向かう。そのことを母に話すと、「いいことをしたわね」とほめてくれた。

数日後、ぼくはまたあのおばあさんに出会った。とても心配して、声をかけてみた。「いよいよおばあさんにあのときおばあさんと会ったことをお話してみたくなった。さっそくこの中で暮らしている「実は、あのおばあさんはね、おばあさんにきいてね」と話しかけた。

ぼくはおばあさんに出会ってとてもうれしくなった。「おばあさん、不自由な足のことはもうなおったかな。今日は、なんだか元気がなさそうだよ。」

(そうだったのかな)とぼくは、おばあさんに話したい気持ちが分からなかった。

「声をかけられ、また、ことわられるだろう」と思っていたけど、でも、気持ちがいいといいな、と言って歩いていた。

ぼくは、初めておばあさんを見たときより、一生けんめいおばあさんのところに急いだ。おばあさんを見つけると、
「おばあさん、荷物を持つよ」
と声をかけた。

おばあさんは、ほほえみながら、ていねいにおれいを言ってくれた。「一生けんめいおばあさんのところに急いでいたけど、おばあさんのことばで、なんだかうれしくなったから、このごろは、ぼくはいろいろなおばあさんのところに行っている。そして、おばあさんのつかれた顔を見て、おばあさんのことをご心配してあげた間のことを思い出した。

ぼくは、今、おばあさんのことをいろいろな人たちのことを思い出していて、本当の親切とは何なのかだけじゃなくて、植物にもえがおをかけてあげていた。

おばあさんもなくなって急いでぼくを思い出して、今の中でつながってきたんだと思うと、そして、おばあさんがぼくのことを思い出して、本当の親切とは何かだけじゃなくて、植物にもえがおをかけてあげていた。この中で

(3)　価値項目：B－6　親切，思いやり

〈実施方法〉

(1)　入室から退出まで約6分間で行う。そのうち，受験者が模擬授業を行う時間は2分以内とする。入室後，指定された位置に立ち，受験番号を言う。試験委員の「はじめてください」の合図で，模擬授業を開始する。

(2)　2分以内で模擬授業を行った後，試験委員が，模擬授業について質問をする。

(3)　受験者はその質問に簡潔に答える。

(4)　掲示物や黒板への記入等は行わず，口頭のみの模擬授業とする。掲示物があったり，黒板に書いてあったりするものと想定して模擬授業を行っても構わない。

(5)　持ち込み可能なものは，メモ(A4サイズ1枚)のみとする。メモを見ながら授業を行っても構わない。メモは評価の対象とはしない。提出は不要とする。

【メモについて】
・A4サイズ1枚(両面使用可)とする。
・授業案，口述原稿など，模擬授業に必要な内容を自由に書いてよい。
・本や教材などをコピーしたものでも可。
・メモを道具(教材)と見立てて示したり，黒板等に掲示したりすることはできない。

(6)　試験委員を児童と想定して模擬授業を行う。ただし，試験委員とのやり取りは一切できない。

・実技後の質問は「どういったねらいで，導入をつくったか」であった。

▼中学国語

【課題1】

□中学校第一学年において，次の単元を指導するとき，学習計画の第一時で，指導事項，言語活動の目的や意図を踏まえ，生徒に対して手本となる「スピーチ」を示すとともに，構成の意図の説明をしなさい。ただし，後の〈条件〉にしたがうこと。

一　単元名「構成を工夫した自己紹介をしよう」

二　指導事項

〔思考力，判断力，表現力等〕A話すこと・聞くこと

　ア　目的や場面に応じて，日常生活の中から話題を決め，集めた材料を整理し，伝え合う内容を検討すること。

　イ　自分の考えや根拠が明確になるように，話の中心的な部分と付加的な部分，事実と意見との関係などに注意して，話の構成を考えること。

　ウ　相手の反応を踏まえながら，自分の考えが分かりやすく伝わるように表現を工夫すること。

三　言語活動

　・新しく出会った学級の仲間に自分のことを知ってもらうための自己紹介をする。(スピーチ)

四　学習計画(全四時間)

　第一時　学習のねらいを確認し，学習の見通しをもち，手本とするスピーチを理解する。

　第二時　相手と目的に応じて，内容や構成を考えてスピーチメモを書く。

　第三時　仲間同士でスピーチをし合い，気付いたことを交流する。

　第四時　仲間からの指摘をまとめるとともに，学習を振り返る。

〈条件〉

①　スピーチする内容には，次の三点を入れること。

　　A　小学校での思い出

　　B　中学校で頑張りたいこと

　　C　自分の得意なことや長所など

②　スピーチは一分，構成の意図の説明は二分を目安とし，合計三分でおさめること。

【課題2】

□中学校第二学年において，生徒が語彙を豊かにすることができるよう，次の〈条件〉,〈留意事項〉に沿って指導しなさい。

〈条件〉

①　本時のねらいを「語句の意味を正確に理解し，語感を磨き語彙を豊かにすることができる」とする。

②　場面は，本時の導入時を想定している。

③　「おざなり」と「なおざり」という言葉を用いて指導する。

④　指導の時間は，三分間とする。

〈留意事項〉

①　生徒が目の前にいることとし，必要に応じて黒板を使用してもよい。

②　机上の辞書についても必要に応じて使用してもよい。

▼中学社会

【課題】

□次のテーマについて，教科書の該当範囲の中から，自分で模擬授業を行う学習内容を選択し，「導入段階」の場面を想定して授業を構想しなさい。

〈歴史的分野〉

　「ヨーロッパ人来航の背景とその影響，織田・豊臣による統一事業とその当時の対外関係，武将や豪商などの生活文化の展開などを基に，近世社会の基礎がつくられたことを理解できるようにすることをねらいとした学習の指導」

○中学校学習指導要領(平成29年告示)解説　社会編　文部科学省

　「第2章　社会科の目標及び内容　第2節　各分野の目標及び内容

　2　歴史的分野の目標，内容及び内容の取扱い　(2)内容

　B　近世までの日本とアジア　(3)近世の日本　(ア)世界の動きと統一事業」

○教科書(「新しい社会　歴史」東京書籍)p.100〜p.113

〈教室環境として整備されているもの〉

　生徒用ICT端末(1人1台のタブレット端末)，教師用ICT端末(1台のタブレット端末)，大型提示装置，実物投影機，地図，地球儀，年表

▼中学数学

【課題1】

□あなたは，中学校第1学年の数学科教科担任です。中学校第1学年のある学級で，「比例，反比例」の復習問題として，生徒が次の<問題>に取り組んでいます。

<問題>

　下の表は，y が x に反比例する関係を表したものです。y を x の式で表しなさい。

x	…	-3	-2	-1	0	1	2	3	…
y	…	2	3	6	×	-6	-3	-2	…

　ある生徒が「先生，できました。」と言いました。この生徒のつまずきの状況を把握しながら，個別指導をしなさい。

※この生徒がどのように解答したかは，試験会場で提示します。

ただし，以下の2点を踏まえて指導すること。

①　4分間以内で指導する。

②　試験会場にある以下の用具等を使用してもよい。

　　・教科書(中学校数学第1学年：大日本図書又は東京書籍)

　　・学習プリント(書込み可)

　　・受験者用ボールペン(黒，赤)

〈本試験のねらい〉

　個別に指導する場面において，生徒のつまずきの状況を把握しながら，数学的に考える資質・能力の育成につながる適切な指導ができるのかを評価します。

※指導の構想を練る時間：5分間　　　模擬授業の時間：4分間

数学　学習プリント

<問題>
　下の表は，y が x に反比例する関係を表したものです。y を x の式で表しなさい。

x	…	-3	-2	-1	0	1	2	3	…
y	…	2	3	6	×	-6	-3	-2	…

答え　$y = -6x$

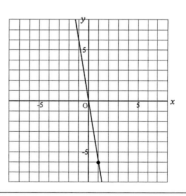

【課題2】

□あなたは，中学校第3学年の数学科教科担任です。教室にいる中学校第3学年のある学級の生徒全員が，「Dデータの活用」(1)標本調査の学習に取り組んでいます。その学級の「日常生活や社会に関わる問題を取り上げ，それを解決するために母集団を決めて，そこから標本を無作為に抽出して整理し，その結果を基に母集団の傾向を推定し説明するという一連の活動を経験できるようにする」授業の一場面です。

学習課題「自分の中学校の3年生の全生徒200人の，一日の睡眠時間は何時間くらいだろうか，標本調査をして調べよう。」に対して，調査の仕方を話し合い，次のような計画を立てました。

手順1：「一日の睡眠時間」の意味を明らかにして質問紙を作成する。

手順2：標本となる生徒を抽出し，調査を実施する。

手順3：調査の結果を整理する。

手順4：調査結果を基にして，全生徒の睡眠時間を予測して説明する。

どの生徒も一連の活動が経験できるように，この手順を踏まえ，標本調査における指導の留意点を示して全体指導をしなさい。

ただし，以下の2点を踏まえて指導すること。

① 4分間以内で全体指導する。

② 試験会場にある以下の用具等を使用してもよい。

・教科書(中学校数学第3学年：大日本図書又は東京書籍)

・黒板(学習課題，手順1～4のプレートが貼られた状態)

・チョーク(白・黄)

〈本試験のねらい〉

学級全体を指導する場面において，指定された学年の学習内容について，その手順を踏まえ，留意点を示しながら適切な指導ができるかを評価します。

※指導の構想を練る時間：5分間　模擬授業の時間：4分間

▼中学理科

【課題1】

□うすい塩酸とうすい水酸化ナトリウム水溶液を中和させる実験の方法を指導する場面です。まず，黒板に書かれた「課題」と，生徒の「予想」を読みなさい。次に，黒板に示された掲示物を参考にしながら，生徒の「予想」を確かめる実験の方法について，生徒が目の前にいることとして指導しなさい。なお，こまごめピペットの使い方は，前時までの授業で指導済みです。

① うすい塩酸10cm³をはかりとり，BTB溶液を入れ，うすい水酸化ナトリウム水溶液を2cm³ずつ加えていく。

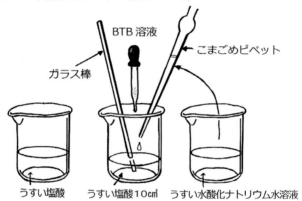

② 緑色になった水溶液をスライドガラスに1滴とり，水を蒸発させて残ったものを顕微鏡で観察する。

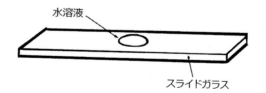

※3分間で問題を読み，生徒への指導を考える。3分が経過した後，試験官が「始め」の合図をする。合図の後，3分間で実験の方法を生徒へ指導する。指導を終えた時点で，試験官に「以上です。」と伝

える。

【課題2】

□うすい塩酸とうすい水酸化ナトリウム水溶液を中和させる実験後，ある生徒が書いた「考察」を指導する場面です。まず，黒板の内容から授業内容を把握した上で，机上にある生徒のノートの記述を読みなさい。次に，生徒が目の前にいることとして，生徒の「考察」について個別指導しなさい。

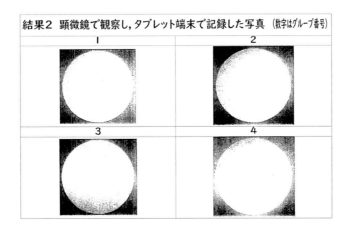

グループ番号	結果I　BTB溶液の色の変化
1	□ □ □ □ □ □ ■ ← 水溶液の性質が変わった？ → ▨
2	□ □ □ □ ■ □ ■ □ □ ▨
3	□ □ □ □ ■ | □ ■ □ ▨　2cm³ずつ加えた →　ここからは，1滴ずつ加えた
4	□ □ □ □ □ ■ □ □ ▨

結果2　顕微鏡で観察し，タブレット端末で記録した写真　（数字はグループ番号）

生徒のノート（グループ番号4）

> 課題
>
> うすい塩酸にうすい水酸化ナトリウム水溶液を混ぜ合わせていくと, どのような変化が起きるだろうか。

予想
・水溶液の性質が変化し, 中性になると思う。

結果
水溶液の様子

蒸発させたときの様子

この辺りは, → 白色がうすくなっている

濃い白色

考察
・うすい塩酸にうすい水酸化ナトリウム水溶液を混ぜ合わせると, 水溶液の性質が変化することが分かった。
・蒸発させると白い物質が出てきたけど, その物質は何か分からなかった。

※3分間で問題を読み, 生徒への指導を考える。3分が経過した後, 試験官が「始め」の合図をする。合図の後, 3分間で生徒が書いた考察について個別指導する。指導を終えた時点で, 試験官に「以上です。」と伝える。

▼中学英語

【課題1】

□話すことの指導の導入(最初の8分間)の実演

〈試験内容〉

　中学校1年生を対象とした2学期の授業における言語活動を想定する。話題は，'家族や身近な人の紹介'について。コミュニケーションの目的は，「その人物の魅力をALTや学級友達によく知ってもらうこと」。単元終末の「話すこと[発表]」の言語活動への見通しがもてるような単元導入時の指導をしなさい。

〈手順〉

・示された既習事項等を参考にして，8分間の導入部分の指導を創意工夫する。

・準備会場において，事前に指導の構想を練る時間(8分)を与える。その際，メモやカード等の教材や学習プリント等を作成することを認める。

・指導は，会場への入室と同時に実際の授業場面を想定して行う。簡単な学習プリント等を配布し使ってもよい。生徒が着席している，生徒が発言するなどと仮定し，問いかけたり価値付けたりしてもよい。

・開始から8分たった時点で終了し課題2の会場へ移動する。

【課題2】

□英語教育等についての英語による質問に対する英語による即答

〈手順〉

・試験1が終了後，会場を移動して3人を1会場に集めて実施する。

・ネイティブスピーカーが英語で質問と指示をする。その指示に従って英語で回答する。(8分間)

▼中学音楽

【課題】

□旋律の動きや強弱の変化に着目し，曲にふさわしい歌唱表現を創意

工夫する本時の導入場面の模擬授業をしなさい。

〈内容〉

・教材曲：早春賦

・対象学年：中学3年生

・前時までの生徒の学び：・歌詞の内容，背景となった土地の様子を
つかんでいる。

　　　　　　　　　　・二部形式であることを理解している。

　　　　　　　　　　・旋律を歌うことができる。

〈模擬授業で使用できるもの〉

　3学年分の教科書，ピアノ，譜面台，黒板，チョーク(白・黄・赤)，
棒磁石10本，授業準備の部屋で作成した資料(A4上質紙10枚まで)

▼中学美術

【課題1】

□「○○と私」というテーマを設定し，他のものと組み合わせて自画
像を描く。自分の作品に込める思いが，効果的に表現されるように
画面構成を工夫する。

〈留意事項〉

・制作終了及び退室完了時刻：16：00 ※15：45以降退室可

・鉛筆と水彩絵の具を使って，写実的に描く。

・他のもの(例：植物，風景，幾何学模様など)を組み合わせて画面構
成を工夫して表現する。

・明暗や主調色などを工夫し，自分のテーマ(表現の思いや意図)が表
れる彩色をする。

・自分の思いと表現意図が伝わるようなコメントを記入し，作品下部
中央に貼付する。

・第1学年教科書題材「文字っておもしろい」の授業である。

・本時は全5時間のうちの2時間目である。

※題材については「〈別紙1〉題材指導計画」を参照する。

〈別紙1〉

《別紙1》題材指導計画

【題材名】文字っておもしろい　（全5時間）

【学習指導要領「内容」との関連】
　（A表現(1)イ(イ)，(2)ア(ア)(イ)，B鑑賞(1)ア(イ)，〔共通事項〕(1)アイ）

【題材の目標】
　イメージや伝えたい内容が相手に分かりやすく伝わるよう，形や色彩，構成を考え，材料や用具などを工夫して文字をデザインする。

【題材の評価規準の例　概ね満足できる状況：B】
〈知識・技能〉
　文字や文字が意味するものの形や色彩などが感情にもたらす効果や，造形的な特徴などを基に，伝達する内容を全体のイメージで捉えることを理解している。
　絵の具の生かし方などを身に付け，意図に応じて工夫し，制作の順序などを考えながら見通しを持って表している。
〈思考・判断・表現力等〉
　文字の意味やイメージを基に，伝える相手や場面などから主題を生み出し，分かりやすさと形や色彩などとの調和を考え，表現する構想を練っている。
　文字の意味と分かりやすさとの調和のとれた洗練された美しさなどを感じ取り，作者の心情や表現の意図と工夫などについて考えるなどして，見方や感じ方を広げている。
〈主体的に学習に取り組む態度〉
　美術の創造活動の喜びを味わい楽しく意味や美しさなどを生かして文字をデザインするなど伝達のデザインの目的や機能を考えて構想を練ったり，意図に応じて工夫し見通しを持って表したりする表現の学習活動に取り組もうとしている。
　美術の創造活動の喜びを味わい楽しく文字の意味と分かりやすさとの調和のとれた洗練された美しさなどを感じ取り，作者の心情や表現の意図と工夫などについて考えるなどの見方や感じ方を広げる鑑賞の学習活動に取り組もうとしている。

【本時の位置】　2/5時間目

【主な学習内容・計画】全5時間
○身近なところにあるデザインされた文字を鑑賞し，形や色彩から受ける印象やその違いについて考える。（1時間）
○文字の意味やイメージを基に，伝える相手や場面などから主題を生み出し，分かりやすさと形や色彩などとの調和を考えてデザインする。（3時間）
○互いの作品を鑑賞し合い，表現の意図や工夫について話し合う。（1時間）

【課題2】
□生徒はアイデアスケッチを行っており，このアイデアスケッチ時の個別指導を行うという設定で，生徒の関心や発想・構想の能力が高

まるような指導を行ってください。7分以内で，2事例(生徒AとB)に対して指導・助言を行ってください。

〈持ち物〉

スケッチにふさわしい鉛筆，カッターナイフ(鉛筆削り用)，使用済み封筒(各自のごみ入れ用)，消しゴム，手鏡，はさみ，糊，水彩絵の具一式(水彩絵の具，筆，パレット，筆洗，雑巾等)

▼中学保体
【必須課題1】
□器械運動(マット運動)に関する模擬授業
〈内容〉

1. 模擬授業については，器械運動(マット運動)の中学1年生の第3時，課題『滑らかな倒立前転をしよう』を想定して行う。

2. 生徒は，小学校にて既に倒立前転の学習を行っている。実態は，何とか倒立前転ができる状況である。そこで，本時の指導にあたっては，滑らかな回転に重点をおく。

3. 評価の観点は，教師(受験者)の指導内容(示範時における見る視点に関する説明，課題に準じた倒立前転の技のポイントに関する説明，課題に準じた練習方法)と姿勢・態度の2観点を評価する。

4. 当日は，マットを使った練習等を行う時間を3分間設ける。その後，模擬授業(示範を含む)を2分で行う。2分経過した場合は，途中でも終了とする。

5. 模擬授業(2分)の流れは，特に定めない。受験者が考え，時間内に終わるようにすること。

6. 指導内容(見る視点，技のポイント，練習方法)に関する説明は，口頭で行う。

【必須課題2】
□器械運動(マット運動)
【必須課題3】
□ダンス

【選択課題】

□球技

　バレーボール，バスケットボール，サッカーから1種目を選択する。

※雨天時においても，全ての種目を実施する。

〈持ち物〉

　選択種目に応じて，必要な服装，シューズ，用具を準備し，試験を受ける際の上衣には，胸及び背中に受験番号を記載した白布(縦15cm×横25cm)を縫いつける。

※事前にダウンロードした「模擬試験に関する指示書」を持参し，模擬授業終了後に試験管に提出をする。

▼中学技術

【課題1】

□材料と加工に関する技術についての実技「マルチラックの製作」
　(155分)

〈制作の条件〉

・机上の教科書やノート，CD，DVD，タブレット端末などを整理するマルチラックを製作する。

・整理するもののサイズは以下のとおりである。

・教科書(13×210×257)

・ノート(5×182×257)

・CDケース(10×142×125)

・DVDケース(14×140×190)

・タブレット端末(10×176×252)

・整理したいもの5つのうち，2種類以上のものを整理できるマルチラックにすること。また，マルチラックのどこに何を整理することを構想したのか，構想用紙に制限時間内に記入する。

・製作したマルチラックの形状は机上に置いて使用する。

・マルチラックの形状は，次図のように底板1枚，棚板1枚，側板2枚，背板2枚で構成する。なお，この条件を満たせば角を削ったり，整

理するものや製作者の願いに応じ，仕切り板や背板などを増やしたりするなど，工夫してもよい(底板1枚，棚板1枚，側板2枚，背板2枚から減らすことは認めない)。
・幅，高さ，奥行き，棚板の高さについては，整理するものや製作者の願いに応じて決め，製作する(受験者が寸法を決める)。
・構想に合わせて背板の高さは自ら決めること。なお，制限時間内に記入する構想用紙に背板の高さの寸法を記入する必要はない。
・使用したいと予定している机上のスペースは幅500以内，奥行き200以内である。
・材料はアガチス材(12×160×1500)を使用する。
・製作時間は片付け・掃除も含めて155分とする。
・製作時間内に構想用紙に，幅や高さ，奥行き，棚板の高さの寸法及びその寸法にした理由を記入し，提出する。
・かんなを必ず使用する。
・接着剤のみの組み立てでは時間を要するため，くぎ(N32)を必ず用いる。なお，くぎは30本までとする。
・塗装は行わず，完成後はすぐに使う想定である。

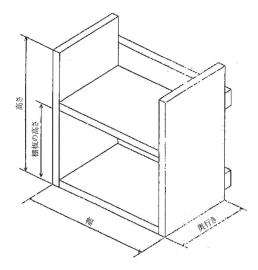

構想用紙 必要事項を記入し，試験終了時に提出する。

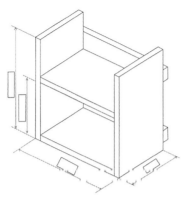

①左の構想図内の四角にマルチラックの幅，奥行き，高さ，棚板の高さの寸法を記入しなさい。

②構想の理由を説明しなさい。（整理するものの種類や数，寸法，場所など）

受験番号

【課題2】

□両刃のこぎりによる切断の示範(7分)

〈条件(生徒の実態について)〉

・中学1年生の生徒。

・生徒全員，両刃のこぎりによる切断の経験はない。

・前時に両刃のこぎりの刃の使い分けについては指導し，理解している。

・前時に両刃のこぎりの各部の名称については指導し，理解している。

〈条件(指導内容について)〉

・実際の授業場面を想定して，両刃のこぎりによる木材の切断(横びき)の仕方について示範する。

・ホワイトボードに作業のポイント等を記入し，それを1度は示して示範を行う(ホワイトボードの記入は，思案時間の10分間の間に記入する)。

・安全指導を行うこと。

・切断する材料はアガチス材(12×100×400)である。

〈その他〉

・時間内であれば何度でも木材を切断してもよい。

・会場に準備してある両刃のこぎり，さしがねを用いて示範や示範の準備を行うこと。

・材料は，角いすを用いて固定しても，会場に準備してあるクランプおよびあて木を用いて作業机に固定してもよい。

・けがき線は思案時間の10分間の間にかく。

【課題3】

□延長コード(テーブルタップ)の導通試験の示範(6分)

生徒からの質問への対応(3分)

〈条件(生徒の実態)〉

・中学2年生の生徒。

・生徒全員，回路計を使用した経験はない。

・前時までに，回路計の各部の名称について学習している。

・前時までに，導通試験の意味について学習している

〈条件(指導内容について)〉

・実際の授業を想定して，延長コード(テーブルタップ)の導通試験の手順について示範を行う。

〈その他〉

・試験会場に準備してある回路計，延長コード(テーブルタップ)を用いて示範を行う。

・手元の様子は，実物投影機で大型提示装置に映し出している。

・ホワイトボードに作業のポイント等を記入し，それを1度は示して示範を行う(ホワイトボードの記入は，思案時間の10分間の間に記入する)。

・示範後，生徒役の試験官からの質問に答えること。

〈持ち物〉

　両刃のこぎり，四つ目ぎり，げんのう，くぎぬき，かんな，さしがね，筆記用具，クランプ(C型もしくはF型)，作業に適した服装

▼中学家庭

【課題1】

□「かきたま汁」の調理

〈本試験のねらい〉

　中学校2年生の生徒に対し，作り始めから片付けまでの示範(実際に作りながら，かつおだしの取り方や調理のポイントを示す)を評価する。

〈時間〉

　指導構想を練る時間：5分間　　示範の時間：15分(片付けも含む)

〈内容〉

・2人分を調理する。

・しいたけは薄切りにする。みつばは長さ2‐3cmに切る。

・材料と調味料などの分量は，以下のとおりにする。

・生しいたけ(薄切り)　1枚

・卵　$\frac{1}{2}$個

・みつば　適量

・だし汁　44omL　※蒸発・吸水分40mLを含む

・鰹節　8g

・塩少々

・しょうゆ　2mL

・みりん　5mL

・片栗粉　6g

・水 20ml

〈留意事項〉

・調理用具，材料はすでに洗ってある。

・混合だしを作る。昆布だしはすでにとってあるものを使用する。

・かつおだしについては，実際にだしの取り方の示範をする。

・開始と終了は，試験官が指示をする。

・調理の手順方法は指示書通りとする。

※指示書に記載がないことについては，自分で考えて行う。

【課題2】

□「箸袋」の制作

〈本試験のねらい〉

　見た目が美しく，使いやすい箸袋を，大きさや手順を考えながら製作できるかを評価する。

〈時間〉

　試験の時間：100分間(準備・箸袋の製作・片付けも含む)

※上記以外に，調理指導の構想・示範及び，被服指導の構想・示範を45分間程行う。

〈作り方〉

① 　箸袋の大きさを決め，生地を正方形に裁断する。

② 　スプーンが入るように内ポケットの大きさを決めて，生地を裁断する。

③ 　生地を三角形に中表におり，返し口を残してまわりをミシンで縫い合わせる。

④ 　返し口からひっくり返す。

⑤ 　アイロンで形を整え，まわりをミシンで縫う。

⑥ 　箸が入るように，両角を三角に折り返してかがり縫いをする。

⑦ 　内ポケットのポケット口をまつり縫いで縫う。

⑧ 　内ポケットの位置を決め，ミシンで縫いつける。

⑨ 　巻いた端が止まるように位置を考え，スナップボタンを縫い付ける。

※指示書に記載がないことについては，自分で考えて行う。

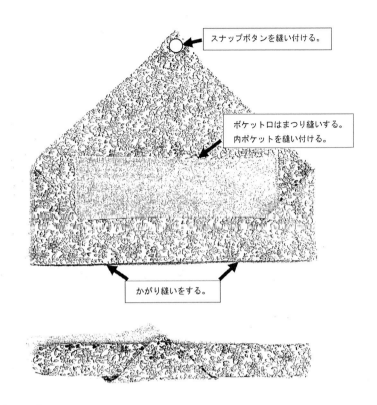

スナップボタンを縫い付ける。

ポケット口はまつり縫いする。
内ポケットを縫い付ける。

かがり縫いをする。

【課題3】

□箸袋の製作での安全指導(裁ちばさみの扱い方の模擬授業)

〈本試験のねらい〉

　箸袋を製作する際に使う「裁ちばさみ」の安全な使い方や渡し方を示範(説明)する。

〈時間〉

　指導構想を練る時間：5分間，示範の時間：5分以内

〈机上にあるもの〉

　はさみ，布

〈内容〉

・本時はしるしつけを終えた後の「布を裁断する授業である」
・「机上にあるもの」を用いながら，安全な使い方や渡し方を指導する。
〈注意〉
・生徒は小学生の時に，裁ちばさみを使って被服製作をしているが，中学生になってからは初めて使う授業である。
・生徒が目の前にいることとして説明する。
※指示書に記載がないことについては，自分で考えて行う。
〈持ち物〉
　裁縫道具(製作に必要と考えるもの)，エプロン又は白衣，三角巾，マスク，ふきん

▼高校保体
【必須課題1】
□陸上運動
【必須課題2】
□ダンス
【選択課題】
□球技
　バレーボール，バスケットボール，サッカーから1種目を選択する
※「中学校学習指導要領解説　保健体育編(平成29年7月)」に示された程度の内容を行う。
※基本的には，雨天でも屋外種目の試験は屋外で行う(状況によって，屋外での試験ができないと判断される場合には，該当する種目の試験を室内で行う等の措置を講ずる)。
<持ち物>
　選択種目に応じて，必要な服装，シューズ，用具を準備し，試験を受ける際の上衣には，胸及び背中に受験番号を記載した白布(縦15cm×横25cm)を縫いつける(例：[高○○○○])。

▼高校家庭

【食物課題1】

□1Lの塩水を次の指示に従い，ボウルに2つ作りなさい。

〈指示〉

・濃度は0.6％とする。

・2つともよく塩を溶かし，1つは提出用，1つは食物課題2で使用する。

【食物課題2】

□りんごを次の指示に従い，飾り切りしなさい。

〈指示〉

・りんご$\frac{1}{2}$個を使い，「うさぎ」を2つ，「木の葉」を1つ飾り切りする。

・食物課題1で作った塩水につけ，その後皿に置いて提出する。

【食物課題3】

□「茶わん蒸し(一人分)」を次の条件と，指示をもとに完成させなさい。

〈条件〉

① 机上の材料を必要な分量を計量して使用する。

② 蒸し器を使用する。

③ 切り方や下ごしらえは指示のとおりとする。

〈指示〉

・だし汁100mLに，塩適量，しょうゆ適量を加えて味付けをし，卵1個を使って卵液を作る。

・えびは，塩少量と酒少量でいり煮にする。

・鶏肉は，そぎ切りにし，酒少量としょうゆ少量で下味をつける。

・生しいたけは，石づきをとり，十文字の飾り包丁を入れる。

・かまぼこは，結びかまぼこにする。

・蒸しあがった茶わん蒸しに，2cm程度に切った三つ葉を入れ，蓋をして提出する。

※制限時間　45分

※実際に生徒が調理実習を行うにあたり，生徒への指導上留意すべき点について考えながら実技次試験に取り組むこと。

【被服課題】

□次の条件に従い，ハーフパンツを製作しなさい。

〈条件〉

・型紙を使用する。

・下記に示す縫い代をつけ，布を裁断する。

・できあがりのしるしをつける。

・脇の縫い代しまつはせず，縫い代は割る。

・また下の縫い代しまつはせず，縫い代は割る。

・また上の縫い代しまつは，二度縫いをする。

・ウエストは，できあがり幅4cmの三つ折り縫いをする。

・ウエストの前側に，ゴムテープの通し口を作る。

・すそは，中折り1cm，できあがり幅2cmの三つ折り縫いをする。

・受験番号布を上の一片のみ，左すその前側にまつり縫いで縫い付ける。

・アイロンをかけて仕上げをする。

ウエスト	5cm
脇	1.5cm
また上	1cm
また下	1.5cm
すそ	3cm

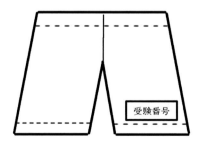

※制限時間　60分

〈持ち物〉

　調理実習ができる服装，裁縫道具一式(裁ちばさみ，糸切りばさみ，ものさし，針，チャコ・チャコペンシル)，ふきん，マジックペン

▼高校音楽
【課題1】
□歌唱又は楽器の演奏
※演奏曲は自由曲とする。
※伴奏が必要な場合は伴奏を録音したCD(CDデッキにて再生可能であること)を持参すること。
※ピアノ以外の楽器を演奏する場合は，各自楽器を持参すること。
【課題2】
□ピアノ伴奏と歌唱
　「夏の思い出」(江間章子　作詞，中田喜直　作曲，ニ長調)を伴奏しながら歌う。
【課題3】
□新曲視唱
　試験当日に示す，調号3つまでの長調又は短調の旋律を階名で歌う。

〈持ち物〉
　課題1で使用する楽譜等，課題2で使用する楽譜

▼養護教諭

【課題1】

□小学校5年生の児童を対象に，学級担任とともに，保健学習「学校
　生活の事故によるけがの防止」の模擬授業を行います。学習の目標
　は次のとおりです。

　学校生活の事故によるけがの防止について，廊下や階段の歩
行の仕方，運動場などでの運動や遊び方などを取り上げ，身の
回りの生活の危険が原因となって起こるけがを防止するために
は，周囲の状況をよく見極め，危険に早く気付いて，的確な判
断の下に安全に行動することが必要であることを理解できるよ
うにする。

　児童が，自分との関わりとして主体的に考えられるような導入の指
導を3分間で行いなさい。

※試験室の黒板及びチョークを用いることができます。

【課題2】

□保健室対応「小5男子が昼休みにおにごっこをしていて，友達のひ
　じが目に当たった。」

〈物品〉ビニール袋，ペンライト，クリップボード，ペン，アイスノ
　ン，タオル，嘔吐ケア，洗面器，電話

・考える時間1分，実施4分

・付き添いがいることは明記されていなかったが，聞き取りをしたと
　ころ，担任を呼びに行ってくれているという設定だった。

・試験官1人が点数入力，もう1人は児童役を兼任していたようにみえ
　た。

▼栄養教諭

【課題】

　小学校5年生を対象とした給食の時間における「食に関する指導」
を行いなさい。

　　給食の時間に，教室において，献立を教材とした「郷土食と旬の食材」について，指導しなさい。

　　「郷土食」については，岐阜県の地域に伝わる内容とし，岐阜県内であればどの地域でも構わない。「旬の食材」については，地場産物とする。季節は，問わない。

○指導のねらい

・「郷土食」について，献立のねらいや地域に伝わる歴史等を理解し，郷土食を尊重する心を育むなど，食文化を学ぶことができる。

・「旬の食材」について，地場産物を活用することにより，地域への愛着を育むとともに生産者の工夫や努力について考え，地域の食に関する生産，流通，消費について，理解を深めることができる。

○児童の実態

・社会の授業で，米づくりや野菜づくりの盛んな地域を取り上げ，生産者の技術に着目して，生産者に関わる人々の工夫について学んでいる。

○指導上の留意事項

・指導する日に提供されている学校給食の中で，「郷土食」と「旬の食材」について指導する。

・郷土食で活用されている食材の栄養についてふれ，バランスよく栄養を摂取することを指導する。

◆個人面接(2次試験)

▼小学校教諭　面接官2人　試験時間20分

【質問内容】

□子供にイライラしたことは。

□「思いやりの心」を育てるには。
□実習でどんな授業した。
　　→その時どんな反応があったか。
□ストレスをどう解消するか。
【場面指導課題】
□あなたは6年生の担任である。明日はいよいよ6年生を送る会である。前日の帰りの会でどんな話をするか。
　　→6年生担任になったら学級目標をどうするか。
・2分で実演をする。

▼中学英語　面接官2人　試験時間20分
【質問内容】
□留学先で最も印象的だったことは。
□生徒がなわとび大会をやっている際に，いやだと言って不登校になった。どう対応するか。
□伝統や文化を残していくためにはどうすればいいか。
【場面指導課題】
□中3の2学期において，Aさんが「授業前に時間を守るよう声かけをする」と言った。帰りの会でそれを周知するには，どのように指導するか。
　　→一番意識したことは。
　　→生徒がその後やってくれない時どうするか。

▼養護教諭　面接官2人　試験時間20分
【質問内容】
□志望理由。
□吹奏楽のことについて。
□勤務校でのことについて。
□公立と私立のちがいは。
□挫折経験。

□心の病になる先生が多いが，大丈夫か。

□困った人を助けたことはあるか。

□人に相談できるタイプか。

□校種希望について。

【場面指導課題】

□小学5年生に対して睡眠の大切さを指導。

□歯磨きの大切さを放送で指導。

□小6薬物乱用防止講座の事前指導。

　　→気をつけた点は。

　　→家庭へのはたらきかけとして意識することは。

　　→学習指導要領で睡眠を扱っているものは。

　　→保健だよりで工夫しているところは。

▼栄養教諭　面接官2人　試験時間20分

【質問内容】

□岐阜県の教員採用試験を受けることになった動機。

□食文化以外で岐阜県のことを何か知っているか。

□あなたの強みは何か。

　　→それによってうまくいった場面はあるか。

□短所で直したいところは。

□今までの学生生活で印象に残っている先生との関わりについて。

□料理は好きか。

□好き嫌いへの対応。

□これから栄養教諭として働く中で不安に思うことはあるか。

□栄養教諭として大切にしたいことは。

□気になるニュース(教育以外でも可)。

□いろいろな人と関わる中で，あなたの得意なことを生かせる場面は
　あるか。

□教育実習で指導がうまくいかなかったことはあるか。

　　→うまくいかなかった場合どうするか。

□学校組織の中で大切にしたいこと。

□新しいことに挑戦したことはあるか。

　→その中で不安なことはなかったか。

【場面指導課題】

□残食が多い学級に適量食べることの大切さについて指導してほしいと担任からお願いされた。

　→何の時間を想定していたか。

　→途中で終わったが，この後，何分くらい話す予定か。

　→この後，どんなことを話そうと思っていたか。

　→昼休みを使ってでも全部食べさせようとする担任になんと声かけするか。

　→どうしても苦手で食べられない児童への対応。

　→指導後，担任の先生へどんな働きかけをするか。

　→先生以外だったら誰と連携するか。

　→指導でうまく伝わらない児童への対応。

　→効果的な指導を行うための工夫は。

　→児童生徒をたくさん褒める場面は何か，その場面は教育実習であったか。

2022年度

◆集団面接(1次試験)　面接官3人　受験者5〜6人　20〜40分程度

▼小学校全科

【質問内容】

□教員を志望した理由は何か。

□岐阜県を志望した理由は何か。

□理想の教師像は何か。

□大学生活で苦労したことは何か。

□コロナに罹った子どもの保護者から「来週，学校に戻ります」との電話があった場合，あなたはどのように対応するか。

□8050問題を知っているか。
□不登校の子どもがいたらどうするか。

▼中学英語
【質問内容】
□なぜ先生になりたいのか。
□なぜ岐阜県なのか。
□どんな先生を目指しているか。
□「英語はなぜ勉強するのか」という生徒に対してどのように指導するか。
　　→面接官を生徒に見立てて行った。
・面接官は3人いるが，実際に質問するのは2人だった。
・全て挙手制で行われた。

▼中学保体
【質問内容】
□岐阜県の教員を志望した理由は何か。
□自己PRをしてください。
□大学での挫折経験とその解決方法について説明してください。
□保健体育の授業をやる時に気を付けることは何か。
□岐阜県の教育の魅力は何か。
・10問程度質問された。

▼高校数学
※以下の流れで行われた。
①面接官が扉を開ける
②全員が揃ったら「お座りください」と言われる(氏名や受験番号は言わない)
③面接開始
④面接終了

⑤面接官が扉を開け，1人ずつ「失礼します」と言って退出

【質問内容】

□教員を志望する理由は何か。

□学校教育と家庭教育の違いは何か。

□担任として保護者に何を伝えたいか。

□自己アピール・自分の強み・セールスポイントについて説明してください。

□自分の教科で生徒に何を身に付けさせたいか。

・回答する順番は交互であった(1問目で1番の人は2問目で6番，1問目で6番の人は2問目で1番だった)。

▼高校数学

【質問内容】

□志望理由は何か。

□学校教育と家庭教育の違いは何か。

□担任として保護者に何を伝えたいか。

□自己アピール(自分の強み，セールスポイント)について説明してください。

□自分の教科で生徒に何を身に付けさせたいか。

・回答する順番は，次のように面接官が当てていった。

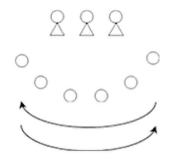

▼養護教諭
【質問内容】
□志望動機は何か。
□養護で活かせる自分の特技は何か。
□教育相談で大切なことは何か。
□今，教育相談で勉強していることはあるか。
□アレルギー対応で教員に伝えたいことは何か。
□困難だったことと，それをどう乗り越えたか。
□教員の健康を守るためにやってみたいことは何か。
・全て挙手制だった。

▼養護教諭
【質問内容】
□教員を志望した理由は何か。
□岐阜県を志望した理由は何か。
□どんな養護教諭になりたいか。
□これまでの挫折と乗り越えた方法について説明してください。
□子どもに「絶対に他の人に言わないで」と悩みを打ち明けられたら
　どうするか。
　　→子どもとの信頼関係が崩れませんか。(追質問)
・挙手制で行われ，4人で打ち切りとなった。
□自分の性格も絡めて，養護教諭と関係ない業務を任されたらどうす
　るか。
□どんな保健室経営をしたいか。
・基本的に話す順は指定された(右の方からなど)。

◆適性試験(2次試験)　10〜15分程度
　※2次試験前までに，各自Webで行い，個人面接の参考資料となる。
　　▼小学校教諭・中学英語・中学保体・高校数学・養護教諭

【検査内容】

□性格検査

※以下のように，AとBの2択問題で，①～⑤のうち当てはまるものを
　選んだ。

①Aがよく当てはまる

②どちらかというとAが当てはまる

③どちらともいえない

④どちらかというとBが当てはまる

⑤Bがよく当てはまる

・全部で30問だった。

◆実技試験(2次試験)

　▼小学校教諭

【体育課題1】

□ボール投げ

・ドッジボールを相手が取りやすいように投げた。

・練習2球，本番1球投げた。

・男子と女子で投げる距離が違った。

【体育課題2】

□縄跳び

・二重跳び20秒間の跳べた合計回数を見られた。練習30秒，休憩15秒，
　本番20秒だった。

・8の字跳びができない子どもに対して，どのように配慮して指導を
　行うか。2分で構想を立て，2分で試験官の前で演じた。

※2種目とも原則マスクを着用して実施した。受験者からマスクを外
　したいという申し出がある場合は，外しても良かった。

・受験番号が遅ければ遅いほど長く待たされるため，早く終わりたい
　人は早めに申し込んだ方がよい。

▼中学国語

【課題1】

□中学校第2学年において，次の単元を指導するとき，学習計画の第1
　時で生徒に提示する「封筒と手紙」の手本を書きなさい。ただし，
　【注意事項】に示した7点に従うこと。

一　単元名　「気持ちを込めて手紙を書こう」

二　指導目標

・伝えたい気持ちや内容を明確にし，それが伝わるように表現や構成
　を工夫して手紙を書くことができる。

・手紙の書き方を知り，推敲して相手や目的に応じた手紙を書くこと
　ができる。

・言葉には，相手の行動を促す働きがあることに気付くことができる。

三　言語活動

・職場体験でお世話になる事業所に訪問前の手紙を書く。

　11月1日から3日間，職業体験でお世話になる事業所へ，その事業所
を選択した理由と学びたいことを記述することを通して，お世話にな
る事業所に職場体験への決意を伝える手紙を書く。

四　学習計画(全4時間)

第1時　学習のねらいを確認し，学習の見通しをもち，手紙の書き方
　を知る。

第2時　相手と目的に応じて，内容を決めて下書きをする。

第3時　仲間同士で下書きを読み，気付いたことを交流し，推敲する。

第4時　清書し，学習を振り返る。

＜注意事項＞

・指導目標，言語活動の目的及び意図を踏まえ，生徒の手本となる手
　紙にすること。

・依頼をする事業所は，次のとおりとすること。

[事業所]…中学校区内の「岐阜市立中央小学校」

・小学校では教師の仕事を体験する。

・手紙は，「前文，主文，末文，後付け」の形式に沿って，縦書きで

書くこと。また，用意された用紙を使い，一枚でおさめること。

・封筒の「表書き，裏書き」の形式に沿って，縦書きで書くこと。
その際，封筒に書く[受取人]及び[差出人]の住所・氏名は，次のとおり
とし，用意された用紙に書くこと。

[受取人]…郵便番号　500-1234　岐阜市長良中央町十番地　岐阜市立
中央小学校

[差出人]…郵便番号　500-5678　岐阜市清流町三番地　清流花子

・句読点を使用し，楷書で書くこと。

・下書き用紙は自由に使ってよい。

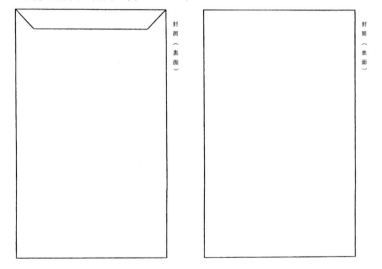

【課題2】

□中学校第1学年を対象に，〔思考力，判断力，表現力等〕A　話すこ
と・聞くこと「話し合いの進め方の検討，考え方の形成，共有(話
し合うこと)」の指導をしなさい。その際，＜条件＞と＜留意点＞
を踏まえること。

＜条件＞

①　本時のねらいを「目的に沿って話し合い，互いの発言を結び付け

て，話題についてのグループの考えをまとめることができる」とする。

② 本時は，「『学校図書館の利用を活性化するには』という話題について，グループの考えをまとめるグループ・ディスカッション」を行う。

③ 本時までに，一人一人が考えをもっている。本時は，それらを持ち寄ってグループとしての考えをまとめる時間とし，その導入を指導する。

④ グループは5人で編成し，司会と書記を決めて話し合うこととする。

⑤ グループでまとめた考えは，次の時間に全体の場で報告する。

＜留意点＞

・「主体的な学び」「対話的な学び」「深い学び」のいずれか(複数可)の視点を踏まえた授業とすること。

・役割に応じた具体例を入れるなどして，生徒に分かりやすく話すこと。

・必要に応じて，黒板を使用してもよい。

■中学校第1学年に対する〔思考力，判断力，表現力等〕A　話すこと・聞くこと「話し合いの進め方の検討，考えの形成，共有(話し合うこと)」の指導に関する授業の導入

＜注意点＞

○ 試験会場では生徒がいることを想定し，5分間の指導をする。(必要に応じて，黒板を使用してもよい。)

○ 試験会場入室時に，志願種別と受験番号を告げる。(5分間の指導の中では，自己紹介をする必要はない。)

○ 指導開始4分30秒後に試験官が手を挙げる。途中の場合はまとめに入る。5分後に試験官が「5分経ちました。」と伝えるので，指導を終える。(時間の正確さは，採点の対象に入らない。)

○ 問題確認後，5分間で指導の構想を立てる。【構想メモ】は，試験会場で利用することができる。教卓上など，見やすい所に置いてよ

い。)
○　実技試験後に問題用紙を回収する。(【構想メモ】は，採点の対象に入らない。)

▼中学数学
【課題1】
※指導の構想を練る時間：5分間　実技試験の時間：4分間
＜ねらい＞
　個別に指導する場面において，生徒の状況を把握し，つまずきを踏まえて適切に指導ができるかを評価する。
＜問題＞
□あなたは，中学校第1学年の数学科教科担任です。
「正の数と負の数」の単元の授業で，「正の数と負の数の四則計算」の復習問題として，生徒が次の【問題】に取り組んでいます。
【問題】　次の計算をしなさい。
(1)　$(-3)\times(-2)^2+(-6)$
(2)　$(-3)\times(-4)-(-2^2)$
(3)　$6-(-2^3)\div(-4)$

　ある生徒が次の(学習プリントの抜粋)のように解答し，「先生，できました。」と言いました。この生徒に個別指導をしなさい。
(学習プリントの抜粋)
【問題】　次の計算をしなさい。
(1)　$(-3)\times(-2)^2+(-6)=-18$
(2)　$(-3)\times(-4)-(-2^2)=8$
(3)　$6-(-2^3)\div(-4)=4$
※計算の途中式は，試験会場で提示します。

ただし，以下の2点を踏まえて指導すること。
①4分間以内で指導する。

②試験会場にある以下の用具等を使用してもよい。

・教科書(中学校数学第1学年：大日本図書又は東京書籍)

・受験者用ボールペン(黒，赤)

■学習プリント

(1) $\quad (-3)\times(-2)^2+(-6) = (-3)\times(+4)+(-6)$

$\qquad\qquad\qquad\qquad\quad = (-12)+(-6)$

$\qquad\qquad\qquad\qquad\quad = -12-6$

$\qquad\qquad\qquad\qquad\quad = -18$

(2) $\quad (-3)\times(-4)-(-2^2) = (+12)-(+4)$

$\qquad\qquad\qquad\qquad\quad = 12-4$

$\qquad\qquad\qquad\qquad\quad = 8$

(3) $\quad 6-(-2^3)\div(-4) = 6-(-8)\div(-4)$

$\qquad\qquad\qquad\qquad\quad = 6-(+2)$

$\qquad\qquad\qquad\qquad\quad = 6-2$

$\qquad\qquad\qquad\qquad\quad = 4$

【課題2】

※指導の構想を練る時間：5分間　実技試験の時間：4分間

＜ねらい＞

　学級全体を指導する場面において，指定された学年で，指定された領域を学ぶ意義について，内容の系統性を踏まえて適切な指導ができるかを評価します。

＜問題＞

□あなたは，中学校第2学年の数学科教科担任です。

　教室には，中学校第2学年のある学級の生徒全員がいます。

　今日は，中学校学習指導要領に記載された第2学年の「D　データの活用」の(1)を学習する最後の時間です。この学級の生徒全員を対象にして，既習の学習内容を踏まえて，中学校第2学年の「D　データの活用」の(1)を学ぶ意義について，全体指導をしなさい。

ただし，以下の2点を踏まえて指導すること。

①4分間以内で指導する。

②試験会場にある以下の用具等を使用してもよい。

・教科書(中学校数学第2学年：大日本図書又は東京書籍)

・黒板

・チョーク(白・黄)

▼中学社会

【課題】

□次の内容について，授業場面を「導入段階」「追究段階」「終末段階」から1つ選択して授業を構想しなさい。

＜地理的分野＞

「少子高齢化の課題，国内の人口分布や過疎・過密問題などを基に日本の人口に関する特色を理解させることをねらいとした学習の指導」

○中学校学習指導要領(平成29年告示) 解説 社会編 文部科学省

「2 内容 C 日本の様々な地域 (2) 日本の地域的特色と地域区分 ア(イ)」

○教科書(「新しい社会 地理」東京書籍) p.168〜p.169

▼中学理科

実技試験は，「授業の予備実験」を行っていることを想定しなさい。

6分間で，下の[   ]の実験器具を必要に応じて使用し，問題を解きなさい。

[電子天秤・メスシリンダー・スポイト・ビーカー(300mL)・ビーカー(100mL)・雑巾・水]

記入が終了したら試験官に「終わりました。」と伝えなさい。

その後，メスシリンダーの正しい使い方について，生徒が目の前にいることとして，別紙1を使って2分で説明しなさい。

【課題1】

□メスシリンダーや電子天秤などを用いて，A，Bの2種類の物体の質

量と体積を測定し，小数第1位まで記入しなさい。

	A	B
質量〔g〕		
体積〔cm³〕		

また，それぞれの密度について，上記の必要な測定値を用いて立式し，計算により求めなさい。

解答用紙の式の欄には式を，密度の欄には数値を記入しなさい。数値が小数になる場合は，小数第2位を四捨五入し，小数第1位まで記入しなさい。

	A	B
式		
密度〔g/cm³〕		

【課題2】

□ メスシリンダーの正しい使い方について，生徒が目の前にいることとして，別紙1を使って2分で説明しなさい。

「始め」の合図まで，裏面を向けないこと。

実技試験は，「実際の授業で，生徒と実験方法を確認する場面」の想定とします。

①問題を読み，生徒への指導を考えなさい。

3分後に，試験官が「はじめ」の合図をします。

※終了30秒前に声をかけます。

②合図の後，5分間で，指導しなさい。

※終了の「終わり」の合図まで声をかけません。

指導を終えた時点で，試験官に「以上です。」と伝えなさい。

【課題3】

□デンプンを含む溶液にだ液を加えて，デンプンが麦芽糖などに変化するのかを，ヨウ素液とベネジクト液を使って調べる実験方法を確認する場面です。

　まず，黒板に書かれた「課題」と，生徒の「予想」を読みなさい。

　次に，生徒の予想を確かめるための実験方法について，生徒が目の前にいることとして5分間で指導しなさい。

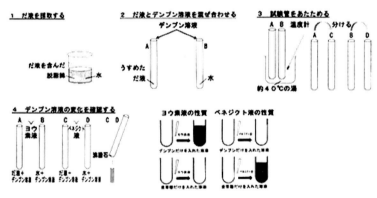

■黒板

※事前に文字をチョークで書き，資料を掲示しておく。

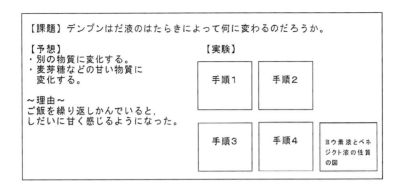

【課題】デンプンはだ液のはたらきによって何に変わるのだろうか。

【予想】
・別の物質に変化する。
・麦芽糖などの甘い物質に
　変化する。

～理由～
ご飯を繰り返しかんでいると,
しだいに甘く感じるようになった。

【実験】

手順1　手順2

手順3　手順4　ヨウ素液とベネ
　　　　　　　　ジクト液の性質
　　　　　　　　の図

▼中学英語

【課題1】面接官2人　受験者1人

※話すことの指導の導入(最初の8分間)の実演(1人ずつ3会場に分かれて実施)

□中学校3年生を対象とした2学期の授業における言語活動を想定する。話題は, ‘人権’について。単元終末の「話すこと[発表]」の言語活動への見通しがもてるような単元導入時の指導をする。

・示された既習事項等を参考にして, 8分間の導入部分の指導を創意工夫する。

・準備会場において, 事前に指導の構想を練る時間(8分)を与える。その際, メモやカード等の教材や学習プリント等を作成することを認める。

・指導は, 会場への入室と同時に, 実際の授業場面を想定して行う。簡単な学習プリント等を配布し使ってもよい。

・生徒が着席している, 生徒が発言するなどと仮定し, 問いかけたり価値付けたりしてもよい。

・開始から8分たった時点で, 課題2の会場へ移動する。

【課題2】

□英語教育等についての英語による質問に対する英語による即答

(課題1終了後, 3人を1会場に集めて実施)

■ネイティブスピーカーからの質問■

① What is the most important thing for junior high school students to develop their English communication abilities?

② Students in Japan don't have enough chances to use English. What can we do to give more chances to use English?

(時間があれば)

③ If your students need some advice about the ways of studying English at home, what will you say to them?

・課題1が終了後，会場を移動して3人を1会場に集めて実施する。

・ネイティブスピーカーが英語で質問と指示をする。その指示に従って英語で回答する。(8分間)

※必要に応じて試験官がストップをかけたり，受験者に対して答えを促したりする。

▼中学技術

【課題1】

□「タブレットPCスタンド」の製作

【製作の条件】

・オンライン授業を行うため，タブレットPC(横172×縦243×厚さ13)スタンドを机上に置いて使用したい。

・使用しないときはタブレットPCとタッチペンを収納できるようにする。

・使用したいと予定している机上のスペースは，幅400，奥行き400である。

・オンライン授業時に目線の近くで両面が見られるようにしたい。そのため，タブレットPCは机上に触れることなく，スタンド上に設置できるようにする。

・材料は(アガチス材150×1050×12)を使用する。

・製作時間は片付け・掃除も含めて150分とする。

・A3用紙に，全体を表す構想図と材料取り図をかくこと(正確な製図

の図法や正確な縮尺は問わない)。

・A3用紙の全体を表す構想図は，課題2のために40分経過時点で写真撮影を行うが，その後作業の状況に合わせて変更を行ってもよい。

・なお，材料取り図の中に，側板①，側板②，底板，棚板①，棚板②…などと各部品名がわかるように示すこと。また，それぞれの寸法がわかるように示すこと。

・かんなを必ず使用するものとする。

・接着剤のみの組み立てでは時間を要するため，くぎ(N32)を必ず用いる。30本までとする。

・塗装は行わず，完成後はすぐに使う想定である。

【課題2】

□構想図の説明指導

○作品例を示す指導…生徒たちが作品の構想に取り組む場面で，教師が事前にかいた図面(課題1での全体を表す構想図を)を作品例として示す。(5分)

【条件】(生徒について)

・生徒たちは，課題1と同じ条件で構想に取り組んでいる。

【条件】(指導内容について)

・作品例における，社会からの要求，生産から使用・廃棄までの安全性，耐久性，機能性，環境への負荷，資源の有限性，経済性のうち二つに着目できるように例示する。

・材料の特性，構造，加工の特性等に配慮し，材料の加工方法，成型方法等のいずれかを最適化している点を例示する。

※試験官1名は生徒役を行うものとする。

※試験会場にはタブレットPCが準備してあり，12：45時点での構想図の写真が記録され，大型モニタに表示できるように設置されている。

【課題3】

□プログラミングに関する指導

・a　ビジュアルプログラミング「スクラッチ3.0」に基づいた分岐と変数についての指導

・b　生徒からの質問への対応

＜情報に関する技術「プログラミングの変数」について＞

a　ビジュアルプログラミング「スクラッチ3.0」を使って，以下の画面の「街灯」点灯の仕組みに関するプログラムの説明を「変数」の解説も含めて，一斉指導の形で6分以内で行う。

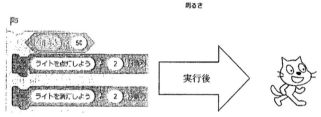

【条件】(生徒の実態について)

・小学校5年生の算数，6年生の理科でプログラミングに取り組んだ学習内容をもとにして一斉指導行うものとする。

・これまでの学習で，スクラッチ3.0を利用して，順次，分岐，反復については学習している。

【条件】(指導内容について)

・実際の授業場面を想定し，説明にはアクティビティ図(フローチャート含む)を用いて説明すること。

・変数の概念と自分達の生活との結びつきについて説明すること。

※試験官1名は生徒役を行うものとする。

※試験会場にはPCが準備してあり，スクラッチ3.0も起動し，上記のプログラムが大型モニタに表示されている。なおPCの画面は操作できない。

※ホワイトボードとペンを使用することができる。

▼中学家庭

【課題1】

□「マスクケース製作(大きさの決め方に関わる示範)」

＜ねらい＞

　使いやすいマスクケースを製作するときの大きさの決め方を示範(説明)する。

＜時間＞

指導構想を練る時間：5分間

示範の時間：5分間以内

＜机上にあるもの＞

・大人用マスク　1枚

・マスクケース　1個

・布　1枚

＜内容＞

・「机上にあるもの」を必要に応じて用いながら，使いやすいマスクケースにするために，どのように大きさを決めたらいいかを説明する。

(注)製作の手順までの説明は必要ないこととする。

・生徒が目の前にいることとして説明する。

【課題2】

□「マスクケース」

＜ねらい＞

　見た目が美しく，使いやすいマスクケースを手順に沿って製作できるかを評価する。

＜時間＞

　被服実技試験の時間：100分間　(準備・マスクケースの製作・片付けも含む)

※上記以外に，調理指導の構想・示範及び被服指導の構想・示範を45分間程行う。

＜作り方＞

①　それぞれの布の大きさを決め，裁断する。

・表布：1枚

・ポケット布(マスクを入れる部分)：2枚

② ポケットを縫う。

・ポケットの出し入れ口の部分は，2枚とも三つ折りをする。

・ポケット布の2枚のうち1枚の出し入れ口は，三つ折りした部分を手
　縫いでまつり縫いをする。

・ポケット布のもう1枚の出し入れ口は，三つ折りした部分をミシン
　縫いで直線縫いをする。

③ 表布の周囲を縫う。

・表布の左右にポケット布を配置する。

・表布の周囲を三つ折りにする。

・表布の周囲をミシン縫いで直線縫いをする。

④ スナップをつける。

・図を参照して，スナップをつける。

⑤ 提出する。(試験官の指示の後)

・ポケットにマスクを入れ，スナップをして，提出する。

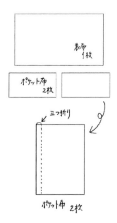

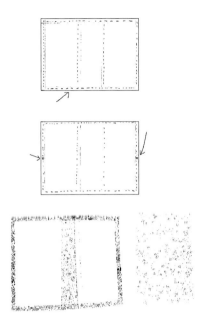

【課題3】

□「豚肉の生姜焼き」

＜ねらい＞

　実習前の場面で，中学2年生の生徒に対し，作り始めから片付けまでの示範(実際に作りながら，安全面や調理のポイントを示す)を評価する。

＜時間＞

指導構想を練る時間：5分間

示範の時間：15分間

＜内容＞

・1人分を調理する。

・しょうがは，皮をむき，すりおろす。

・材料と調味料等の分量は，以下の通りとする。

```
豚肉(薄切り)        2枚
油                 5mL
たれ  しょうが      5g
      しょうゆ      5mL
      みりん        10mL
```

・たれは，最後に絡める。

・皿に盛りつけて提出する。

・使った道具等は，洗ってから水分を拭きとる。

＜留意事項＞

・調理用具，材料はすでに洗ってある。

・「開始」と「終了」は，試験官が指示をする。

・調理の手順，方法等は，本指示書通りとする。

(指示書に記載がないことについては，自分で考えて行う。)

▼中学音楽

【課題1】

□模擬指導及び指揮歌い

・「浜辺の歌」(林古溪　作詞　　成田為三　作曲)

・3分間を持ち時間とし，審査員を生徒に見立てて歌唱のポイントについて模擬指導をする。

・無伴奏で1番を指揮歌いする。

【課題2】

□ピアノ伴奏と歌唱

・「赤とんぼ」(三木露風　作詞　　山田耕筰　作曲)1番を，伴奏を弾きながら歌う。

＜学校の備品を借用＞

・ピアノ

＜その他用意するもの＞

・譜面台(3つ)

・ストップウォッチ(1つ)

277

・ベル(1つ)

※歌うときは，マスクを着用して歌う。

▼中学保体

【必須課題1】

□器械運動(鉄棒運動)

【必須課題2】

□ハードル走

【必須課題3】

□ダンス

【選択課題】

□バレーボール，バスケットボール，サッカーから1つ選択

＜持ち物＞

　第2次選考試験対象者(中学校保健体育受験者)は，第2次選考試験当日に実施要項の持ち物を準備すること。

※必要な服装，シューズ，用具を準備し，試験を受ける際の上衣には，胸及び背中に受験番号を記載した白布(縦15cm×横25cm)を縫いつける。

※雨天時などは，器械運動(鉄棒運動)及びハードル走は実施しない。

※全種目ともマスクを外して行うが，本人がマスク着用で実施すると決めた場合にはその限りではない。

※ダンスを除き，受験者を3つのグループ(1グループに付き10名程度)に分けて，グループごとに各種目をローテーションしながら実施。

・ダンスは導入の部分を授業だと思って試験官の前で行った。

▼中学美術

【課題1】

□自画像を描く

＜ねらい＞

　中学校美術科の指導をするために必要な資質・能力のうち，「発想

や構想の能力」と「創造的な技能」をみる。

＜受験者への提示内容＞

○「○○の私」というテーマを設定し，自画像を描く。自分の作品に込める思いが，効果的に表現されるよう，他のものと組み合わせて両面構成を工夫する。鉛筆で描き水彩絵の具で彩色する。

[留意事項]

・鉛筆を使って写実的に描く。

・他のもの(例：植物，風景，幾何学模様など)を組み合わせて画面構成を工夫し，作品に表現する。

・明暗や主調色などを工夫し，自分のテーマ(表現の思いや意図)が表れる彩色をする。

・自分の思いと表現意図が伝わるようなコメントを記入し，作品下部中央に貼付する。

【課題2】

□題材の導入の模擬授業

＜ねらい＞

　美術科の指導をするために必要な資質・能力のうち，「教科の専門性」「集団の指導力」などの教育の専門家としての確かな力量や，「コミュニケーション能力」などを総合的にみる。

＜受験者への提示内容＞

○教科書から一題材を選び，その題材の導入を行うという設定で，興味・関心が高まるような模擬授業を7分以内で行う。

[留意事項]

・20分間を模擬授業の準備の時間とする。

・教室に用意してあるA4上質紙，八つ切り画用紙，四つ切り画用紙は，模擬授業の構想をまとめたり，自作資料を作成したりするのに使用してよい。

・教室に用意してある教科書を使用してもよい。ただし，加工はしない。

・生徒を想像しながら，意見や感想を求めながら対話を通して行う。

・7分以内の模擬授業は，入室から始め，受験者が自分で進める。

・7分でチャイムが鳴り，そこで終了する。

▼高等家庭

【食物課題】

※制限時間　25分

□1　二人分のかきたま汁をつくり，お椀に盛りなさい。なお，「材料A」および「材料B」を使うこと。

＜二人分の材料＞

○材料A

・だし汁　　　　300cc

※だし汁は水適量にこんぶ3g，かつおぶし3gを使って各自で準備すること。

○材料B

・塩　　　　　　1.4g

・しょうゆ　　　（　）g

・片栗粉　　　　（　）g

・水　　　　　　適量

・卵　　　　　　50〜60g(1個)

・ねぎ　　　　　適量

□2　1について，以下の問いに答えなさい。

(1)　「材料A」に「材料B」を加えて，塩分濃度0.8％，でんぷん濃度1％となるようにしたい。必要となるしょうゆ，および片栗粉の分量を答えなさい。ただし，塩，しょうゆ以外のものに含まれる塩分は考慮しないものとする。なお，以下の点に留意すること。

【留意点】

・しょうゆの塩分含有量は16％とする。

・各分量は，小数第1位を四捨五入して答えなさい。

[解答欄]

しょうゆ：　　g

片栗粉　：　　g

(2)　だしの取り方についての注意点を3つ簡潔に答えなさい。

[解答欄]

○

○

○

(3)　かきたま汁の卵がきれいに固まり，汁が濁らない方法の注意点を
　　3つ簡潔に答えなさい。

[解答欄]

○

○

○

※制限時間　10分

□3　にんじんで「ねじり梅」を1枚以上作り，この用紙の上にのせな
　　さい。切り残したにんじんも含め全て提出しなさい。

＜ねじり梅＞

＜切り残したにんじん＞

□4　きゅうりで「蛇腹」を作り，この用紙の上にのせなさい。切り
　　残したきゅうりも含め全て提出しなさい。

```
<蛇腹>


<切り残したきゅうり>


```

【被服課題】

※制限時間　45分

□次の条件に従い，シャツブラウスの左身ごろのそで付けを行いなさい。

(ただし，下記の条件が示す順序については，作業工程の順序ではない。)

≪条件≫

・地直しをする。

・下記が示す箇所に縫い代を付け，布を裁断する。

<身ごろ>

肩	1cm
そでぐり	1cm
脇	1cm

<そで>

そで山	1cm
そで下	1cm
そで口	2cm

・上記以外の箇所は，縫い代は付けず，断ち切りとする。

・そで付けの縫い代は，二度縫いを行い，身ごろ側に倒す。

・肩，脇，そで下の縫い代は，割る。

・そで口のできあがりは，幅1.5cmとする。
・身ごろすそに，受験番号を書くこと。

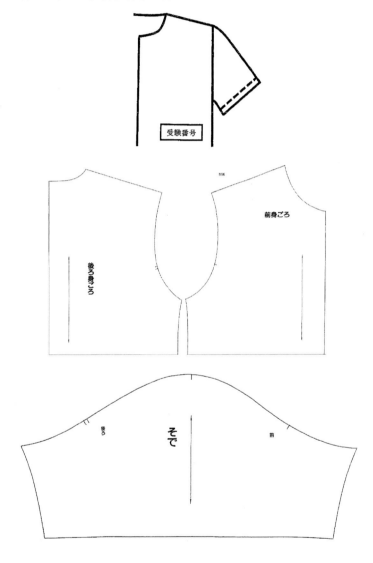

▼高等保体

【必須課題1】

□陸上運動

【必須課題2】

□ダンス

【選択課題】

□バレーボール，バスケットボール，サッカー(これらから1種目を選択する)

※「中学校学習指導要領解説　保健体育編(平成29年7月)」に示された程度の内容を行う。

※基本的には，雨天でも屋外種目の試験は屋外で行う。(状況によって，屋外での試験ができないと判断される場合には，該当する種目の試験を室内で行う等の措置を講ずる)

＜持ち物＞

　選択種目に応じて，必要な服装，シューズ，用具を準備し，試験を受ける際の上衣には，胸及び背中に受験番号を記載した白布(縦15cm×横25cm)を縫いつける。

例)[高○○○○]

▼高等美術

【課題】

□石膏像「ラボルト」を鉛筆で写生しなさい。

【試験時間】

12：00〜15：00(3時間)

【配付物】

・イラストレーションボード

・A4コピー紙(鉛筆の削りカスを包むためのもの)

【条件】

・座席位置はくじ引きにて決めます。

・画面は縦位置とします。

・描画は，配付したボードのどちらかの面を使用してください。
・使用する描画材料は鉛筆(硬度は自由)，消し具，両面をこするための用具，図り棒，図り糸(分銅)とします。指示された用具以外の使用は認めません。
・イーゼルの位置は動かすことができません。高さの調節は可とします。
・制作中，席を立って自分の作品を見ても構いません。ただし，作品を他の場所に動かすなどはできません。また，他の受験生の迷惑になる行為は厳に慎んでください。
＜その他＞
・試験内容に関する質問は一切受け付けません。
・試験終了後，右上にボールペンで受験番号を記入してください。
・鉛筆の削りカスや消しゴムのカスは，使用済み封筒入れて(A4コピー用紙に包んで)持ち帰ってください。

▼高等書道
※制限時間　2時間30分
□次の問題一〜八を指示に従って所定の解答用紙に書きなさい。持参の紙で練習してもよいが，提出作品は所定の解答用紙に書くこと。
※一問につき提出作品は一枚とし，すべて解答用紙(提出作品)の右上に大きく受験番号をボールペンで書きなさい。
※問題一〜四，および問題七の解答用紙(提出作品)には折り目を付けてもよい。
※すべての解答用紙(提出作品)に下書きはしないこと。
問題一　別紙の漢字の古典「仰觀壯麗」を半紙に臨書しなさい。落款はなしでよい。
問題二　別紙の漢字の古典「鳳去秦郊迴。鶉飛楚塞空。蒼梧雲影去。涿鹿霧光通。」を半切紙に臨書しなさい。
・落款は「令子臨」と書くこと。
・落款印の形，大きさ，位置を赤サインペンで示すこと。

問題三　次の字句を画仙紙(半切または全紙二分の一)に創作しなさい。

・書体，構成，紙の縦横は自由。

・全紙を，半切または全紙二分の一の大きさに切って書くこと。

・落款は「和夫書」と書くこと。

・落款印の形，大きさ，位置を赤サインペンで示すこと。

[和気致祥]

問題四　次の漢詩を画仙紙(半切または全紙二分の一)に創作しなさい。

・書体，構成，紙の縦横は自由。

・全紙を，半切または全紙二分の一の大きさに切って書くこと。

・落款は「春花書」と書くこと。

・落款には「杜甫詩」または「杜甫詩　春望」を加えてもよい。

・落款印の形，大きさ，位置を赤サインペンで示すこと。

国破山河在　城春草木深　感時花濺涙　恨別鳥驚心
烽火連三月　家書抵万金　白頭掻更短　渾欲不勝簪

問題五　別紙の仮名の古典「白雪のともに我が身はふりぬれど心は消
　　えぬものにぞありける」を半紙に臨書しなさい。

・落款はなしでよい。

・半紙を縦長に二つ折りにして，その右半分の中央に書くこと。

・実寸大で臨書すること。

・敷き写しはしないこと。

問題六　次の和歌を「仮名」の作品として色紙に創作しなさい。

・構成，漢字と仮名の変換，変体仮名の使用は自由。

・落款は「さくら書」と書くこと。

・落款印の形，大きさ，位置を赤サインペンで示すこと。

見わたせば山もとかすむ水無瀬川ゆふべは秋となに思ひけむ

　問題七　次の詩は土井晩翠作詞「荒城の月」の一節である。「漢字仮
　　名交じりの書」の作品として画仙紙(半切または全紙二分の一)に創
　　作しなさい。

・書体，構成，紙の縦横は自由。

・漢字と仮名の変換はしないこと。

・変体仮名は使用しないこと。

・全紙を，半切または全紙二分の一の大きさに切って書くこと。

・落款は「咲実書」と書くこと。

・落款には「土井晩翠の詩」または「土井晩翠の詩　荒城の月」を加
　えてもよい。

・落款印の形，大きさ，位置を赤サインペンで示すこと。

> 春高楼の花の宴めぐる盃かげさして
> 千代の松が枝わけ出でし
> むかしの光いまいづこ

　問題八　次の祝い事で金封の表書きをしたい。二種類の金封にそれぞ
　　れ体裁良く書き入れなさい。

・書体は楷書，または楷書に近い行書で書くこと。

・裏書きはしない。

①　友人の結婚

・「寿」「長良光秀」と書き入れること。

② 親戚の入学祝い
・「御祝」「明智鮎美」と書き入れること。

▼養護教諭
【課題1】
□熱中症の救急処置について，職員会議の3分間で，養護教諭が教職員に説明を行います。

　以下のことについて必ず説明するとともに，あらゆる視点から分かりやすく説明しなさい。

　なお，今回は，中学校の教職員を対象とします。

＜必ず説明する内容＞
・熱中症の危険性
・熱中症を疑う症状
・熱中症になった生徒への対応
＜備品として置いてある道具＞
　チョーク3色，指示棒，うちわ，毛布，体温計，冷却枕，やかん，タオル，生理食塩水，スポーツドリンク
※試験室の黒板及び上記の備品を用いることができる。
・3分考えて3分で実施した。
・メモを見てよかった。

【課題2】
□小学校5年生の児童が，昼休みに「のどがいがいがする」と訴え，二人の友人に付き添われて来室しました。
・1分考えて4分で実施した。
・児童役の試験官が1人いた。
・付き添いの友人役はいなかった。

▼栄養教諭
【課題】
□中学校2年生を対象とした技術・家庭(家庭分野)の授業において，T2

としての授業の導入での指導。

技術・家庭(家庭分野)で，「地域の食材を用いた1食分の和食の献立を立てる」授業において，T2として授業の導入で指導をしなさい。

地域の食材を用いた和食を1品，紹介することを含めて指導しなさい。紹介する「地域の食材を用いた和食」は，あなたが生活する地域の内容で構わない。指導する時期は，秋とする。

＜ねらい＞

・地域の食材のよさや食文化について理解し，地域の食材を用いた1食分の和食の献立を立てることができる。

＜生徒の実態＞

・前時までに，地域の食材を用いた料理や地域に伝わる料理についてグループで調べ学習を行ってきている。

・自分たちが住む地域について，昔から伝わる調理や季節・行事にちなんだ料理があることについて興味・関心が低い。

・和食よりも洋食を好む生徒が多い。

＜指導上の留意事項＞

・T2として，栄養に関する専門的な立場から指導する。学校給食を参考として，和食を1品紹介する。

・献立については，「主食，主菜，副菜」を作ることとし，「和食」をテーマとする。

・材料に適した加熱調理の仕方については，小学校で学習した調理方法に加え，中学校での調理方法を扱う。

・季節の食材や1食分の栄養のバランスについて，説明する。

◆個人面接(2次試験)　面接官2人　20分程度

　▼小学校教諭

【質問内容】

□最近関心を持ったニュースは何か。

□特別支援の免許を取得しようと思ったきっかけは何か。

□あいさつができない子どもに対してどうするか。

□イライラしたり，不安になったりするのはどんな場面か。それをどのように解消しているか。

□これまでやってきたスポーツからどんなことを学び，軸にして，生活しているか。

　　→その経験をどのように活かしていきたいかなど。

・面接カードに沿って質問された。

・自分のことをアピールする場であるため，普段通りリラックスして話せば大丈夫。

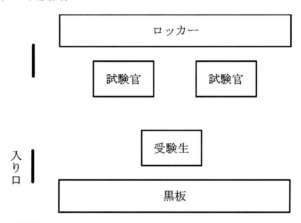

▼中学英語

【質問内容】

□岐阜県とはゆかりのない土地で生まれ，育ったが，なぜここを志望したのか。

□岐阜県の魅力は何か。それを英語の授業でどう伝えるか。

□あなたの長所・短所は何か。

□あなたにとっての確かな学力とは何か。

・2人の面接官がいて，1人は事前に提出した調査票から質問した。もう1人は私自身に関しての質問が主だった。

・1人は教職面接，1人は民間面接みたいだった。

・面接官の1人が私の目を見ず，メモも取らなかったため，少し圧迫気味の面接だった。

▼中学保体
【質問内容】
□岐阜県の教育で見直すところは何か。
□大学生活で力を入れたことは何か。
□部活動(ソフトボール)について話してください。
□指導する上で大切にすることは何か。
□自分の強みは何か。

▼高校数学
【質問内容】
□岐阜県を志望する理由は何か。
□教員を志望する理由は何か。
□大学で頑張ったことは何か。
□自己PRせよ。
□最近関心があることは何か。
□ボランティア経験について述べよ。
　　→深掘りされた。
・緊張をほぐす言葉をもらった(個人面接は緊張するよね～，いつもの自分でいいからね)。
・面接カードをもとに質問された。

▼高校数学
【質問内容】
□教員を志望した理由は何か。
　　→数学以外の科目ではいい人に巡り合えなかったのか。
□オリンピックの卓球から教育に活かしたいことは何か。
　　→卓球について掘り下げられて質問された。

□イライラすることはあるか。あるならどういう時か。

□あなたは冷静な方か，それとも感情的な方か。

□イライラしてしまった時の対処法(ストレス発散法)は何か。

□卓球で人間関係について出ていたが，当然，学校現場では苦手な上司と付き合うこともあるが，どう付き合うか。

□もし意見が食い違ったとき，どうするか。

□勉強の意欲がない生徒がいるが，どうするか。

□クラスにはできる子とできない子の差があるが，どうするか。

□教科について話してくれたが，クラス担任になることもありうる。クラス担任を持ちたいか。

□クラスで喧嘩，いじめが起こった場合どうするか。

□教員免許更新廃止のニュースがあるが，教員に何が足りないか，または必要か。

・緊張をほぐす言葉をもらった(個人面接緊張するよね～，いつもの自分でいいからね)。

・2次面接カードから掘り下げられて質問された。

▼養護教諭

【質問内容】

□保健室登校について，1人のために保健室を使うことをどう思うか。

□上司から理不尽なことを言われたらどうするか。

□どうして，教科の教員でなくて養護なのか。

□ストレス解消法は何か。

□この面接は10点満点中何点か。

・面接カードに関することを質問された。

◆プレゼンテーション面接(2次試験)　面接官2人　受験者1人　20分

　▼小学校教諭

　※以下のような流れだった。

①入室
②着席
③問題を見て構成を立てる(3分)
④発表(2分)
⑤質問に答える(15分)
【課題】
□あなたは小学3年生の担任である。Aさんがクラスのたくさんの友達
　と話したり，話しかけたりしている。あなたはこのことを取り上げ
　て，どのように学級に話をするか。
【質問内容】
□あなたの強みは何か。
□拍手以外のアクションサインはあるか。
□Aさんは，どのようなことを思って話しかけていると思うか。
□この後どのようにする予定だったか。
　　→2分以内で終わらなかったため。
・実施の形式や配置は個人面接と同じだった。

▼中学英語
※以下のような流れだった。
①別室で待機
②試験5分前に教室前集合
③時間になったら呼ばれて入室
④入室してから課題が提示
⑤3分で構想，2分で発表。発表した後，発表についての質問
【課題】
□中学3年生の2学期を想定して，「休み時間に他人に勉強を教えてい
　るA子さんがいた。それを終学活でどのように伝えるか」というも
　の。

▼中学保体

【課題】

□中学1年生の担任で，初めての定期試験の2週間前である。生徒たちに話をしなさい。

・考える時間5分，話す時間2分。

・メモすることができ，それを見て行って良かった。

▼高校数学

【課題】

□生徒会主催の老人ホーム訪問をクラスに伝える。できるだけ多く集まってほしい。あなたは担任として，どのように伝えるか。

・5分で考えるが，まとまったら5分経たなくても良かった。

・実演3分(3分経ったら強制終了，3分かからなかったら時間になるまでそのまま)

　→プレゼン内容について具体的に聞かれた。

【質問内容】

□工夫した点，注意した点は何か。

□何人ぐらいの生徒が来てほしいと思って伝えたか。

□参加した人数が少なかったら，どうするか。

　→クラスに戻ってもう一度声をかけるか，そのまま行くか。

□もう一度声をかける場合，同じ声かけか，最初とは違う工夫をして声かけをするか。

□訪問が終わった後，クラスに伝えるとき，どのように伝えるか。

□生徒にどんな力を身に付けさせたいか。

▼養護教諭

【課題】

□夏休み前に，夏の健康について全校放送で指導する。

・対象は自分で考えた。

・3分で考えて，2分で実施した。

【質問内容】

□放送で気を付けることは何か。

□他に付け加えるとしたらどんなことか。

□夏の健康被害で考えられることは何か。

□保護者から指導内容についてクレームがきたらどうするか。

□理想の養護教諭像はどのようなものか。

2021年度

新型コロナウイルス感染症の感染予防及び拡散防止の観点等から，2021年度の面接試験(2次試験)では大幅な変更が見られた。

・2021年以降取りやめ…適性検査

・2021年度に限り中止…グループワーク・グループ討議・プレゼンテーション試験，すべての実技試験

・2021年度に限り実施…プレゼンテーション面接試験

※マスク持参。選考会場では常に着用。

◆集団面接(1次試験)　面接官3人　受験者5〜6人　40分程度

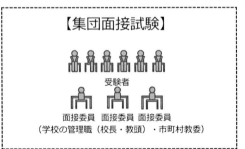

【集団面接試験】

受験者

面接委員　面接委員　面接委員

（学校の管理職（校長・教頭）・市町村教委）

▼全校種

〈評価の観点〉

※教師としての適格性や将来性

1　態度，表現力
・明るさ・快活さが伝わってくるか。
・謙虚さはあるか。
・気配りができるか。
2　教育観
・教育に対する熱意・使命感はあるか。
・生徒(児童)への愛情はあるか。
・物事を見通し，本質をとらえる判断力はあるか。
3　将来性
・よいものを吸収しようとする意欲はあるか。
・柔軟な考え方や豊かな発想ができるか。
・現場で生かせるような特技があるか。
〈質問例〉
□なぜ教師を志望しようと思ったのか。
□児童生徒に信頼される教師とはどのような教師だと思うか。
□児童生徒の学習意欲を高めるにはどうすればよいと考えるか。

▼小学校
【質問内容】
□岐阜県の教師を志望する理由は。
　→受験番号順で答える。
□「自分が好き」だと児童が思えるようにするために，あなたならどう指導するか。
□保護者や地域の人たちから信頼されるためにどうしたらよいか。
□日々の生活の中で，信頼されるために日頃から心掛けていることは何か。
□教育問題で関心があることを述べなさい。
□児童から「助けて」と書いた連絡帳を提出されたとき，どう対応するか。
□あなたが担任になったら，どんな学級にしたいか簡潔に答えなさい。

□最後に，何か伝えたいことはあるか。

・2番目の質問以降は挙手制だった。

・テンポよく自分の考えを答えられるように練習するとよい。40分は
あっという間に過ぎた。

▼小学校

【質問内容】

□いじめの早期発見や防止のために児童に伝えたいことは何か。

□オンライン授業のデメリットは何か。

□学校で授業をすることの意義は何か。

□主体的・対話的で深い学びとは何か。

□情報モラルについてどのように伝えていくか。

□地域や保護者に信頼されるためには。

・私のグループではほぼ挙手制だったが，順番制のグループもあった
ようだ。

・いじめや情報モラルについての質問は知識も必要だから勉強してお
くとよいと感じた。

▼小学校

【質問内容】

□なぜ小学校の教師を目指しているのか。

□どんな教師になりたいか。

□授業中，教室を飛び出した児童にどう対応するか。

□「タメ口」で話すことについてどう思うか。

□学生時代がんばったことは何か。

▼中学理科

【質問内容】

□ブラック校則とはどういうものか。

□なぜ，4足歩行の動物と2足歩行の動物では骨盤が異なるのか。

□100℃近くのサウナでも人が耐えられるのはなぜか。

▼高校国語

【質問内容】

□生徒の個性を伸ばすためにどんなことをしたらよいか。

□生徒指導で気をつけることは。

□保護者対応で大切なことは。

□セールスポイント・強みは何か。

□生徒に信頼されるにはどうしたらよいか。

・すべて「受験番号〇〇番の方から」と順番で指名された。挙手制は
　なかった。

・回答のときは具体例やエピソードをあげるとよい。

◆個人面接(2次試験)　面接官2人　20分程度

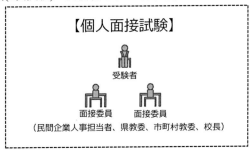

▼小中学校・栄養・養護

〈評価の観点〉

※教師としての適格性や将来性

1　態度

・身だしなみは教師として適切か。

・人柄，性格は信頼できるか。

・姿勢は正しいか。

・立ち居振る舞いは落ち着いているか。

2　明るさ・活力

・明るさ・快活さが伝わってくるか。

・情熱や気迫が伝わってくるか。

・困難や逆境に立ち向かう粘り強さはあるか。

・説得力・表現力はあるか。

3　教育観

・教育に対する意欲や使命感はあるか。

・子どもに精一杯の愛情を注ぐことができるか。

・物事を深く見通し，本質をとらえる，すぐれた判断力はあるか。

4　奉仕活動・部活動

・奉仕活動や部活動に対する考え方はしっかりしているか。

・実績はあるか。

※その他

・子どもや保護者から見て，頼りがいがあり，かつ謙虚に対応してく
　れる教師になれそうか。

▼高校・特支

〈評価の観点〉

※教師としての適格性や将来性

1　態度

・身だしなみは教師として適切か。

・節度ある態度か。

・礼儀正しいか。

・立ち居振る舞いは落ち着いているか。

2　明朗性

・快活さが伝わってくるか。

・情熱や気迫が伝わってくるか。

・清潔感があるか。

3　協調性・責任感

・教育に対する意欲や使命感はあるか。

・誠実さが感じられるか。
・信頼感があるか。
4　表現力
・話の内容に統一性があるか。
・語調，声量は適切か。
・説得力・表現力はあるか。
5　積極性
・自分自身に自信をもっているか。
・実行力があるか。
・正しい判断力をもっているか。

▼小学校
【質問内容】
□岐阜県の教師を目指す理由は。
□岐阜県の魅力と課題は何か。
□小学校で英語の授業を行う際の留意点は。
□英語の魅力を一言で述べてください。
□英語での授業を生徒が理解できなかった時の対応はどうするか。
・発言する時は，席順で当てられる場合と，挙手制の両方がある。

▼小学校
【質問内容】
□教師になってどういうことをしたいか。
□恩師はどんな教師だったか。
□学生時代に学んだことは何か。
　→それを子どもにどう伝えるか。
□幼稚園実習を経験して小学校の教師として生かせることは何か。

▼小学校
【質問内容】

□岐阜県を志望した動機は何か。

□教師になったとき，あなたが思う弱みは何か。

□教師はいわゆるブラックと言われるが，それでも教師としてやっていきたいか。

□モンスターペアレンツのような保護者の対応があったら，どんなことに気をつけるか。

□例えば，保護者から「うちの子は魚が嫌いなので，食べさせないでください」と言われたらどう対応するか。

　→その子が，魚を嫌いなままでいることについて，どう考えるか。

□食育の大切さについて，あなたはどう指導するか。

□あなたが知っている岐阜県について，教えてください。

□本県でもいじめが原因で子どもが命を落とす事案が発生している。どのようにしたら防ぐことができると思うか。

□保護者をはじめ，新型コロナウイルス感染症の影響で学校生活に不安を感じている。あなたなら児童や保護者に対してどう対応していくか。

□(特技に関連して)新型コロナウイルス感染症の影響で，音楽ではマスクをしながら歌うなど，現場も苦慮している。あなたの特技は歌うことだそうだが，あなたならどんな授業方法で指導していきたいか。

・2次試験当日までに用意しておく面接カードには，自分の強みや思いをていねいに書くこと。

・1次試験の集団面接で，志望動機を聞かれなかったグループもあったそうだ。

▼中学英語

【質問内容】

□なぜ，岐阜県を志望したのか。

□なぜ，英語の教師なのか。

□なぜ，中学校なのか。

□岐阜県の魅力は何か。
□自分の苦手な部活の顧問になったらどうするか。

▼中学英語
【質問内容】
□ボランティア体験を通して得たことは何か。
□生徒が，答えることのできない質問をしてきたとき，何と答えるか。
□特に力を入れて取り組んできたことは何か。
・主に，事前に提出した面接カードの中から具体的に聞かれる。

▼中学数学
【質問内容】
□あなたの長所はどういうところか。
□これまで失敗したことは何か。それをどのように乗り越えたか。
□教師はブラックだと思う人は手を挙げてください。
　→(挙手した受験者はいなかったので)教師はブラックだと思わない
　　理由は何か。
□教師において深い学びとは何か具体的に述べなさい。
□良い授業とは何か。

▼中学数学
【質問内容】
□教育実習でどのような授業をしたか。
□ゼミではどのようなことをしているか。
　→どうやって調べ，考察したか。
□オンライン授業は必要だと思うか。オンライン授業の難しさは何か。
□数学において確かな学力とは何か。
□教師に必要だと思うことを3つあげなさい。
□生徒・保護者それぞれから信頼を得るにはどうするか。
□体罰についてどう思うか。

□教育実習へ行って自分の弱い所はどこだと思ったか。それをどう乗りこえたか。

□校則についてどう思うか。

　→携帯電話の使用についてはどう思うか。

◆プレゼンテーション面接試験(2次試験)　面接官2〜3人　20分程度

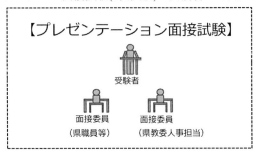

　教育現場における場面設定をもとに，児童生徒に対する働きかけや保護者に対する説明等を面接委員の前で演じる。演示の意図等に関する面接委員からの質問に対し，自分の考えを説明する。

〈実施方法〉

①　試験当日，課題が示される。

②　課題について，数分間で，面接委員の前で演じる内容を考え，発表の準備をする。

③　対象が目の前にいるものと想定して，数分間で，児童生徒に対する働きかけや保護者に対する説明等をする。

④　面接委員からの質問に対し自分の考えやねらいについて説明する。

▼小中学校・栄養・養護

〈課題例〉

□あなたは，小学校2年生の担任です。学級遊びの集合に遅れてきたA

さんに理由を聞くと，1年生の子が転んで泣いていたので保健室に連れていったことが分かりました。あなたは，このことを取り上げて，学級の児童に対して，どのような話をしますか。

□あなたは，中学校1年生の担任です。学期末，生徒の日記を読んでいると，学級の仲間全員の良いところを何ページにもわたって書いていた生徒がいました。あなたは，学級の生徒に対して，このことをどのように紹介しますか。

□夜遅くまでメール等をしていたことが主な原因で寝不足になり，学校で体調を崩す中学生が増えています。このことを取り上げて，あなたは全校集会で，どのような話をしますか。

□9月になり，暑い日が続く中，児童は運動会の練習をしています。給食のご飯の残さい量を調べると，7月より多くなっていました。このことを取り上げて，あなたは，全校集会で，児童にどのような話をしますか。

〈評価の観点〉

※自分の考えや思いを相手に伝える表現力，説得力等

1　表現力

・目的が明確な語りとなっているか。

・説得力はあるか。

・話し方の工夫をしているか。

2　論理性

・相手の立場や考え等に配慮して話しているか。

・話す内容に妥当性や論理性はあるか。

3　態度

・熱意や明るさはあるか。

・表情に豊かさはあるか。

・聞き手として反応しているか。

▼高校・特支

〈課題例〉

〔高校〕

□あなたは，高校2年生の担任である。ある日の学年集会で，学校の
近隣に住むお年寄りを講師として招いて，戦争体験について講演を
していただいたところ，クラスの生徒の大半が講演中に居眠りをし
ているのを見かけました。学年集会が終わり，クラスの生徒が教室
に戻ってきた場面を想定して対応してください。

〔特支〕

□あなたは，知的障がいを対象とした学級(中学部1年生)の担任です。
A君とB君がけんかをしていたところ，仲裁に入ったC君が，けんか
をやめさせるために，2人を叩いてしまいました。その場面を想定
して対応してください。

〈評価の観点〉

※社会性や論理性，判断力

1　態度

・熱意や快活さはあるか。

・表情に豊かさはあるか。

・真摯に取り組もうとしているか。

2　論理性

・筋道の立った考え方ができているか。

・相手の立場や考えなどに配慮して話しているか。

・話の内容に妥当性や論理性はあるか。

3　社会性・使命感

・社会常識に適合した判断ができているか。

・教育者としての使命感が感じられるか。

4　表現力

・目的が明確な語りとなっているか。

・説得力はあるか。

・話し方の工夫をしているか。

5　判断力

・設定された場面を正しく理解し，状況をふまえた的確な言動がとれ

　ているか。

・教育的な判断・配慮がみられるか。

▼小学校

【課題】

□あなたは小学1年生の担任である。最初は6年生と一緒に掃除をしていた1年生が、夏から1年生だけで掃除をするようになった。1年生に対してどのように話をしますか。

・課題が書かれた紙を見せられ、2分考える時間を与えられる。その後2分間プレゼンを行う。

・質疑応答で、児童の成長を喜ぶことを伝えると話したら、「ADHDの児童がいたらどうするか」など、答えたことに対してさらに深く聞かれた。

▼小学校

【課題】

□あなたは小学校5年生の担任である。掃除係がなかなか決まらない。やっとA子さんが「私がやります」と手をあげた。これについてあなたはクラスの児童にどう話しますか。

▼小学校

【課題】

□あなたは小学3年生の担任である。Aさんが「妹が生まれたよ。とても小さくかわいかったよ。いっぱい泣いてたよ」と話していました。あなたは、担任として学級でどのように話しますか。

【質問内容】

□あなたが一番伝えたかったことは何か。

□先にAさんと個別に話した意図は何か。

□「新しい生命が誕生する」という視点で話ができたと思うがどうか。

□学級で一斉に話すときに気をつけることは何か。

□学級にはひとりっ子の児童もいると考えられる。学級全体で話さない選択肢もあったが，どう考えるか。
・入室すると黒板の前に机と椅子があり，着席。課題が書かれたA4の紙をめくり，3分間で構想する。もう1枚のA4用紙に構想メモを書き，2分間で演じる。その後2人の面接官から質疑応答(約5〜7分間)。

▼中学英語
【課題】
□中学2年生が以前，職場体験に行った。その体験先の方から，「〜さんはよく働いて，様々なことにも気づいて自ら働いていた」とほめられた。どのようにクラスの生徒にそのことを伝えるか。

▼中学英語
【課題】
□小学生の児童が重い荷物を持って下校していたところ，あなたのクラス(中学1年生)の生徒が手伝ってくれたと，児童の保護者からお礼の電話が来た。クラスでどう伝えるか。
【質問内容】
□何を意識して話したか。
□ほめる時に大切にすることは何か。
・10問くらい質問された。

▼中学数学
【課題】
□あなたは中学2年生の担任である。体育祭に向けてクラスで大縄の練習をする。Aさんは運動が苦手だが，あきらめず努力している。このことをクラス全体にどう伝えるか。
・プレゼンテーション後の質問はかなり強めである。「〜の場合はどうか」と聞かれ，答えると「では，〜のときはどうか」と具体的な場面を想定してさらに聞かれる。

▼中学理科
【課題】
□野球部に所属するAさんは，中学生になり，野球を始めた初心者である。Aさんは毎日ボールを磨くなどチームのために働いていることを，他のクラスの教師から聞いた。あなたは，Aさんの姿をクラスにどうとり上げるか。

▼高校国語
【課題】
□あなたは商業高校の3年生の担任です。あなたのクラスの生徒Aさんは成績優秀で地元企業B社から内定をもらっていますが，自己主張のできない性格です。ある日Aさんから「相談がある」と言われ話を聞くと，「今まで誰にも言えなかったが実はプロのミュージシャンを目指しており，音楽の専門学校に行きたいと思っている。両親がB社を受けろと言うので従ったが，まさか内定をもらえるとは思っていなかった。B社からの内定を辞退することはできないか」と打ち明けられました。両親には話をしていないそうです。あなたはどう対応しますか。
【質問内容】
□この場面における生徒対応で，あなたが一番大切にしたいことは何か。
□B社の内定を辞退すると言えばAさんの保護者は反対すると思うがどう対応するか。
□企業からの内定は学校との信頼関係があってもらえる。AさんがB社の内定を辞退すれば，この学校の生徒はもうB社からは内定をもらえなくなるかもしれない。その点で，進路指導部長はB社からの内定を辞退することに反対すると思われるが，進路指導部長をどう説得するか。
□保護者を交えて話をするとき，どんな準備をするか。
□最終的にあなたはこの状況をどういった方向へ持っていきたいか。

・教室内の椅子の隣に机があり，問題用紙が置かれている。構想5分
　→実演2分→面接官から質問がある。
・演示は座ったままでも立ったままでもよいが，メモはできない。

▼高校工業
【課題】
□ホームルームで将来の夢について作文を書くことにしました。する
　とAさんが教室から飛び出してしまったため，クラスを副担任のB
　先生に任せてAさんを追いかけました。Aさんと相談室で話すこと
　にしました。すると，Aさんは父から「会社を解雇になった。これ
　から経済的に厳しくなるから，お前の大学進学をあきらめてくれ」
　と言われたとのことです。このことを踏まえてAさんと話してくだ
　さい。
【質問内容】
□どういったところに注意したか。
□ほかにどのような対応が考えられるか。あげられるだけ述べなさい。
□生徒指導と進路指導が絡む複雑な問題だが，生徒指導として教室を
　飛び出してしまったことをどのように指導するか。
□作文を書く課題についてどのように取り組ませるか。
□最終的にどういう結果に導いていきたいか。
・このあとは，履歴書の内容の質問をされる(プライベートで答えたく
　なければ拒否してもよい)。

▼特支
【課題】
□生徒Aは中学3年生で知的障がいがある。部活(サッカー)に熱心であ
　る。実習を控えている。あなたはAが廊下に座りこんでいるところ
　に通りかかった。授業をしていた先輩教師によれば，Aは授業が嫌
　で，椅子を倒して教室から飛び出し，引き止めた生徒にけがをさせ
　たという。あなたはどう対応するか。

・小・中・栄養・養護は筆記具があったが，高校・特支はなかった。椅子の横にある机に課題が伏せて置いてある。課題には受験番号があったが持ち帰りは禁止。

2020年度

◆集団面接(1次試験) 面接官3人　受験者3〜6人　40分
▼小学校教諭
【質問内容】
□志望動機
□いじめは発見できるか。
□最近，気になったニュースは何か。
□京アニの放火を教師の視点で見たときにどう思うか。
□実験は児童にさせるべきか先生がすべきか。
□ハンドサインについて。
□理科の魅力
□岐阜県の教育の3つの力の中で，自分はどの力を子どもたちに付けることができるか。
□アピールポイントを一言で。
□教師になってから挫折感を味わったとき，どのように対処していくか。
□小学生のうちからスマホを持たせることについて賛成か反対か，その理由。
□学年懇談会で家庭学習について話すとき，あなたはどんな構成で話をするか。
□なぜ岐阜県の小学校の教師になろうと思ったか。
□働き方改革についてどう対応していくか。また，不安はあるか。
□地元の教育について考える，課題とよい点。
□「席が後ろだからうちの子の成績が悪くなった」と言ってきた保護者がいた場合，どのように対応するか。

□自分の強みは何か。

□先生になったときに子どもとやりたいことは。

□勉強が苦手な子に対してどう褒めるか。

□サークル活動から学んだことは。

□あなたにとって友達とは何か。

□趣味は何か。

□特別な支援が必要な児童が増えていることに対してどう思うか。

→そのような児童は給食が食べられないことが多い。どのように対応するか。

□教育実習で印象に残ったことは何か。

□教育実習で大変だったことと辛いことは何か。

□計算ドリルや漢字ドリルは必要だと思うか。

→なぜ？討論風

□教師になったとき，足りない力は何か。

・たとえば～，なぜなら～など具体的に自分の体験を交えて語るとうなずいてもらえた。

・周りの人の考えはしっかり聞いておいたほうがよい。

・願書をもとに面接官が質問していた。願書のコピーをしておくとよい。

▼中学英語

【質問内容】

□志望理由。なんで英語教諭なのか。

・一人一人右や左から順に答えていく。

▼中学家庭

【質問内容】

□どうして岐阜県の教員になろうと思ったか。

□先生として続けることは大変，何を信念に持つか。

□家庭科の授業はどのように作っていくか。

□授業中やる気がなくて机でうつぶせになっている生徒がいる。どのように対応するか。

□最近のニュースで気になったことは。

□給食を残す生徒にどう指導するか。

□給食の配膳スピードをランキング付けしたいと言われた。どうするか。

▼高校国語

【質問内容】

□志望動機

□最近の教育問題について。

□場面指導　高校入学式での保護者に向けてのあいさつ。

▼高校数学

【質問内容】

□志願動機

□保護者にはどのように対応するか。

□自分の教科を好きになってもらうには。

□仕事で壁にぶつかったときどうするか。

□家庭教育と学校教育をどう捉えているか。

▼高校商業

【質問内容】

□生徒の学力低下問題を解決するため，あなたは何をするか。

□あなたのセールスポイントは何か。

□チーム学校の留意点は何か。

□アクティブ・ラーニングの留意点は何か。

□上司と意見が食い違ったとき，あなたはどうするか。

□最近の教育課題は何か。

◆適性検査(2次試験)　60分

【検査内容】

□クレペリン検査

　1桁の数字の足し算を行い，計算結果の一の位を解答用紙に記入する。

◆グループワーク(2次試験) 面接官2人　受験者6人

※小学校教諭，中学校教諭，養護教諭，栄養教諭志願者のみ実施する。

※グループワークは，与えられた課題に対してグループで協力して解決する試験である。

「企画を練る」→「アイディアの具現」→「児童生徒に演示」といった，教師として直面する具体的場面を想定した課題を設定する。

(1)コミュニケーション能力，(2)チームで対応する力，(3)実践的指導力の3つの観点から評価する。

〈試験の流れ〉

①　構想(1分)

②　意見発表(1人1分)

③　話し合い(20分)

④　実演(5分)

⑤　反省(1人1分)

▼小学校教諭

【課題】

□4年生の教師集団である。初めての学年集会で動植物の飼育栽培を行うことを言う。生命の尊さを感じさせるような内容にして5分間演示しなさい。

□中学校に不安を抱く6年生に向けて希望が持てるような演示をしなさい。

・他の受験生の意見を聞いている時にアクション(相槌を行う)すると

印象がよいと思う。(面接官が大きく頷く)
・最後に1分間貢献点を話すときに，グループの受験生について言うとよいと思う。(面接官が大きく頷く)

▼中学国語
【課題】
□あなたたちは1年生の学年集団である。学年最初の学年集会で校則について生徒に伝えることにした。生徒は校則を自分たちの自由を束縛するものとして捉えており，不安になっている。20分の討議の後，5分間の演示をしなさい。

▼中学家庭
【課題】
□あなたたちは中学2年生の学年集団である。今度行う合唱祭を，学年集会で説明してもらう。夏休み明けで気が緩んでいる生徒，恥ずかしがって歌わない生徒もいる。どのように指導するか。
・受験者が3人と少なかったため，15回質問された。
・4人面接官がいるが，1人必ず不機嫌そうな様子の方がいるようだ。貧乏ゆすりや話を聞いてないふりをする場合もあるらしい。
・落ち着いて質問に答えれば必ず受かる。

◆プレゼンテーション試験(2次試験) 面接官2人　受験者1人　4分(構想2分，実演2分)
※小学校教諭，中学校教諭，養護教諭，栄養教諭志願者のみ実施する。
※プレゼンテーション試験は，学校生活に関わる具体的な場面設定のもと，自分の考えや思いを子どもに伝える試験である。
〈試験の流れ〉
① 課題の提示
② 構想(2分間)

③　プレゼンテーション(ロールプレイ)(2分間)

▼小学校教諭
【課題】
□前日の卒業式に在校生を代表して参加した5年生クラスの担任である。前日のことを振り返りながら，日常とからめて話しなさい。
□あなたたちは3年生の学年集団である。春の遠足のための学年集会をする。春の遠足では初めて班行動をする。ルールを守って楽しく遠足へ行けるよう，目的を明らかにして児童へ話をしなさい。
・画用紙，ペンを使う。
□小学1年生の担任である。6月に入り今まで配膳を6年生のお兄さんお姉さんに手伝ってもらっていたのが，自分たちだけでできるようになった。どう声掛けをするか。
・初めにそれぞれの考えを発表→準備→演示
・最後に課題を解決するために自分が果たしたことを話す。
・笑顔と声の大きさが大事。
・表情豊かに，身振り手振りなど動作を付ける。

▼中学国語
【課題】
□あなたのクラスでは「全員挙手をしようキャンペーン」を行っている。その中でなかなか手を挙げられないAさんが数学の復習の時間に手を挙げることができた。あなたはそれを聞いて帰りの会でそのことについて話そうと考えている。どのように話すのか考え，演示をしなさい。

▼中学英語
【課題】
□What is your dream?　についての導入
□職業についての導入　to beなど

▼中学家庭

【課題】

□2年生の3学期である。Aさんは委員会の仕事を1年生に教えながら進めてくれている。この姿をどうクラスに広めるか。

・集団が目の前にいるものと想定して自分の思いや考えを話すとよい。

◆集団討議(2次試験) 面接官3人　受験者7人　60分

※高校全科，特支教諭志願者のみ実施する。

▼高校数学

【課題】

□ICTを用いた授業をどのように行うか。また，そのときの留意点。

2019年度

◆英語によるグループトーキング(1次試験)

※小学校教諭英語科志願者のみ実施する。

◆集団面接(1次試験)　面接官3人　受験者6人　40分

▼小学校全科

【質問内容】

□岐阜県を受験した理由

□挫折した経験はあるか。

　　→壁をどう乗り越えたか。

□教員が子どもにタメ口を使うことについてどう思うか。

　　→子どもに対してタメ口を使うべきではない場面はどこか。

□教育実習で大変だったことはなにか。

□教員として生かせる特技はなにか。

□グループで点数を競わせることについてどう考えるか。

　　→他の人の考えを聞いて，さらに考えたことはなにか。

□教員の役割とはなにか。

▼小学校全科
【質問内容】
□小学校を志望した理由
□教育実習で心に残っていることはなにか。
□子どもたちに身につけさせたい力はなにか。
□子どもたちに最も伝えたいことはなにか。
□人気のある先生とはどんな先生だと思うか。
□算数における「プログラミング的思考」とはなにか。

▼小学校全科
【質問内容】
□岐阜県の小学校を志望した理由
□今までで楽しかったことはなにか。小学3年生の子どもたちの前で
　話すことを想定して説明しなさい。
□虐待を受け，「自分なんて生きなくていい」と言っている小学6年生
　女子児童がいる。あなたは，その児童にどう対応するか。
□初任校(小規模校)の職員室で教員たちに話すことを想定して，ここ
　で自己紹介しなさい。
□掃除はなんのためにやるのか。また，掃除を学級担任が指導すると
　きのよさはなにか。
□教育実習でなにを学んだか。
□あなたの特技で，学校での教育活動で生かせるものはなにか。

▼小学校全科
【質問内容】
□岐阜県を志望した理由
□岐阜県の求める教師像の3つの中で，あなたがもっとも意識してい
　るのはどれか。

□教育実習でうまくいったことはなにか。
□教員は「ブラック」と言われている職業だが，なぜ志したのか。
□あなたの大学生活を漢字一字で表すとするならなにか。

▼小学校全科
【質問内容】
□志望理由
□岐阜県の良さはなにか。
□子どもをどんな呼び方にするか(ちゃん，くん，さん，あだ名)。
□トランスジェンダーについて
□いじめを見つけたらどうするか。
□保護者会でお願いしたいことはなにか。
□親と離れるのが嫌でクラスに行けない子に対して，どう対応するか。
□部活動で学んだことはなにか。

▼小学校全科
【質問内容】
□志望理由
□教育実習で大変だったことはなにか。
□気になる教育ニュースはなにか。また，その話題についてどう考えるか。
□教育実習では，児童をなんと呼んでいたか(ちゃん，くん，さん)。
□子ども一人一人をしっかり見る自信はあるか。その理由をあわせて述べなさい。
□保護者から「あなたのメールアドレスを教えてほしい」と言われた場合，どうするか。

▼小学校全科
【質問内容】
□志望理由

□自己PR
□プログラミング教育についてどう考えるか。
□教育実習で印象に残った子どもはいるか。
□授業で苦労したことはなにか。
□学習指導要領の変更点について説明しなさい。

▼小学理科
【質問内容】
□小学校理科を志望した理由
□最近の教育ニュースで気になったものはなにか。
□理科の実験で，子どもをアッと驚かせられるものはなにか。
□アルバイトの経験はあるか。ある場合，その中で印象に残っていることはなにか。

▼中学社会
【質問内容】
□岐阜県を志望した理由
□信頼される教師とはどのようなものか。
□社会科の最初の授業で生徒に伝えたいことはなにか。
□あなたは今，SNSのアカウントを持っているか。
　→採用が決まった場合，利用をやめるか。
　→生徒から「SNSのアカウントを教えて」と聞かれたらどうするか。
□過去にあった苦情などについて，どう対処してきたか。
□長所を含めた自己PRをしなさい。

▼中学理科
【質問内容】
□部活動において，生徒全員に参加を求めることについて，どう思うか。
□教員の不祥事についてどう考えるか。

□理科の魅力はなにか。
□岐阜県を志望した理由

▼高校国語
【質問内容】
□教員を志望した理由
□生徒指導で最も大切なことはなにと考えるか。
□保護者が相談にきたときの対応で大切なことはなにか。
□あなたのアピールポイントはなにか。
□発達障害の生徒に対する指導において，最も大切なことはなにか，
　1つ答えなさい。
・面接官は優しく頷いて話を聞いてくれた。

▼高校保体
【質問内容】
□志望理由
□教育問題について
□教科を通して生徒に身につけさせたい能力はなにか。
□不登校の生徒に対して，どんな配慮をするか。
□あなたは，幅広い教養や高い専門性を養うために，どんなことをし
　ているか。
□あなたのセールスポイントを手短に説明しなさい。
・志望理由は受験番号順での回答だったが，その他の質問は挙手制だ
った。

▼高校商業
【質問内容】
□生徒との関わりの中で大切にしたいことはなにか。
□高校における特別支援教育の課題はなにか。
□特別に指導を要する生徒に対して，どのような指導をするか。

□あなたのアピールポイントはなにか。

・みな，だいたい同じような回答になってしまうので，実体験や経験を踏まえた独自性のある意見が求められると思う。

▼高校商業
【質問内容】
□高校における特別支援教育の課題はなんだと考えるか。
□あなたが担任する学級から問題行動を起こす生徒が出た場合，どのような姿勢で対応するか。
□生徒との関わりの中でどのようなことに気をつけるか。
□あなたのセールスポイントはなにか。
・当て方は，受験番号順，指名制，挙手制と様々だった。
・自分が回答するときは面接官の目を見て行い，他の受験者が回答しているときは，うなづきながら聞くとよい。

▼養護教諭
【質問内容】
□岐阜県の養護教諭を志望した理由
□養護教諭に必要な資質はなにか。
□今の子どもに必要な保健指導はなにか。
□今の子どもの課題はなにか。
□挫折経験はあるか。ある場合，それをどんな方法で乗り越えたか。
・話しやすい雰囲気だった。

◆適性検査(2次試験)　60分
【検査内容】
□クレペリン検査
　1桁の数字の足し算を行い，計算結果の一の位を解答用紙に記入する。

◆個人面接(2次試験)　面接官2人　10分×2回
　※個人面接は，民間企業の者によるものと，教育委員会の者や校長による
　　ものの，2つの面接が継続して行われる。
　＜付随試験について＞
　※以下の試験が行われる。
　　小中学校・養護・栄養教諭：プレゼンテーション，グループワーク
　　高等学校・特支学校教諭　：集団討議

▼小学校全科
【質問内容】
□夏休み前の保護者懇談会で話したいことはなにか。
□保護者から「うちの子が言うことを聞かないときは体罰していいで
　すよ。」と言ってきた場合，どう対応するか。
□高校の部活動の経験から得たものはなにか。
□教育実習で大変だと思ったことはなにか。

▼小学校全科
【質問内容】
□志望理由
□あなたの得意なことはなにか。
□2次試験の出来は何％くらいだと思うか。
□クラス担任として大切にしていきたいことはなにか。
・一つの話題に関して，深く聞かれた。

▼小学校全科
【質問内容】
□小学校を志望した理由
□岐阜の良いところはなにか。
□体罰をどう思うか。
□ストレスの発散方法はあるか。

□保護者会で保護者に伝えたいことはなにか。

▼小学校全科
【質問内容】
□志望理由
□自分自身の力でなにか乗り越えた経験はあるか。
□部活動を通して身に付けた力はなにか。
□あなたがクラス担任になったとき，大切にしたいことはなにか。
□卒論の内容について
□体罰をどう思うか。また，なぜ起こると思うか。
□保護者に家庭でしてほしいことを伝える場合，どうするか。

▼小学校全科
【質問内容】
□ボランティア活動の経験について
□保護者会で保護者に伝えたいことはなにか。
□算数が嫌いな児童に対して，どう対応するか。
□大学で頑張ったことはなにか。
　　→(部活動のバスケットボールと回答)バスケットボールのよさはな
　　　にか。
□今の子どもに必要な力はなにか。

▼小学校全科
【質問内容】
□理想の教師像はどのようなものか。
　　→そう思ったきっかけはなにか。
□児童から「なぜ勉強しなければいけないのか」と言われた場合，ど
　うするか。
　　→他にはなにをするか。
□あなたが話しかけづらいと思う子に対して，どう関わっていくか。

□挫折経験とその乗り越え方
□辛い状況にいる子に対して，どんな声をかけるか。
□小学校を志望した理由
□なぜ大学で中高の部活動を続けなかったのか。
□大学のサークルについて
□子どもと関わる上で大切だと思うことはなにか。
□教員になる上で不安なことはなにか。

▼小学校全科
【質問内容】
□部活を変えた理由
□卒論について
□小学校を志望した理由
□あなたはどんな小学校に通っていたか。
□理想の教師像はどのようなものか。
□家庭教育についてどう考えるか。
□記憶に残る恩師はいるか。

▼小学校全科
【質問内容】
〈教育委員会，校長〉
□小学校を志望した理由
□小学校算数科を受験した理由
□挫折体験はあるか。
□子どもたちに足りない力はなにか。
　→それを補うためにどうするか。
〈民間企業〉
□小学校を志望した理由
□なぜバスケットボールを6年間続けたのか。
　→その経験から得られたものはなにか。

□教育実習で心に残っていることはなにか。
□なぜ算数が好きなのか。

▼小学校全科
【質問内容】
□教育実習で，障害のある子に出会ったことはあるか。
□軽度発達障害の例として，どのようなものが挙げられるか。
□あなたのクラスで，発達障害のある児童がケンカをした場合，どのように対応するか。
□障害を持つ児童とどのように関わっていくか。
□小学校の段階で子どもにどのような能力を身に付けさせたいか，学習面以外で答えなさい。
□大学生活で，あなたが成長したことはなにか。
□大学生活で楽しかったことはなにか。
□社会奉仕活動はしているか。
　　→そこから学んだことはなにか。
□ニュースや新聞で気になった教育に関する話題はなにか。
□教育実習先で恵まれない環境に育つ子はいたか。
□教員になったときに「子どもをこんなふうに育てたい」「こんな先生になりたい」というものはあるか。
□わが国全体で自信のない子が増加している傾向にあるが，理由としてどんなことが考えられるか。
□子どもに自信をつけさせるために，どう関わるか。
□あなたが先生になるにあたって，足りないところや課題はなにか。
□教員になるにあたって，不安に思うことはあるか。
　　→それをどのように改善するか。
□子どもたちに伝えたい言葉はなにか。

▼小学校全科
【質問内容】

〈民間企業〉

□地元の友達に岐阜県の良さを伝えることを想定して，ここで話しなさい。

□岐阜県を志望した理由

□クラス担任になったらどんなことを大切にしたいか。

□所属していたサークルではどんなことをしていたか。

〈教育委員会〉

□仲間とともになにかを成し遂げた経験はあるか。

　→その経験から学んだことを子どもに伝えるにはどうするか。

▼中学理科

【質問内容】

〈民間企業〉

□岐阜県を志望した理由

□最近気になった教育に関する話題はなにか。

□教員の不祥事についてどう考えるか。

□部活動について

〈教育委員会〉

□部活動について

□理科を楽しく学ばせるにはどうするか。

□今までで1番辛かった経験はなにか。

▼高校保体

【質問内容】

〈教育委員会〉

□勤務地の希望はあるか。

□志望理由

□最近気になった教育に関する話題はなにか。

□「アクティブラーニング」とはなにか。

　→保健体育ではどうやるか。

□学校に行きたくないと言ってる生徒に対して，どう対応するか。

□SNSで誹謗中傷された生徒に対して，どう対応するか。

□生徒指導で大切なことはなにか。

□なにか困ったことがあったとき，どうしているか。

□生徒との信頼関係を築くにはどうするか。

□夏休みの前日，全校生徒の前で1分間スピーチを行う場面を想定して，ここで話しなさい。

〈民間企業〉

□志望理由

□働き方改革についてどう考えるか。

□あなたの地元の魅力はなにか。

□最近気になるニュースはなにか。

□子どもに体育を好きになってもらうにはなにをするか。

□大学で学んだことを教育現場にどう生かすか。

□教育実習にどのような気持ちで臨んだか。

▼高校商業

【質問内容】

〈教育委員会〉

□志望動機

□生徒指導で大切なことはなにか。

□最近気になった教育ニュースはなにか。

□あなたのセールスポイントはなにか。

□苦手な上司とどう付き合っていくか。

□高校・大学での思い出

〈民間企業〉

□部活動について

□ボランティアについて

□旅行について

□履歴書からの質問

□提出物についての場面指導(1分間スピーチあり)

・民間面接は1つのことについて深く掘り下げられるので，部活動や特別な経験について詳しく話すとよい。

・入退室を丁寧に行うとよい。

▼養護教諭

【質問内容】

□部活動の顧問を頼まれた場合，どうするか。

□教育実習はどうだったか。

□やんちゃな子どもとどう関わってきたか。

□今までで1番悔しかったことはなにか。

　→その経験をその後に生かすことはできたか。

□最近気になった教育ニュースはなにか。

□熱中症で救急車を要請する判断基準はなにか。

□養護教諭になろうと思ったのはいつか。

□理想の養護教諭像はどのようなものか。

◆グループワーク(2次試験)　面接官2人　受験者6人　30分

※小学校全科，中学全科，養護教諭，栄養教諭志願者のみ実施する。

※グループワークは，与えられた課題に対してグループで協力して解決する試験である。(1)コミュニケーション能力(2)チームで対応する力(3)実践的指導力の三つの観点から評価する。

〈試験の流れ〉

①　構想(1分)

②　意見発表(1人1分)

③　話し合い，実演準備，リハーサル(20分)

④　実演(5分)

⑤　反省(1人1分)

▼小学校全科

【課題】

□クラブ活動の意義を知り，楽しんで取り組むことができるように学年集会で子どもに話す。

▼小学校全科

【課題】

□対象は2年生である。子どもたちは身体を動かすことが好きで，あまり図書館に行かず読書習慣がない。もうすぐ始まる秋の読書週間に向けて，読書をすることの良さや楽しさを伝えるために，学年集会を開くこととした。その企画をし，実演しなさい。

▼小学校全科

【課題】

□対象は5年生である。もうすぐ卒業式が行われ，子どもたちは最高学年となる。不安を取り除き，新学期に期待が持てるように学年集会を実演しなさい。

▼中学理科

【課題】

□修学旅行を決める際の職員会議

▼養護教諭

【課題】

□あなたたちは，同じ市町村の学校に勤める養護教諭である。熱中症の怖さと予防方法について，学級活動の導入で使用する5分間のビデオを作成しなさい。

◆プレゼンテーション試験(2次試験)　面接官2人　受験者1人　4分(構想2分，実演2分)

※小学校全科，中学全科，養護教諭，栄養教諭志願者のみ実施する。

※プレゼンテーション試験は，学校生活に関わる具体的な場面設定のもと，自分の考えや思いを子どもに伝える試験である。

〈試験の流れ〉

① 課題の提示

② 構想(2分間)

③ プレゼンテーション(ロールプレイ)(2分間)

▼小学校全科

【課題】

□あなたは3年生の担任である。遠足で道路を歩いている時，A君が友だちと話すために列を乱しており，このことについて，Bさんは何度も何度も注意していた。帰りの会，このことについて児童たちに話しなさい。

▼小学校全科

【課題】

□あなたは3年生の担任である。もうすぐ秋の読書週間がある。前回行われた春の読書週間では，子どもの読む本の量は増えたが，簡単な本ばかりを読んでいた。そのことをふまえて，子どもにどんな話をするか。

▼小学校全科

【課題】

□あなたは6年生の担任である。卒業式の1週間前，子どもたちが「校舎に感謝の気持ちを伝えたいので掃除の時間を延ばしてほしい」と言われた。このとき，あなたはどう対応するか。

▼小学校全科
【課題】
□あなたは3年生の担任である。休み時間中，あなたのクラスのある
　児童が，他学年を注意した。このことについて，クラス全体に話し
　なさい。

▼小学校全科
【課題】
□あなたは2年生の担任である。遠足の帰り道，何度注意しても列を
　乱す児童がいた。帰りの会，このことについて，クラス全体に話し
　なさい。

▼小学校全科
【課題】
□あなたは1年生の担任である。あなたのクラスのある児童が，休み
　時間に次の授業のノートと教科書を素早く準備していた。このこと
　について，クラス全体に話しなさい。

▼中学理科
【課題】
□勉強が苦手な子に対する支援

▼養護教諭
【課題】
□中学生で2回目の身体測定の前に，担任から「子どもたちが体重の
　増加を気にしすぎている。『1回目のときから体重が増えていたらど
　うしよう』と不安に思っている子が多い。測定前に健康な体づくり
　の大切さを指導してほしい。」と頼まれた。どのように指導するか。

◆集団討議(2次試験)　面接官3人　受験者7人　60分

※高校全科，特支教諭志願者のみ実施する。

▼高校保体

【テーマ】

□宿題について，2人の保護者から次のような電話があった。Aさんからは「量が少なくて簡単だ。有名大学に行きたいからもっと増やしてほしい。」，Bさんからは「部活に専念しており，睡眠時間が削られているから，量をもっと減らしてほしい。」との内容だった。どう対応するか。

※司会者は立てなくても構わない。

▼高校商業

【テーマ】

□次の2人の保護者からクレームがあった。

A「大学進学させたいので，この宿題では量が少なく内容も簡単すぎる。」

B「部活を一生懸命やっているので，睡眠時間が少ない。宿題をもっと減らして欲しい。」

このことについて，どう対応するか。

・話し合いの中で，他の受験者に意見を求めるといい。

$$\boxed{\text{2018年度}}$$

◆個人面接1・2(2次選考)　面接官2人

※民間の企業家等による「民間面接」と専門家等による「教職面接」の2回行われる。

＜付随試験について＞

※以下の試験が行われる。

　小・中学校・養護・栄養教諭：プレゼンテーション，グループワーク

高等学校・特支学校教諭　：集団討議

▼小学校全科　時間各10〜20分

【質問内容】

□志望理由。

□大学で学んだこと。

□いじめの対応の仕方。

□実習で学んだこと。

□あなたの良さは何ですか。

□確かな学力を付けさせるために，どうしますか。

□小規模校と大規模校の良い点，悪い点をそれぞれ言ってください。

□(理科受験者)理科の魅力は？

□(理科受験者)理科を好きになったきっかけは？

＜受験者のアドバイス・感想＞

・曖昧なことを話したため，追質問された。

▼中学国語　時間各10分

【1：教職面接－質問内容】

□あなたの今まで受けた道徳の授業はどのようなものか。

　→□これからやってみたい道徳の授業はどのようなものか。

　→□印象に残っている道徳の教材はあるか。

□最近気になっているニュース(教育関連)。

□子どもに語りたい自身の経験。

□実習について。

　→□実習で得られた力はあるか。

　→□実習で上手くいったことは？

【2：民間面接－質問内容】

□ボランティアについてどう思うか。

　→□経験はあるか。

　→□行う側が何かを得るのは，ボランティアの本来の在り方かどうか。

□家族から受けた影響。
□辛いことがあっても大丈夫か。
□何を生徒や保護者に一番始めに伝えるか。
□どんな学級目標にしたいか。そのために何を働きかけるか。

▼中学社会　時間各10分
【質問内容】
□生徒の呼び方について。
□校則は必要か。
□辛い経験について。
□教育実習での経験，学んだこと。
　→□それをどのように生かして指導するか。
□コミュニケーション能力を育てるために，どのように指導するか。
□授業で何を伝えたいか。
□【場面指導】新学期，最初のホームルームでの挨拶をしてください。

▼中学理科　時間各10分
□学習指導要領など。

▼高校国語　時間20分
【質問内容】
□卒業研究。
□大学での所属サークル。
□事件が起きたときの教師としての対応。
□【場面指導】(構想5分，指導2分)4月，高校1年生の担任をもつとして，
　最初のホームルームでの挨拶をしてください。

▼高校地歴
【1：教職面接－質問内容】
□今朝は何時に起きたか。

□なぜ教師になりたいのか。

□これからの教育に求められる力は何か。

□気になる問題は何か。教育に関するもの，それ以外のものを1つずつ挙げ，その理由を説明せよ。

□学習意欲の向上について，どのような授業を実践するか。

□「子供が学校に行きたくない」と保護者から電話がかかってきた。どう対応するか。

□自分の最大の売りは何か。

□【場面指導】(構想1分，指導1分)担任として最初のホームルームでの挨拶をしてください。

【2：民間面接　質問内容】

□なぜ教師になりたいのか。

□岐阜県出身でないのに，なぜ岐阜を希望しているのか。

　　→□今までに岐阜に来たことはあるのか。

□生徒に身に付けさせたい力は何か。

　　→□それをどのように身に付けさせるか。具体的に。

□保護者との関わりの中で意識することは何か。

□無理難題を要求する保護者に対して，どのように対応するか。具体的に。

□不登校の生徒にどのように対応するか。

□もし生徒に関わりを拒絶されてしまったら，どう対応するか。

＜受験者のアドバイス・感想＞

・「個人面接→集団討論→事務連絡」の順で行われた。事務連絡では，教育委員会の人から次のような質問等がなされた。(「合否には関わらないため正直に答えてください」とのこと。)

　【事務連絡－質問内容】

　　□履歴書に関すること。

　　□勤務地の希望。

　　□併願の有無(受験先の一般事項含む。)。

　　□特支との人事交流。

・全体的に回答に対し，さらに具体的に答えることを求められた。特に，場面指導では，実際に教室で生徒に話すように具体的に話すことが求められた。

▼高校理科　時間各20分
【1：教職面接－質問内容】
□岐阜県の高校理科を受けようと思った理由。
□保護者とどう関わっていくか。
□クレームの電話対応について。
□長所，またその伸ばし方。
□【スピーチ1分間】(教壇に立って実演)明日から夏休みです。その前にSHR(ショートホームルーム)において，何を話しますか。
【2：民間面接－質問内容】
□保護者とどう関わっていくか。
□生徒のネット上での書込みで，いじめが発生したとき，どのように指導対応するか。
□生徒の学習意欲の向上について。
□調査書に関する質問。

◆グループワーク
※与えられた課題に対してグループで協力して解決する試験である。
※動きやすい服装に着替えての受験を推奨している。
＜試験の流れ＞
①各自構想(1分，5分)
②意見発表(1分／人)
③グループで構想(20分)
④児童生徒に演示(5分)
⑤反省や感想の発表(1分／人)
＜評価観点＞：コミュニケーション能力，チームで対応する力，実践的指導力

▼小学校全科　面接官2人　受験者6人　時間60分(構想5分)
【課題】
□1年生の入学をお祝いする会

　あなたたちは，小学校2年生の学年職員集団です。あなたたちの課題は，2年生に1年生との遊びのアイデアを提供することです。4月に，2年生と1年生のなかよし集会(1年生の入学をお祝いする会)が行われ，一緒に遊びます。この遊びで使えるものは新聞紙です。2年生の子どもたちが，意欲をもって集会を企画・運営するような発表をしなさい。

□高齢者の方々との交流会

　高齢者の方々との交流会で，高齢者と児童が楽しめるレクリエーションを考える。

　子供たちがやってみたいと思えるよう，どんな指導を教師集団としてやっていくか。

□修学旅行のお知らせ

　6年生の担任です。学年集会で修学旅行で京都，奈良に行くことをお知らせします。修学旅行の目的を入れながら，児童が楽しみにできるようなプレゼンを行ってください。

▼中学国語　面接官2人　受験者5人　時間30分(構想1分)
【課題】
□学年合唱発表会

　中2の学年合唱発表会に向けて，生徒の団結力を高め，意欲が湧くような指導を職員集団としてどのようにして行うか。

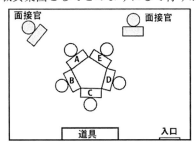

▼中学社会　面接官2人　受験者6人　時間30分(構想1分)
＜受験者のアドバイス・感想＞
・教室内に円状に机が並べてあり，各受験者にA〜Fの名札が渡される。
・紙，ペン，テープ，新聞紙などが使える。

▼中学理科　面接官2人　受験者5人
＜受験者のアドバイス・感想＞
・試験前にメンバーと話すことができるので，十分にコミュニケーションを取っておくとよい。

▼栄養教諭
【課題】
□ビデオ「バランスの良い食事のとり方」の企画
　あなたたちは，同じ市内にある小・中学校に勤める栄養教諭です。あなたたちの課題は，お昼の放送時間等で，「バランスの良い食事のとり方」を伝えるためのビデオの内容を企画し，実際に演示することです。この市では，年々米飯の残量が多く，嫌いな野菜などを残す学校が多いことが課題となっています。児童生徒が食事について関心をもち，自らの食事のとり方を見直すことができるような演示をしなさい。

◆プレゼンテーション試験　面接官2人
※具体的な場面設定の中で，対象(個もしくは集団)が目の前にいるものと想定し，考えや思いなどを語る試験である。
＜試験の流れ＞
①課題の提示
②構想(数分間)
③プレゼンテーション…自分の思いや考えを数分間で語る。
＜評価観点＞

自分の考えや思いを相手に伝える表現力，説得力

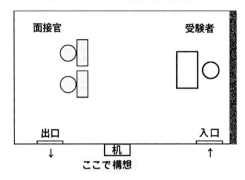

▼小学校全科　時間10〜40分(構想2分，指導2分)
【課題】
□転んだ1年生の子
　あなたは，小学校2年生の担任です。学級遊びの集合に遅れてきたA
さんに理由を聞くと，1年生の子が転んで泣いていたので保健室に連
れていったことが分かりました。あなたは，このことを取り上げて，
学級の児童に対して，どのような話をしますか。
□掃除の大切さ
　3年生の学年集団で，掃除の大切さを指導する。
□音楽会当日
　あなたは小学3年生の担任です。音楽会で，お世話になった地域の
方々に感謝を伝えるために，子どもたちが合唱を披露します。会場に
向かう途中，クラスの子どもたちにどんな言葉をかけますか。
□運動会の練習
　あなたは小学校2年生の担任です。今年の運動会では，グループで
大きなバトンを持って走るリレーを学年競技で行うことになりまし
た。今日はその練習第1回目です。子どもたちの前で何を話しますか。
＜受験者のアドバイス・感想＞
・試験官がうなずく様子も見られ，話しやすかったように思う。

▼中学校全科
【課題】
□生徒の日記
　あなたは，中学校1年生の担任です。学期末，生徒の日記を読んで
いると，学級の仲間全員の良いところを何ページにもわたって書いて
いた生徒がいました。あなたは，学級の生徒に対して，このことをど
のように紹介しますか。

▼高校地歴　（構想2分，指導2分）
【課題】
□「小学生の喧嘩を中学3年生が止めていた。見ていて気持ちよかっ
　た。」と，地域の方から電話がありました。担任としてどう指導し
　ますか。
□体育祭で，クラスは最下位でした。終わったあと，どのように指導
　しますか。
□文化祭が終わりました。クラスの団結力を強めるためにどのように
　指導しますか。
＜受験者のアドバイス・感想＞
・廊下で場面の書かれたカードを見て考える。メモは書けるがあまり
　時間はない。
・教室の中には教卓があり，そこで実演をする。
・早く終わると待たされる。

▼養護教諭
【課題】
□メールと寝不足
　夜遅くまでメール等をしていたことが主な原因で寝不足になり，学
校で体調を崩す中学生が増えています。このことを取り上げて，あな
たは全校集会で，どのような話をしますか。

▼栄養教諭

【課題】

□給食の残さい

　9月になり，暑い日が続く中，児童は運動会の練習をしています。給食のご飯の残さい量を調べると，7月より多くなっていました。このことを取り上げて，あなたは，全校集会で，児童にどのような話をしますか。

◆集団討議

＜試験の流れ＞

①構想(5分)

②各自発表(1分)

③自由討議

＜討議条件＞

＊司会は設けない。

＊受験者はAさん，Bさん…とアルファベットで呼び合う。

▼高校全科　面接官4人　受験者6人　時間30分

【テーマ】

□今の高校生にふさわしい修学旅行先はどこか。

＜受験者のアドバイス・感想＞

・(他都道府県併願者)他の都道府県での集団討論は，同じ教科志願者でメンバーが構成されるが，岐阜県は異なる校種種目だった。このため，いろいろな意見が出て，まとめるのが大変だった。

▼高校理科　面接官3人　受験者6〜7人　時間45〜60分

【テーマ】

□校内でスマホを使用することを禁止すべきか。

●書籍内容の訂正等について

　弊社では教員採用試験対策シリーズ（参考書，過去問，全国まるごと過去問題集），公務員試験対策シリーズ，公立幼稚園・保育士試験対策シリーズ，会社別就職試験対策シリーズについて，正誤表をホームページ（https://www.kyodo-s.jp）に掲載いたします。内容に訂正等，疑問点がございましたら，まずホームページをご確認ください。もし，正誤表に掲載されていない訂正等，疑問点がございましたら，下記項目をご記入の上，以下の送付先までお送りいただくようお願いいたします。

> ① 　**書籍名，都道府県（学校）名，年度**
> 　（例：教員採用試験過去問シリーズ　小学校教諭 過去問　2025年度版）
> ② 　**ページ数**（書籍に記載されているページ数をご記入ください。）
> ③ 　**訂正等，疑問点**（内容は具体的にご記入ください。）
> 　（例：問題文では"ア〜オの中から選べ"とあるが，選択肢はエまでしかない）

〔ご注意〕

○ 電話での質問や相談等につきましては，受付けておりません。ご注意ください。

○ 正誤表の更新は適宜行います。

○ いただいた疑問点につきましては，当社編集制作部で検討の上，正誤表への反映を決定させていただきます（個別回答は，原則行いませんのであしからずご了承ください）。

●情報提供のお願い

　協同教育研究会では，これから教員採用試験を受験される方々に，より正確な問題を，より多くご提供できるよう情報の収集を行っております。つきましては，教員採用試験に関する次の項目の情報を，以下の送付先までお送りいただけますと幸いでございます。お送りいただきました方には謝礼を差し上げます。

（情報量があまりに少ない場合は，謝礼をご用意できかねる場合があります）。

◆あなたの受験された面接試験，論作文試験の実施方法や質問内容

◆教員採用試験の受験体験記

- -

<table>
<tr><td rowspan="5">送付先</td><td>○電子メール：edit@kyodo-s.jp</td><td rowspan="5"></td></tr>
<tr><td>○FAX：03-3233-1233（協同出版株式会社　編集制作部 行）</td></tr>
<tr><td>○郵送：〒101-0054　東京都千代田区神田錦町2-5</td></tr>
<tr><td>　　　　　協同出版株式会社　編集制作部 行</td></tr>
<tr><td>○HP：https://kyodo-s.jp/provision（右記のQRコードからもアクセスできます）</td></tr>
</table>

※謝礼をお送りする関係から，いずれの方法でお送りいただく際にも，「お名前」「ご住所」は，必ず明記いただきますよう，よろしくお願い申し上げます。

教員採用試験「過去問」シリーズ

岐阜県の
論作文・面接 過去問

編　集	ⓒ 協同教育研究会
発　行	令和6年2月10日
発行者	小貫　輝雄
発行所	協同出版株式会社
	〒101-0054　東京都千代田区神田錦町2‐5
	電話　03－3295－1341
	振替　東京00190－4－94061
印刷所	協同出版・POD工場

落丁・乱丁はお取り替えいたします。